Sicherheitspolitik an der Schwelle zum 21. Jahrhundert

BUNDESAKADEMIE FÜR SICHERHEITSPOLITIK · BONN ·

Mit freundlicher Empfehlung

Wolf-Ulrich Jo[illegible]

BUNDESAKADEMIE FÜR SICHERHEITSPOLITIK

SCHRIFTENREIHE ZUR NEUEN SICHERHEITSPOLITIK

Jahresband 94/95

SICHERHEITSPOLITIK AN DER SCHWELLE ZUM 21. JAHRHUNDERT

AUSGEWÄHLTE THEMEN – STRATEGIEN – HANDLUNGSOPTIONEN

FESTSCHRIFT FÜR DIETER WELLERSHOFF

MIT BEITRÄGEN VON
B. BOUTROS-GHALI, G. ALBRECHT, K.-A. BOESLER,
U. ENGELEN-KEFER, S. HEILMANN, E. KLEIN, H. KREMENDAHL,
E. LÜBKEMEIER, K. NAUMANN, P.J. OPITZ, L. RÜHL, R. TETZLAFF,
H. VOGEL, B. WORMS U.A.

UND EINEM GELEITWORT VON BUNDESKANZLER DR. HELMUT KOHL

herausgegeben von
Wolf-Ulrich Jorke

SEIT 1789

VERLAG E.S. MITTLER & SOHN GMBH · HAMBURG · BERLIN · BONN

Die Deutsche Bibliothek – CIP-Einheitsaufnahme

Sicherheitspolitik an der Schwelle zum 21. Jahrhundert :
ausgewählte Themen – Strategien – Handlungsoptionen ;
Festschrift für Dieter Wellershoff / Bundesakademie für
Sicherheitspolitik. Mit Beitr. von B. Boutros-Ghali ... und
einem Geleitwort von Helmut Kohl. Hrsg. von Wolf-Ulrich
Jorke. – Hamburg ; Berlin ; Bonn : Mittler, 1995
(Schriftenreihe zur neuen Sicherheitspolitik ; Jahresbd. 94/95)
ISBN 3-8132-0480-4
NE: Butrus Gālī, Butrus; Jorke, Wolf-Ulrich [Hrsg.]; Bundesakademie
für Sicherheitspolitik <Bonn>; Wellershoff, Dieter: Festschrift; GT

ISBN 3-8132-0480-4

Projektleitung
und Redaktion: Oberst i.G. Dr. Wolf-Ulrich Jorke
Diplom-Ökonom Kai Hirschmann
LOGO © Bundesakademie für Sicherheitspolitik
Produktion: Verlag E.S. Mittler & Sohn, Hamburg · Berlin · Bonn
Gesamt-
Herstellung: Druckerei Runge GmbH, Cloppenburg
Printed in Germany

Inhaltsübersicht

BUNDESREPUBLIK DEUTSCHLAND
DER BUNDESKANZLER

Geleitwort

Die Bundesakademie für Sicherheitspolitik hat im Februar 1992 unter ihrem Gründungspräsidenten, Admiral a.D. Dieter Wellershoff, ihre für unser Land neue und wichtige Tätigkeit aufgenommen. In seiner Amtszeit hat die Bundesakademie einen wesentlichen Beitrag zur außen- und sicherheitspolitischen Fortbildung geleistet, die mit den wachsenden Erwartungen und Forderungen an die Bundesrepublik Deutschland immer mehr an Bedeutung gewinnt. Hierfür spreche ich Admiral a.D. Wellershoff meinen herzlichen Dank und meine Anerkennung aus.

Die Forderung unserer Zeit nach neuen Konzepten und Begründungen der Sicherheitspolitik hat die Bundesakademie erfolgreich aufgegriffen. Im Mittelpunkt stand dabei von Anfang an ein Sicherheitsbegriff, der sich nicht nur auf eine rein militärische Betrachtungsweise beschränkt.

Die Bundesakademie kann auf das bisher Geleistete stolz sein. Ihre vielfältigen Veranstaltungen finden in Deutschland wie auf internationaler Ebene zunehmend Anklang und Beachtung. Es ist nicht zuletzt das Verdienst von Admiral a.D. Wellershoff, daß die Bundesakademie bereits jetzt einen festen Platz als Forum zur Diskussion wesentlicher Fragen der Sicherheitspolitik in unserem Land und darüber hinaus einnimmt.

Ich wünsche der Bundesakademie als der zentralen Fortbildungsstätte des Bundes auf dem Gebiet der Sicherheitspolitik weiterhin viel Erfolg.

Vorwort

Nach der europäischen Katastrophe des 2. Weltkrieges und nach dem Ende der Nachkriegszeit, gipfelnd in dem Fall der Berliner Mauer, ist an der Schwelle zum 21. Jahrhundert europäische Geschichte wieder offen. Gleichzeitig erleben wir nach dem Ende des Ost-West-Konflikts den Übergang einer klar strukturierten bipolaren Welt in eine unübersichtliche multipolare Welt.

Diese tiefgreifende Phase des Übergangs macht Geschichte als offenen Prozeß überaus deutlich. Die Zwangsläufigkeiten einer bipolaren Welt, deren Geschehen determiniert abzulaufen schien und so scheinbar Prognosen über deren Verlauf ermöglichte, haben dem Gefühl einer Überforderung Platz gemacht. Die Phase des Übergangs hat noch keinen Namen, es sei denn, man hält die Beschreibung als Transformationsperiode für einen solchen.

Die sich nach dem Zerfall der bilateralen Weltordnung herausbildenden Strukturen werden von einer vielfach verwobenen Dialektik von Ordnung und Unordnung bestimmt. »Weltordnung oder Chaos«, so lautet der programmatische Titel eines Sammelbandes der Stiftung Wissenschaft und Politik, der die Pole möglicher Entwicklungen des internationalen Systems und der Außenpolitik von Staaten auszuloten versuchte. Herausforderungen und Risiken, Chancen und Gefahren liegen eng beisammen.

Der vorliegende erste Jahresband der Bundesakademie für Sicherheitspolitik versteht sich als ein Beitrag zur aktuellen sicherheitspolitischen Diskussion in der Phase des Übergangs mit Blick auf das 21. Jahrhundert. Die Beiträge wurden speziell für diesen Jahresband geschrieben bzw. gestaltet und geben die Spannweite eines erweiterten Sicherheitsbegriffs wieder, so wie er von der Bundesakademie seit ihrer Gründung im Jahr 1992 vertreten wird.

Mit Absicht stehen in dem Jahresband ***zu Beginn*** die staatsrechtlichen und völkerrechtlichen Ansätze zur Sicherheitspolitik. Hier werden Konfliktpotential und Regelungsbedarf der »Einen Welt« sowie die gemeinsame Aufgabe, gegenüber dem Recht des Stärkeren die Stärke des Rechts durchzusetzen, besonders deutlich.

Im ***zweiten Teil*** werden ausschnittsweise überregionale sowie globale Ansätze und Strategien zur Sicherheitspolitik behandelt. In der Phase des Übergangs gewinnt präventives Krisenmanagement zur Sicherung rechtzeitiger Handlungsmöglichkeiten einen hohen Stellenwert.

Neben den wirtschaftspolitischen Aspekten der Sicherheitspolitik stehen ***im dritten Teil*** korrespondierend die sozialpolitischen Aspekte. Die Komplexität dieses Wandels und der umfassenden politischen Gestaltungsaufgabe wird bis hin zu dem paradigmatisch herausgegriffenen Problem der Geldwäsche thematisiert.

Im ***vierten und letzten Teil*** werden regionale Entwicklungen der Sicherheitspolitik mit Schwerpunkt im Osten dargestellt. Die Auswahl ergab sich aus der aktuellen Arbeit der Bundesakademie in diesem Jahr.

Der erste Jahresband der Bundesakademie für Sicherheitspolitik ist dem scheidenden Gründungspräsidenten, Admiral a.D. Dieter Wellershoff, als Festschrift gewidmet. Die Entwicklung der Bundesakademie seit ihrer Gründung wird in dem ersten Beitrag nachgezeichnet.

Ich danke allen externen und internen Mitwirkenden für ihre Beiträge und das Verständnis, den durch die knappe Fristsetzung verursachten Zeitdruck auf sich genommen zu haben. Es versteht sich von selbst, daß in den Beiträgen die persönliche Auffassung der Autoren wiedergegeben wird.

In den Artikeln verwandte Tabellen und Graphiken wurden aus redaktionstechnischen Gründen am Ende der jeweiligen Beiträge abgedruckt.

Abschließend möchte ich dem Team der Bundesakademie für die gemeinsame Idee zur Festschrift und die engagierte und motivierte Mitarbeit nicht zuletzt bei Organisation und Lektorat danken.

Bonn, im August 1995

WOLF-ULRICH JORKE

Die Entwicklung der Bundesakademie für Sicherheitspolitik

Wolf-Ulrich Jorke

1. Die Gründung der Bundesakademie
2. Der erweiterte Sicherheitsbegriff
3. Der Beitrag der Bundesakademie zur Fortbildungskultur
4. Der erste Präsident der Bundesakademie

1. Die Gründung der Bundesakademie

Die Bundesakademie für Sicherheitspolitik hat nach einer weit zurückreichenden und wechselvollen Vorgeschichte im Februar 1992 ihre Arbeit aufgenommen.

Als offizieller Auftrag wurde ihr von der Bundesregierung die Aufgabe übertragen, gegenwärtige und zukünftige Führungskräfte aus Bundes- und Länderressorts sowie aus dem sicherheitspolitischen Umfeld fortzubilden und ihnen ein Forum des Dialogs zu bieten, um ein umfassendes, über die Ressortgrenzen hinausreichendes Verständnis der langfristigen sicherheitspolitischen Interessen Deutschlands und deren Wahrnehmung zu erzielen.

Diese Aufgabe läßt sich am ehesten mit der des französischen *Institut des Hautes Études de la Défense Nationale* (IHEDN) oder des britischen *Royal College of Defence Studies* (RCDS) vergleichen.

Bisher hatte es in Deutschland in dieser Form keine breit angelegte sicherheitspolitische Fortbildung auf hoher Ebene gegeben, bei der Führungskräfte gemeinsam im Bereich der Sicherheitspolitik weitergebildet wurden mit dem Ziel, ihnen die Schlüsselqualifikation sicherheitspolitische Kompetenz zu vermitteln.

Die Bundesakademie ist damit auf Grund ihrer Aufgabe ein Kristallisationskern der deutschen »Strategic Community«. In ihr werden neben den Führungskräften aus Politik und Regierung auch Persönlichkeiten aus der Wirtschaft, den Wissenschaften, den Medien und anderen wichtigen gesellschaftlichen Organisationen wie Kirchen und Gewerkschaften zusammengeführt.

Um den ressortübergreifenden Charakter deutlich zu machen, wurde aus dem Kreis der Bundesregierung ein Kuratorium gebildet, dem die wichtigsten Fragen zur Beratung und Beschlußfassung vorbehalten bleiben. Den Vorsitz in diesem Kuratorium führt der Bundeskanzler, die Mitglieder des Kuratoriums sind identisch mit den Mitgliedern des Bundessicherheitsrates. Der BSR ist ein Kabinettsausschuß, der für Fragen der äußeren Sicherheit zuständig ist. Die sechs ständigen Mitglieder sind die Bundesminister des Äußeren, des Inneren, der Justiz, der Finanzen, für Wirtschaft und der Verteidigung.

Der ressortübergreifende Charakter ist auch im Studienbereich der Bundesakademie abgebildet. Studienleiter und Studienreferenten sind Fachexperten entsprechend den von ihnen vertretenen Ressorts des Bundessicherheitsrates; an der Akademie arbeiten Experten für Außen- und Verteidigungspolitik, Staats- und Völkerrecht, Wirtschafts- und Finanzfragen, sowie für Innere Sicherheit.

2. Der erweiterte Sicherheitsbegriff

Die Gründung der Bundesakademie für Sicherheitspolitik fiel in die im Vorwort skizzierte Phase des Übergangs des internationalen Systems. Bei aller Unübersichtlichkeit und Gegenläufigkeit vielfältiger Trends lassen sich Züge einer beginnenden und sich beschleunigenden Globalisierung – zumindest auf Teilgebieten wie Wirtschaft und Kommunikation – wahrnehmen. Die Sicherheit Deutschlands und Europas wird räumlich und politisch ausgeweitet und durch Interdependenz bestimmt.

Daneben sind neue Herausforderungen und Risiken für Frieden und Stabilität in den Vordergrund gerückt. Die sicherheitspolitischen Herausforderungen haben sich in nahezu alle Politikbereiche erweitert und verlangen eine umfassendere Analyse von Sicherheitspolitik und einen breiteren Ansatz bei der Erarbeitung von Strategien als bisher.

Wichtiges Ziel der Bundesakademie ist es, innerhalb Deutschlands die Kenntnisse über den Gesamtkomplex eines **erweiterten Sicherheitsbegriffs** zu vermitteln und zu vertiefen, politikbereichsübergreifende Zusammenhänge (Interdependenzen) aufzuzeigen und so den Konsens in Fragen der Sicherheitspolitik zu fördern sowie das Geflecht von Beziehungen zwischen Angehörigen der Exekutive in herausgehobener Verantwortung und maßgeblichen Vertretern des öffentlichen Lebens zu vertiefen.

Der konkrete Niederschlag des erweiterten Sicherheitsbegriffs findet sich in den Fortbildungsveranstaltungen der Bundesakademie. Diese umfassen:

- Das jährliche »***Seminar für Sicherheitspolitik***« (Dauer 2 Monate) als das Kernstück des Studienprogramms, zu dem der Chef des Bundeskanzleramts derzeitige und künftige Führungskräfte aus Regierung und Verwaltung aus Bund, Ländern und Gemeinden sowie aus der Wirtschaft und anderen wichtigen gesellschaftlichen Gruppierungen Deutschlands einlädt.

- ***Kurzseminare*** zu aktuellen sicherheitspolitischen Themen, z.B.:
Der erweiterte Sicherheitsbegriff am Beispiel der Türkei, Medien und Sicherheitspolitik, das Verhältnis von Weltwirtschaft und Sicherheit sowie von Sicherheitspolitik und Völkerrecht, die Europäische Union und der Friedensprozeß im Nahen Osten.

- ***Seminare für Multiplikatoren***, z.B.: Ein jährliches »Aktuelles Forum für Chefredakteure und Ressortleiter Außenpolitik«.

- ***Regionalseminare***, insbesondere für Regierungs-, Wirtschafts- und Medienvertreter aus den Bundesländern über föderal strukturierte Verantwortlichkeiten bei Krisenvorsorge und Krisenbewältigung sowie sich entwickelnder grenzüberschreitender Zusammenarbeit in Euroregionen.

- Die zunehmende internationale Öffnung der Bundesakademie spiegelt sich in dem jährlichen ***Internationalen Seminar*** und ***bilateralen Internationalen Workshops/Konferenzen*** zu Sicherheitsfragen mit den USA, Frankreich, Polen wider. Mit Italien und Rußland sind Vorgespräche für die Aufnahme des Dialogs geführt.

- Monatlich finden ***Rosenburggespräche*** als nachmittägliche und abendliche Hintergrundkolloquien am runden Tisch zu aktuellen Fragen der Sicherheitspolitik wie zum Beispiel den Non Governmental Organisations (NGO) als neuen transnationalen Akteuren statt. Die durchgeführte Themenreihe von sicherheitspolitischen Analysen verschiedener Regionen wirft immer wieder die Frage nach der allgemeinen Gültigkeit westlicher Vorstellungen zur Modernisierung und Übertragbarkeit von Werten auf.

3. Der Beitrag der Bundesakademie zur Fortbildungkultur

Die Gesamtzahl der bisherigen Teilnehmer hat bis Ende Juni 1995 die Zahl von 1.500 überschritten. Die Seminararbeit der Bundesakademie hat aber nicht die große Zahl zum Ziel, sondern, als die zentrale ressortübergreifende Fortbildungsstätte des Bundes auf dem Gebiet der Sicherheitspolitik, die Fortbildung von Führungskräften, mithin die künftigen Entscheidungsträger.

Die Bundesakademie ist kein zweckfreies nationales und internationales Diskussionsforum, sondern versucht durch die Seminararbeit mit Führungskräften die Ergebnisse in die Politikberatung einzubringen.

Eine qualitative Auswertung der Statistik nach Berufsgruppen zeigt folgendes intereressantes Bild:

Es haben teilgenommen: Beamte 36 %, Offiziere 19 %, Journalisten und Wissenschaftler je um 15 % sowie je 4 % Politiker und Vertreter der Wirtschaft.

Daraus ergeben sich ***zwei Sachverhalte***, die es festzuhalten gilt:

Im Gegensatz zu den traditionellen mit Sicherheitspolitik befaßten Akademien zeigt das Profil der Teilnehmer an der Bundesakademie mit je 15 % Journalisten und Wissenschaftlern deutlich die erfolgreiche Erweiterung in den gesellschaftlichen Bereich.

Zum zweiten ist die Bundesakademie auf Grund der Zusammensetzung der Teilnehmer besonders geeignet, sicherheitspolitische Themen im Sinne des erweiterten Sicherheitsbegriffs aufzugreifen und – von der Zusammensetzung des Studienbereiches gesehen – auch von der Fachkompetenz her in der Lage, solche Seminare vorzubereiten und durchzuführen.

Die Bundesakademie für Sicherheitspolitik versteht sich als Katalysator für engagiertes und zukunftorientiertes Nachdenken und Erörtern der sicherheits- und außenpolitischen Möglichkeiten und Erfordernisse Deutschlands. Die Arbeit mit und an der »Strategic Community« wird durch die Freunde und Ehemaligen unterstützt, die als Freundeskreis der Bundesakademie einen Kristallisationskern dieser Community bilden.

Der Freundeskreis hat 1995 den Karl Carstens-Preis, zur Erinnerung an den Schirmherrn der Bundesakademie in der Gründungsphase, ausgeschrieben. Mit ihm sollen Autoren ausgezeichnet werden, die durch ihre verständliche Vermittlung in der Öffentlichkeit dazu beitragen, die Komplexität des Begriffs »Sicherheitspolitik« und ihre Bedeutung in allen Politikbereichen, der Wirtschaft, der Wissenschaft und den Medien für den Bürger verständlich zu machen.

Als zweite Initiative ist die jährliche Durchführung einer Manfred Wörner-Rede, die die sicherheitspolitische Diskussion in der Öffentlichkeit anregen soll, geplant.

Beide Initiativen sind in einer Zeit, wo Sicherheitspolitik in der Öffentlichkeit und leider auch bei großen Teilen der Eliten auf weitgehendes Desinteresse stößt, besonders wichtig.

4. Der erste Präsident der Bundesakademie

Eine Festschrift berechtigt dazu, ein paar Gedanken zur Person des ersten Präsidenten der Bundesakademie zu äußern.

Admiral a.D. Dieter Wellershoff hat aus dem reichen Fundus seines bisherigen Werdegangs schöpfen können. Er hat den erweiterten Sicherheitsbegriff zum Leitmotiv und Fundament der sicherheitspolitischen Arbeit der Bundesakademie gemacht und damit die Richtung dieser jungen Institution geprägt.

Seine vielfältigen persönlichen Beziehungen gerade in der nicht immer einfachen Gründungsphase hat er zum Nutzen der Bundesakademie eingebracht und viele Türen durch persönliche Überzeugungsarbeit geöffnet.

Er hat als begabter Moderator bei dem Seminar für Sicherheitspolitik und den Kurzseminaren eine besonders offene und dichte Gesprächsatmosphäre hergestellt, gelegentlichen Schärfen die Spitze genommen und gern das Recht der ersten Frage in Anspruch genommen.

Die Vertraulichkeit der Seminare unter der Rosenburg-Regel und insbesondere der Rosenburggespräche ist immer gewahrt worden.

Er hat als bester Kommunikator der Bundesakademie viele Vortragsreisen unternommen, nationalen und internationalen Konferenzen beigewohnt und sich im letzten Jahr besonders der Presse- und Öffentlichkeitsarbeit gewidmet.

Ein besonderes Anliegen war ihm der Beitrag der Bundesakademie zur Fortbildungskultur, zum Aufbau der »Strategic Community« und zur internationalen Öffnung der Bundesakademie, die sich in der o.a. Reihe an bilateralen Workshops und Konferenzen niedergeschlagen hat.

Das Team der Bundesakademie möchte mit dieser Festschrift ihrem Gründungspräsidenten für die gemeinsame erfolgreiche Arbeit danken und begrüßt ihn als künftiges Mitglied ihres Freundeskreises.

Ad multos annos !

I. Staats- und völkerrechtliche Ansätze zur Sicherheitspolitik

The role of the United Nations in Maintaining Peace and Security: What to expect from Germany

Boutros Boutros-Ghali

On behalf of the Organization, I express my deep appreciation to Germany for its strong and steady support of the United Nations and its ideals.

The United Nations welcomes the recent removal of legal barriers to German troop participation in UN operations. The United Nations welcomes Germany's intent to assist through NATO in a possible United Nations withdrawal from the former Yugoslavia.

This is **not** to say that a German contribution to United Nations peace efforts would be a new development.

Germany has provided specialized units to multiple peace-keeping operations. These medical, civilian and logistics units have performed essential tasks.

At present, German police monitors are serving in the Western Sahara under MINORS. A German national is serving as the Police commissioner in that mission.

A German medical team and military observers are part of the United Nations observer mission underway in Georgia. To United Nations troops serving in the former Yugoslavia, Germany has generously donated armoured personnel carriers and other equipment and will support redeployment of UN-Personnel. Furthermore, nine civilian police are contributed to the United Nations operation in Rwanda.

These contributions are significant. But they are only part of a wider German effort to work for peace through the United Nations.

Through development, Germany has contributed years of effort to the search for lasting peace. Germany has been a strong advocate and generous provider of international development assistance. Germany has shown a consistent commitment to a strong United Nations role in development.

Germany is one of the largest donors to the United Nations Development Programme. Your country is also one of the largest donors to the United Nations Population Fund and to UNICEF. Even in today's harsh economic climate, your determination to help has never weakened.

German efforts in development have been marked by a German commitment to human welfare. This commitment shows in Germany's active participation in global conferences on key dimensions of development. It also shows in Germany's firm support of international humanitarian relief and refugee work.

So, there is a long-standing German contribution to peace, across the range of areas of United Nations activity.

Today we are at a time of world transition. The international age is giving way to a global age. The threat to international peace and security is changing dramatically. And as globalization transforms economic relations, globalization will transform peace operations. Thus I will talk to you about peace-keeping.

Since the end of the Cold War, United Nations activities in peace and security have dramatically increased. The figures speak for themselves.

- In January 1988, the number of Security Council resolutions adopted in the previous twelve months was 15. In January 1992 it was 53. And in the twelve months before December 1994, 78 resolutions had been adopted.

- As for the dispute and conflicts in which the UN was actively involved in preventive diplomacy or peace-making in the preceding twelve months, in January 1988 the total was 11. In January 1992, the total was 13. And in December 1994, the total was 28.

- In January 1988, the United Nations was involved in 5 peace-keeping operations. In January 1992, the total was 11. And in December 1994 the Organization was involved in 16 peace-keeping operations.

- The number of military personnel deployed has risen from 9,500 in January 1988, to 11,500 in January 1992, to 73,393 in December 1994.

- The number of civilian police have risen from 35 to 155 to 2,130 during the same period.

- International civilian personnel involved in peace-keeping operations have increased from 1,516 to 2,206 to 2,260.

– The total number of countries contributing military and police personnel has risen from 26 to 56 to 76.

– These increases have meant that the annual budget for peace-keeping has grown from 230 million dollars in January 1988; to 1 billion, 689 million dollars in January 1992; to a projected annual total of 3 billion. 610 million dollars in December 1994.

– As for the imposition of sanctions regimes by the Security Council, in January 1988, the figure was one. In January 1992, two sanctions regimes existed. And in December 1994, there were seven sanctions regimes imposed by the Security Council.

The demand for UN activity, the number of personnel, the budgets involved – all are of vastly greater magnitude. This increased activity would have strained the Organization even if the nature of the activity had remained unchanged. But it has not remained unchanged. There have been qualitative changes even more significant than the quantitative ones.

Most of today's conflicts are within States, fought not only by armies but also by irregular forces. Civilians are the main victims. Humanitarian emergencies are commonplace. State institutions have often collapsed.

This means that international involvement must extend beyond traditional peace-keeping. It must include promotion of national reconciliation. It must include restoration of effective government. Over the long term, coordinated programmes maybe required to ensure that the original causes of war are removed.

In such contexts, United Nations peace efforts have become more expensive, more complex and more dangerous.

It is thus imperative to understand the different measures the United Nations can take to help control and resolve conflicts **between** and **within** States. In the report I submitted to the Member States on the occasion of the Fiftieth Anniversary of the United Nations I mentioned six major instruments that the United Nations has developed. These include preventive diplomacy and peace-making; peace-keeping; peace-building; disarmament; sanctions; and peace enforcement.

First are *preventive diplomacy and peace-making.*

Preventive diplomacy is action to prevent disputes and conflicts from breaking out. Or it can be action to prevent their escalation when they occur. It requires measures to build confidence. It needs early warning based on information gathering and fact-finding. I may also involve preventive deployment or demilitarized zones.

Peace-making is action to bring hostile parties to agreement. In essence, it is negotiation. It uses peaceful means under Chapter VI of the Charter. Like preventive diplomacy, it requires information and an analytical capacity.

The United Nations is working to improve its capabilities in these areas. But the success of preventive diplomacy and peace-making has hinged primarily upon the willingness of the parties to accept the United Nations help.

The second instrument is *peace-keeping.*

The United Nations invented peace-keeping as a practical response to real problems. In its original sense, it involves a neutral and lightly-armed force. The peace-keepers are welcomed by all parties to the conflict. The task is to monitor an agreed cease-fire, already in place. The mission is to help keep peace so that the parties can pursue a negotiated settlement.

The United Nations can be proud of how peace-keeping has adapted flexibly to new conditions in recent years. But these years have also confirmed that respect for certain basic principles of peace-keeping is essential. These are: the consent of the parties, impartiality and the non-use of force except in self-defense.

Certain tasks – such as protecting humanitarian operations and protecting civilians in designated safe areas – have made respect for these principles particularly difficult.

The UN operations in Somalia and Bosnia and Herzegovina are examples. In each case, a peace-keeping operation in the field was given additional mandates which required the use of force.

These were incompatible with existing mandates requiring consent of the parties, impartiality and non-use of force. The resultant combination was inherently contradictory. It jeopardized the safety and success of the peace-keeping mission.

We have seen and felt the dangers of giving enforcement tasks to peace-keeping operations. In the future this must be avoided. Peace-keeping and enforcement are not adjacent points on a continuum – they must be understood as alternative techniques.

Also essential to peace-keeping's success are various practical considerations. Distinct levels of authority between the Security Council, the Secretary-General, and the command in the field, need to be recognized and respected. Troop contingents from different countries must function together as an integrated whole. And Member States must match mandates with the troops and equipment necessary to do the job.

In this last respect, difficulties are becoming more severe. Stand-by arrangements have proved to be no guarantee that Member States will provide troops for a specific operation. A rapid reaction force for peace-keeping purposes needs to be seriously considered. Of the troops that do arrive in the field, many are ill-equipped. A UN reserve stock of standard peace-keeping equipment also needs serious consideration.

A third instrument that the United Nations can use to help control and resolve conflicts is ***peace-building***.

Peace-building is used in the aftermath of a conflict. It aims to solidify peace. It involves support for structures which build trust and cooperation among former enemies. The tasks range from demilitarisation to institutional reform, the monitoring of human rights, and social and economic development.

The United Nations may become involved in peace-building in the context of a peace-keeping operation. In this situation, the smooth transfer of peace-building tasks from peace-keepers to other actors is critical.

More difficult is when peace-building is needed in a country where the United Nations does not already have a peace-making or peace-keeping mandate. Peace-building cannot be undertaken legitimately or successfully without the consent of the parties concerned.

In either case, peace-building requires the active support of the international Community over the long-term. And the United Nations has an essential role to play in coordinating international assistance across the full range of peace-building tasks.

The fourth instrument is *disarmament*.

By this I mean practical, »micro-disarmament«. The task is to assemble, control and dispose of weapons. The weapons involved are mostly light weapons – such as small arms and anti-personnel mines.

Practical disarmament can be undertaken with or without the consent. It can play an important role in the implementation of a comprehensive settlement. It can be equally important to post-conflict peace-building. It can also follow peace enforcement, as in Iraq – in this case involving weapons of mass destruction.

The importance of micro-disarmament in conflict prevention and resolution needs to be recognized and advanced.

A fifth instrument is *sanctions.*

Under Article 41 of the Charter, the Security Council may call upon Member States to apply sanctions against a party which is threatening international peace and security. Sanctions are designed to change the party's behaviour. They are coercive measures but do not involve the use of armed force.

Increased use of sanctions has revealed a number of practical difficulties. Some of these relate to the objectives of the sanctions. For example, lack of clear definition makes it hard to reach agreement on when to lift sanctions. Other difficulties relate to the monitoring of sanctions. And still others have come from the unintended effects of sanctions – such a humanitarian suffering and long-term damage to the target country's productive capacity. Nor should one overlook the collateral damage suffered by neighbouring states or major economic partners of countries under sanctions.

Furthermore, there is a potential for contradiction between Articles 41 and 55 of the UN Charter. We cannot ignore the fact that sanctions, provided for under Article 41, can have a detrimental effect on one of the primary objectives of the Organization, contained in Article 55, namely economic and social development.

A mechanism needs to be established for the more effective and equitable application of sanctions.

The sixth instrument is *peace enforcement.*

Under Article 42 of the Charter, the Security Council may decide that a threat to international peace and security requires a military response.

At present, enforcement action is beyond the capacity of the United Nations expect on a very limited scale. Instead, the Security Council has authorized a coalition of member States to take enforcement action. Such was the case in the 1991 Persian Gulf Crisis when the Council authorized a group of Member States to take military action against one party on behalf of another.

Such »sub-contracting« provides the United Nations with an enforcement capacity it would not otherwise have. But it also may create the image of the United Nations as incapable of taking action directly. And there is a danger that the States concerned may claim international legitimacy for forceful actions not envisioned by the Council. Particularly where a United nations operation has been mandated for the same area of conflict, these considerations must be carefully weighed.

This list in itself reveals the complexity of the task faced by the United Nations. Each conflict is different. Each requires a different set of instruments, used in different combinations, often by multiple actors.

We must understand which instruments can work together in which situations. Experience has shown that the paramount consideration should be whether consent is required. Consensual and coercive measures must not be combined. It is in peace-keeping where new tasks have made it hard to maintain this conceptual distinction. And thus it is in peace-keeping where our most serious difficulties have arisen and setbacks have occurred.

Until today's conflicts are more effectively addressed, we have no choice but to remain preoccupied with the failure or success of United Nations peace operations.

In order to break out of this situation we must get our Concepts straight. We must understand the instruments available and face up to the difficulties involved. We must be able to recognize what is required and be ready and willing to do it.

Until we do so, our peace efforts will be ineffective. Our system of collective security will be impaired. We will remain trapped in a cycle of crisis that will detract from and undermine our wider efforts – through development – to build enduring foundations for peace and human progress.

Having recently taken a seat on the Security Council, Germany will be called to make decisions on many of these issues. And Germany will acquire a new responsibility. It is not for me to decide Germany's future contribution to this effort. That is a decision for Germany and its people. I would like to stress, however, that your country is well-placed to play a major and positive role.

Germany has recently taken its seat on the United Nations Security Council as a non-permanent member. To this seat Germany brings years of experience in development work, and its leadership in the world economy. As such, Germany can help strengthen understanding of the link between peace and development.

Germany can help ensure that peace and development are seen together as an integrated pursuit.

Germany also brings a history of strong support for multilateral institutions. And Germany is active in European regional organizations. As such, Germany can help ensure that United Nations and regional activity are a common effort.

I look forward to ever closer cooperation between Germany and the United Nations. The exact nature of this cooperation is not for me to determine. But the strength of Germany's commitment to the United Nations cannot be doubted.

Selbstbestimmungsrecht der Völker und territoriale Integrität von Staaten – zur Frage der Vereinbarkeit der beiden völkerrechtlichen Prinzipien –

Eckart Klein

I.

Jelena Bonner, die Frau des verstorbenen Friedensnobelpreisträgers Sacharow, schrieb im Jahr 1992 diese bemerkenswerten Sätze: »*Wir müssen angesichts des Rechts der Nationen auf Selbstbestimmung das Schlagwort von der Unverletzbarkeit der Grenzen vergessen ... Grenzen können und müssen im Interesse der Völker fallen*«.[1)]

Diese Überlegungen haben soviel Plausibilität für wie gegen sich. Wer weiß, wie sehr Grenzen, die ja das Gebiet eines Staates definieren, lebende Verbindungen durchschneiden und Zusammengehörendes willkürlich auseinanderreißen können, wird der Überwindung der Grenzen durch das Selbstbestimmungsrecht zustimmen. Wer weiß, wie sehr Grenzen die staatliche Identität mitbestimmen und ihr Infragestellen oder gar ihre Mißachtung den Frieden gefährden kann, wird geneigt sein, für die Erhaltung des territorialen status quo einzutreten und das Selbstbestimmungsrecht – jedenfalls seine Realisierung – dem Frieden unterzuordnen. Ist dies aber nicht die Kapitulation des Rechts vor den faktischen Verhältnissen? Andererseits: ist nicht der Frieden selbst ein Rechtswert? Aber kann Frieden auf Unrecht bestehen? Des Hin- und Herfragens ist kein Ende. »Loaded with dynamite«, so charakterisierte der Secretary of State Robert Lansing das Selbstbestimmungsrecht der Völker zu Beginn der 20er Jahre[2)] – geladen mit Dynamit ist das Selbstbestimmungsrecht allemal. Man geht vorsichtig mit Explosivstoff um, aber das spricht weder absolut gegen dieses selbst von gegen seine gezielten Anwendung, wo es sinnvoll ist. Es ist die Aufgabe des Völkerrechts, ein Rechtsinstitut, das es geschaffen hat, so auszuformen, daß sich seine positiven Seiten, möglichst nicht die negativen, entfalten können. Außer der Würde des Menschen ist kein Rechtsinstitut ganz unantastbar. Soviel können wir daher

---

1) *Bonner* (1992), S. 17.
2) *Cobban* (1947), S. 19.

schon zu Beginn unserer Betrachtung sagen: das Selbstbestimmungsrecht der Völker ist kein absolutes sondern ein bedingtes, qualifiziertes Recht.[3)]

Bevor wir auf die Problemzonen dieses Rechts zu sprechen kommen, möchte ich kurz seine Entwicklung zum Rechtssatz und seinen generellen Anwendungsbereich skizzieren.

II.

Ideengeschichtlich geht das Selbstbestimmungsrecht der Völker, wie wir es heute kennen, auf den den Beginn der Neuzeit markierenden, individualrechtlichen Ansatz von der – zunächst religiösen – Selbstbestimmung des einzelnen zurück, ein Ansatz, der sich kollektivrechtlich erweiterte, in dem er sich im ausgehenden 18. Jahrhundert mit der Vorstellung von der sich als politische Einheit artikulierenden handlungsfähigen Nation verband.[4)] Unmittelbar damit verbunden waren die Ideen der Volkssouveränität als neue Legitimationsbasis von Herrschaft und ein darauf gestütztes Bewußtsein von Gemeinsamkeit, daß sich schon bald nicht mehr idealistisch – Bekenntnis zu revolutionärer Freiheit –, sondern mehr nach geschichtlicher Zugehörigkeit im Sinne kultureller und ethnischer Zusammengehörigkeit definierte. Das Zusammenwachsen beider Selbstbestimmungsaspekte, des individuellen und des kollektiven, wird etwa durch das in der amerikanischen Unabhängigkeitserklärung von 1776 als natürliches Recht in Anspruch genommene Widerstandsrecht der Kolonisten belegt, das sich von dem seit dem Altertum immer wieder problematisierten und im Tyrannenmord kulminierenden Widerstandsrecht des einzelnen deutlich unterscheidet.

Im 18. und vor allem 19. Jahrhundert ist das Selbstbestimmungsrecht in vier Erscheinungsformen sichtbar geworden. Es spielte eine Rolle im Rahmen einzelner Gebietsverschiebungen (Plebiszit). Es wurde wirksam in dem Anspruch des Volkes, selbst und allein Inhaber der verfassunggebenden Gewalt zu sein. Neben diese nach innen gerichtete Forderung trat die Forderung nach Unabhängigkeit von fremder oder als fremd empfundener Herrschaft. Die nationale Selbstbewußtwerdung – auf welcher Basis sie immer stattfand – ermöglichte auch die Unterscheidung vom Eigenen und Fremden und die sich daraus ergebende Forderung, daß jedes durch Abstammung, Sprache und politisch-kulturelles Bewußtsein geeinte Volk seinen eigenen Staat haben sollte.[5)] In Reaktion auf die sich hier ankündigende und alle großen Reiche bedrohende Sprengkraft wurde

3) *Buchanan* (1991), S. 342.
4) Vgl. *Klein* (1990), S. 11 f., mit weiteren Nachweisen.
5) Vgl. *Mancini* (1851), S. 1 f.

schließlich – jedenfalls partiell – versucht, die Identität der Minderheiten zu schützen. So bestimmte das österreichische Staatsgrundgesetz von 1867, daß *»alle Volksstämme des Staates gleichberechtigt (sind) und jeder Volksstamm ein unverletzliches Recht auf Wahrung und Pflege seiner Nationalität und Sprache (hat)«*.

Die Idee des Selbstbestimmungsrechts wurde bis zum 1. Weltkrieg selektiv und bereichsspezifisch angewendet. Als verpflichtender Rechtssatz ist es damals nicht ins Bewußtsein getreten. Dies gilt aber auch für die Zeit der territorialen Neuordnung nach 1918. US Präsident Woodrow Wilson wollte zwar den von ihm erstrebten Völkerbund auf die Wünsche der Völker, nicht auf Beschlüsse von Staatenkongressen gründen. Aber auch er sah im Selbstbestimmungsrecht kein Rechtsprinzip, wohl aber ein politisch-imperatives Handlungsprinzip, das Staatsmänner künftig nur zum eigenen Verderben mißachten könnten.[6] Darin hat ihn die Geschichte wohl bestätigt.

Mit einem 1920 erstatteten Rechtsgutachten einer vom Völkerbundsrat eingesetzten Juristenkommission zur Åland-Frage liegt die erste juristisch hochrangige Meinungsäußerung zur Anwendbarkeit des Selbstbestimmungsrechtes auf einen konkreten Fall vor.[7] Es ging um die fortdauernde Zugehörigkeit der Insel zu Finnland, obwohl die Bevölkerung zu 95 % für den Anschluß an Schweden votiert hatte.

Die Argumentation der Kommission stellt zentral auf die Bedeutung des Selbstbestimmungsrechts der Völker im damals geltenden Völkerrecht ab. Es wird ausgeführt, daß sich das Prinzip, wonach Völker über sich selbst bestimmen können müssen, einen bedeutenden Platz im modernen politischen Denken erobert habe. Es habe allerdings keinen Eingang in die Völkerbundsatzung gefunden, und der verschiedentliche Hinweis hierauf in einzelnen Verträgen genüge nicht, um es als positive allgemeine Regel des Völkerrechts anzusehen.

Hiervon ausgehend unterscheidet die Kommission zwei Konstellationen: Dort, wo sich ein Volk endgültig als souveräner Staat und damit als Mitglied der internationalen Gemeinschaft konstituiert habe, komme es allein diesem zu, kraft seiner Souveränität über die Unterstellung eines Teils seines Territoriums unter die Souveränität eines anderen Staates zu entscheiden. Vom völkerrechtlichen Standpunkt aus habe darauf weder ein Teil der Bevölkerung noch ein anderer Staat einen Anspruch. Damit werde vielmehr in die exklusive Zuständigkeit eines Staates eingegriffen. Jede andere Lösung setze die internationale Stabilität aufs

---

6) *Wilson*, abgedruckt in *Link* (1984), S. 318 ff.

7) *Société des Nations* (1920), vgl. *Raschhofer* (1969), S. 54 f.

Spiel und gefährde den Frieden. Ob bei mißbräuchlicher Handhabung der souveränen Rechte gegenüber einem Bevölkerungsteil einmal etwas anderes gelten, also der exklusive Zuständigkeitsbereich des Staates verlassen sein könne, wird offengelassen.

Die prinzipielle Nachordnung des erörterten Prinzips hinter die im Völkerrecht verankerte Souveränität der Staaten ist nach Ansicht der Kommission allerdings an das Vorhandensein eines festgefügten souveränen Staates gebunden. Wo sich indessen durch Krieg oder Revolution eine instabile Lage gebildet habe und die territoriale Souveränität defizitär sei, weil der Staat sich noch nicht vollständig gebildet habe oder sich in der Phase einer Umwandlung befinde, da könne das Selbstbestimmungsprinzip Anwendung finden.

Als die beiden wichtigsten Anwendungsbereiche des Selbstbestimmungsprinzips werden die Bildung eines neuen Staates und die Option für die Zugehörigkeit zu einem bereits bestehenden anderen Staat genannt. Es sei aber zweierlei zu beachten. Zum einen sei auch der Minderheitenschutz eine Möglichkeit, die Erhaltung und freie Entwicklung des sozialen, ethnischen und religiösen Charakters eines Bevölkerungsteils zu sichern. Zum anderen könnten auch geographische, wirtschaftliche und ähnliche Erwägungen der ungebrochenen Anwendung des Selbstbestimmungsprinzips im Wege stehen. Im konkreten Fall (Åland) sah die Kommission das Vorhandensein einer instabilen Situation, einer »situation transitoire«, gegeben und gab damit dem Selbstbestimmungsprinzip Anwendungsraum. Der durch das Gutachten in seiner Handlungskompetenz bestätigte Völkerbundrat sah, ohne ein weiteres Plebiszit durchzuführen, von einer territorialen Neuzuordnung der Insel ab; zugleich wurden aber Garantien für die Rechte der schwedischsprachigen Inselbevölkerung im Sinne eines Minderheitenschutzes geschaffen.

Das Gutachten nimmt einen herausragenden Platz in der juristischen Behandlung des Selbstbestimmungsrechts ein. Es erfaßt die Problematik genau, ist in der Suche nach Lösungen flexibel und weist in mancherlei Hinsicht neue Wege. Hierauf soll im folgenden bei der Behandlung des geltenden Rechtszustandes zurückgegriffen werden.

Dieser unterscheidet sich nämlich von der zur Zeit des Gutachtens bestehenden Rechtslage vor allem dadurch, daß das politische Selbstbestimmungsprinzip zum Rechtssatz erstarkt ist. Dies ist heute fast allgemeine Ansicht.[8)] Anders als bei der Völkerbundsatzung fand der Grundsatz der Gleichberechtigung und Selbstbestimmung der Völker Eingang in die Charta der Vereinten Nationen von 1945

8) Vgl. *Doehring* (1994), S. 56 f.

(Art. 1 Ziff. 2; 55). Zwar wurde noch nicht vom Selbstbestimmungs**recht** gesprochen (nota bene auf Wunsch der westlichen Kolonialmächte) aber es sprach fast alles dafür, daß es sich bei einem in einen verbindlichen völkerrechtlichen Vertrag aufgenommenen Grundsatz um einen **Rechts**grundsatz und nicht bloß um ein politisches Prinzip handelte. Die zusätzliche Wendung von einem objektiven Rechtsprinzip zu einem subjektiven von den Völkern einforderbaren Recht kam mit der von der Generalversammlung immer stärker akzentuierten Dekolonialisierungsbewegung, die ihren rechtlichen Höhepunkt mit der Unabhängigkeitsdeklaration der Generalversammlung (Res. 1514 (XV) von 1960) erreichte. Aber schon im Jahr 1952 hatte die Generalversammlung die Menschenrechtskommission aufgefordert, Empfehlungen über die internationale Achtung des Rechts der Völker auf Selbstbestimmung vorzulegen. Demgemäß enthalten die Art. 1 der beiden Menschenrechtspakte von 1966 (in Kraft 1976) eindeutig den Hinweis auf das Recht der Völker auf Selbstbestimmung. Die berühmte Erklärung der Generalversammlung über die freundschaftliche Zusammenarbeit von Staaten aus dem Jahr 1970 verbindet den objektiven und subjektiven Rechtscharakter:

»Kraft des **Grundsatzes** der Gleichberechtigung und Selbstbestimmung der Völker wie er in der Satzung der Vereinten Nationen verankert ist, **haben alle Völker das Recht, frei und ohne Einwirkung von außen über ihren politischen Status zu entscheiden**, ihre wirtschaftliche, soziale und kulturelle Entwicklung zu gestalten und **hat jeder Staat die Pflicht**, dieses Recht in Übereinstimmung mit den Vorschriften der Satzung zu achten«.[9)]

Gewiß handelt es sich bei UN-Charta und den Menschenrechtspakten um Verträge, die nur die Vertragsparteien binden. Aber abgesehen davon, daß es derzeit 186 UN-Mitglieder gibt (Quasi Universalität) und 129 Staaten den Pakt über Bürgerliche und Politische Rechte ratifiziert haben, wird heute die Geltung des Selbstbestimmungsrechts auch als Norm des allgemeinen Völkerrechts (Völkergewohnheitsrecht), die alle Staaten bindet, nicht in Frage gestellt.[10)] Auch der IGH hat den Rechtscharakter des Selbstbestimmungsrechts anerkannt.[11)] Heute überwiegt sogar die Auffassung, daß das Selbstbestimmungsrecht eine Norm zwingenden Rechts ist, also vertraglich nicht abbedungen werden kann. Verträge von Staaten, die das Selbstbestimmungsrecht eines Volkes nicht achten, sind danach nichtig.[12)]

---

9) UN Doc. A/RES/2625 (XXV) v. 24.10.1970, Prinzip V

10) Vgl. *Klein* (1990), S. 11 f.

11) *ICJ-Reports* 1971, 31 (Namibia); 1975, 31 (Western Sahara); 1986, S. 65 (Burkina Faso vs. Mali)

12) Vgl. Art. 53 Wiener Vertragsrechtskonvention v. 1969

Es ist unrichtig, auch wenn dies in der Literatur immer wieder behauptet wird, daß der Selbstbestimmungsgrundsatz nur soweit zur Rechtsnorm erstarkt ist, als es um die Beseitigung der Kolonialherrschaft gehe bzw. gegangen sei.[13)] Zwar ist zutreffend, daß sich die Aufmerksamkeit vor allem der Vereinten Nationen zunächst fast ausschließlich auf diese Konstellation konzentrierte. Aber stets wurde doch auch neben der »colonialisation« der »alien domination« gedacht. Abgesehen davon wurde der Kolonisationsbegriffs viel zu lange und zu unbedacht allein auf überseeische Herrschaftsgründung reduziert. Entscheidend aber ist, daß das Selbstbestimmungsrecht von den Vereinten Nationen jedenfalls seit 1980 (Einmarsch Vietnams in Kambodscha und der Sowjetunion in Afghanistan) auf post- oder besser neo-koloniale Situationen gleichfalls angewendet wurde.[14)]

Auch in zahlreichen weiteren Dokumenten, etwa der KSZE/OSZE, wird das Selbstbestimmungsrecht der Völker erwähnt und hervorgehoben. Bezogen auf Europa würde dies keinen Sinn machen, beschränkte man die Geltung des Selbstbestimmungsrechts auf Fälle der klassischen Kolonialisierung, die sich heute erledigt haben.

III.

Im folgenden sollen einige der wichtigsten Problemfelder diskutiert werden, in die jeder gerät, der sich mit dem Selbstbestimmungsrecht befaßt.

1. Die Probleme beginnen mit der Frage nach dem Subjekt des Selbstbestimmungsrechts, also dem »Volk«. Jedenfalls wurde bewußt der Begriff »peoples« statt »nations« gewählt; Nation hat im Englischen häufig denselben Sinn wie Staat und im Deutschen ist Nation das seinen Staat bereits gefunden habende Volk, also das Staatsvolk; z.T. wird der Begriff Nation auch für ein solches Volk gebraucht, das sich seines politischen Artikulationswillens bewußt geworden ist. Volk ist demgegenüber der weitere Begriff. Man wird Volk als soziale Einheit definieren können, die ihre eigene klare (ethnische oder kulturelle) Identität, ihren eigenen Charakter hat und dadurch von anderen Einheiten unterscheidbar ist. Da sich, wie wir noch sehen werden, die Selbstbestimmung inhaltlich auch auf den Status eines Gebiets bezieht, bedarf es ferner der territorialen Verbundenheit (Ansässigkeit) des Volkes mit dem jeweiligen Gebiet.[15)]

---

13) Vgl. *Pomerance* (1982), S. 63 f.

14) *Klein* (1984), S. 107 f.

15) *Christescu*, UN Doc. E/CN. 4/Sub. 2/404/Rev. (1981), S. 41

Dabei gibt es Ungereimtheiten, die sich freilich aus dem Bestreben ergeben, die Detonationswellen eines Selbstbestimmungsaktes (um im Bild vom Dynamit zu bleiben) aufzufangen. Im Dekolonialisierungszusammenhang wurde als Träger des Selbstbestimmungsrechts nur diejenige einheimische Bevölkerung angesehen, die im Kolonialgebiet lebte, so willkürlich diese Grenzen (tatsächlich nämlich Völkerschaften zerteilend) häufig gezogen waren. Das utipossidetis-Prinzip will der Destabilisierung bereits entstandener oder auch im Entstehen begriffener Staaten vorbeugen. Es ist von der EG auch mutatis mutandis, nämlich bezogen auf die bestehenden Ländergrenzen innerhalb der zerfallenen Bundesrepublik Jugoslawien, zur Anwendung gebracht worden (Badinter-Kommission).[16] An ihm hat sich auch der (mehr oder weniger) freiwillige Zerfall der Sowjetunion und der Tschechoslowakei orientiert.

Es mag in vielen Fällen schwierig sein zu bestimmen, wer zu einem Volk gehört. Doch es gibt mindestens ebenso zahlreiche Fälle, wo dies ohne weiteres möglich ist. Letztlich ist daher die Definitionsproblematik nicht geeignet, die Normativität des Selbstbestimmungsrechts der Völker zu bestreiten.

2. Kern des Selbstbestimmungsrechts ist es, dem Volk zu garantieren, daß es Herr seines Schicksals ist und bleibt.[17] Daher richtet sich das Selbstbestimmungsrecht auf die autonome Bestimmung des eigenen politischen Status. Im Vordergrund steht dabei, der völkerrechtlichen Verankerung des Selbstbestimmungsrechts gemäß, die Festlegung des Verhältnisses zu anderen Völkern bzw. deren Staaten, also die Bestimmung des internationalen Status.[18] Einbezogen ist aber auch das Recht eines Volkes, sein politisches und wirtschaftliches System frei zu wählen. Allerdings setzt dies die Dispositionsfähigkeit des sich als politische Einheit begreifenden Volkes voraus.

Der komplexe Statusentscheid, der in einem Selbstbestimmungsakt liegt und der etwa in der Friendly-Relations- Deklaration oder in Art. 1 der beiden Menschenrechtspakte angesprochen ist, hat notwendig Territorialbezug. Das »Volk« als Selbstbestimmungssubjekt ist keine freischwebende Größe, sondern es lebt und siedelt irgendwo. Die freie Entscheidung über den politischen Status muß daher auch territoriale Auswirkungen haben. Das Selbstbestimmungsrecht eines Volkes oder einer Volksgruppe erschöpft sich nicht in der Freiheit zum Exodus. Folgerichtig widersteht das Selbstbestimmungsrecht der Entwurzelung eines Volkes, d.h. der Trennung eines Volkes von sei-

16) Näher *Klein* (1993), S. 367 f.

17) *Christescu*, UN Doc. E/CN. 4/Sub. 2/404/Rev. (1981), S. 17: *»to be the sole master of its fate«*

18) *Thürer* (1985), S. 473

nem Gebiet. Das Rückkehrrecht ist hier die einzig geeignete Wiedergutmachung.[19].

Im Rahmen der Dekolonialisierung haben die Vereinten Nationen vier Entscheidungsalternativen der Kolonialvölker akzeptiert und praktiziert: (1) das Recht, sich in einem eigenen unabhängigen Staat zu konstituieren, (2) das Recht, sich in freier Assoziation mit einem Staat zu verbinden, (3) das Recht, sich in einen bestehenden Staat vollständig zu integrieren, (4) das Recht, jeden anderen politischen Status frei zu wählen.[20] Favorisiert wurde freilich stets Alternative 1, d.h. die Eigenstaatlichkeit. Auf diese Weise hat sich die Mitgliederzahl der Vereinten Nationen durch die Dekolonialisierung erheblich vergrößert. Eine weitere Eintrittswelle kam auf die Vereinten Nationen nach 1989/90 mit dem Zerbrechen des sowjetisch dominierten Staatenblocks zu.

Im Grunde ist, wie bereits angedeutet, auch das Sowjetimperium ein Kolonialreich gewesen, und auch die auseinandergebrochenen Staaten Tschechoslowakei und Jugoslawien waren von den Siegern des 1. Weltkrieges nach strategisch-machtpolitischen Maximen zusammengefügt worden, ohne daß eine Befragung der Menschen, ob sie in einem Staat zusammenleben wollten, jemals stattgefunden hätte. Freilich hat sich in der Staatenpraxis eine Gleichsetzung des imperialen Territorialzugewinns durch Grenzverschiebung und der damit einhergehenden Unterwerfung anderer Völker oder Volksgruppen mit der Errichtung von Kolonien oder Kolonialreichen in Übersee nicht durchgesetzt. Die Auffassung, daß die Überseekolonien einen besonderen internationalen, vom Mutterland verschiedenen Status besitzen, läßt sich so nicht (jedenfalls nicht ohne weiteres) auf Gebiete übertragen, die geographisch unmittelbar zusammenhängen. Wenn in diesen Fällen ein in einen Staat eingefügtes Volk oder eine Volksgruppe das Selbstbestimmungsrecht in Anspruch nimmt, taucht die schon am Anfang meiner Ausführungen erwähnte Grundsatzfrage auf, in welchem Verhältnis zu diesem Anspruch der Grundsatz der territorialen Souveränität und Integrität eines Staates steht.

Zur Vermeidung von Mißverständnisses möchte ich klarstellen, daß nach meiner Ansicht das Selbstbestimmungsrecht der Völker vom Minderheitenschutzrecht zu trennen ist.[21] Das Minderheitenrecht dient dem Schutz der Identität nationaler, ethnischer, sprachlicher oder religiöser Minderheiten in

19) Zum Right to return *Hannum* (1987); vgl. auch Resolution 1924/24 der Unterkommission der UN-Menschenrechtskommission v. 26.08.1994, UN Doc. E/CN. 4/Sub.2/1994/L. 11, Add. 3, S. 4
20) Vgl. GA/RES/742 (VIII), 1541 (XV) und 2625 (XXV)
21) Ebenso *Cassese* (1979), S. 146

einem Staat. Es gibt zweifellos gemeinsame geistesgeschichtliche Wurzeln. Das Minderheitenrecht stellt aber den Staat in seinen bestehenden Grenzen *a limine* nicht zur Disposition. Das Selbstbestimmungsrecht der Völker, das auf einen komplexen Entscheid über den politischen Status eines Volkes oder einer Volksgruppe ausgerichtet ist, bezieht indessen als Denkalternative die Sezession und damit das Infragestellen der territorialen Integrität des jeweiligen Staates ein.

Diese schwierigen Fälle des sogenannten offensiven Selbstbestimmungsrechts sind von den Fällen zu trennen, in denen das Selbstbestimmungsrecht defensiv, geradezu zum Schutz der territorialen Integrität eines Staates auftritt.[22)] Dies ist der Fall, wo durch äußere Eingriffe die staatliche Einheit zerstört werden soll. Das uns geläufige Beispiel ist Deutschland während der Jahre seiner Spaltung.[23)] Es war neben den Rechten der vier Alliierten (die sich auf Berlin und Deutschland als Ganzes bezogen) das Selbstbestimmungsrecht des deutschen Volkes, das dem mit den sechziger Jahren einsetzenden Sezessionsversuch der DDR-Regierung einen juristischen Riegel vorschob und die deutsche Gesamtstaatlichkeit *de jure* weiterbestehen ließ.[24)] Das Selbstbestimmungsrecht war von besonderer Bedeutung, weil es Organe des Gesamtstaates nicht mehr gab, dieser also handlungsunfähig war, so daß die territoriale Souveränität und Integrität des Staates als solche mangels Handlungssubjekts nicht geltend gemacht werden konnten. Es blieb nur das deutsche Volk als Subjekt des Selbstbestimmungsrechts.

Dies ändert indessen nichts an der Brisanz der Fälle des offensiven Selbstbestimmungsrechts. Es gibt klare und eindeutige Stimmen, die die Sezession mit der territorialen Integrität eines Staates für unvereinbar halten. Als Beispiel für viele sei der frühere Generalsekretär der UN, U Thant, genannt, der 1970 ausführte: »*. . . as far as the question of secession of a particular section of a member State is concerned, the U.N. attitude is unequivocable. As an international organization, the U.N. has never accepted and does not accept and I do not believe it will ever accept a principle of secession of a part of a member State.*«[25)]

Zur selben Zeit beschloß die Generalversammlung der Vereinten Nationen die Friendly-Relations-Deklaration[26)], deren vorletzter Absatz lautet:

---

22) *Murswiek* (1984), S. 523 f.
23) Näher *Klein* (1990), S. 11 f.
24) BVerfGE 77, 137 (151 ff., 161 ff.)
25) UN Monthly Chronicle (1970), No. 2, S. 36
26) GA/RES/2625 (XXV) v. 24.10.1970

»Vorstehende Absätze ermächtigen oder ermuntern keine Handlung, die die territoriale Unversehrtheit oder politische Einheit souveräner und unabhängiger Staaten ganz oder teilweise zerreißt oder beeinträchtigt, welche sich in Übereinstimmung mit dem Grundsatz der Gleichberechtigung und Selbstbestimmung der Völker wie vorstehend dargestellt verhalten und daher eine Regierung haben, die das gesamte Volk, das zu dem Gebiet gehört, ohne Unterscheidung der Rasse, Überzeugung oder Hautfarbe vertritt.«

In einer für einen Unterausschuß der Menschenrechtskommission der Vereinten Nationen angefertigten Studie zum Selbstbestimmungsrecht von 1981 gelangt der Berichterstatter Cristescu zu folgender Aussage: *»The right of secession unquestionably exists ... in a special but very important case: that of peoples, territories and entities subjugated in violation of international law. In such cases, the peoples concerned have the right to regain their freedom and constitute themselves in independent sovereign states.«*[27)]

Was nun ist richtig? Sicher ist, daß die Staaten insgesamt in hohem Maße zurückhaltend sind, ein Sezessionsrecht anzuerkennen. Immerhin ist dies nicht ausgeschlossen. Bangladesch hat recht schnell internationale Anerkennung erhalten (im Gegensatz zu Biafra); die EG-Staaten haben einen Forderungskatalog aufgestellt, der erfüllt sein mußte, bis sie zur Anerkennung der nach 1989/90 entstandenen oder wiederentstandenen Staaten bereit waren.[28)] Diese Forderungen machten freilich zu Recht nicht den Versuch, die Voraussetzungen des Sezessionsrechts zu definieren; sie bezogen sich nur auf die Voraussetzungen, unter denen die Anerkennung stattfinden sollten.

Wir müssen bedenken, daß – sehr viel stärker als zur Zeit des Åland-Gutachtens (1920) – die staatliche Souveränität einer Fülle von Rechtspflichten und rechtlichen Schranken unterworfen ist, zu denen heute auch die Achtung des Selbstbestimmungsrechts der Völker gehört. Es entspricht dem Gedanken einer den potentiellen Widerstreit zweier Prinzipien auffangenden praktischen Konkordanzlehre, einerseits das Sezessionrecht soweit wie möglich zurückzunehmen, andererseits es bei mißbräuchlichem Verhalten des Staates einem Volk oder einer Volksgruppe gegenüber doch nicht völlig auszuschließen.

In diese Richtung weist der bereits zitierte Absatz der Friendly-Relations-Deklaration. Der entscheidende Gesichtspunkt ist, und dies wird auch in der

---

27) *Christescu*, UN Doc. E/CN/Sub. 2/404/Rev. (1981), S. 88

28) Vgl. *Presse- und Informationsamt der Bundesregierung*, Bulletin Nr. 144 vom 19.12.1991, S. 1173

Völkerrechtslehre aufgegriffen[29], die Frage, ob das zwischen Staat und Staatsbürger bestehende Loyalitätsband durch eine nicht mehr zumutbare Diskriminierung als zerrissen erachtet werden muß, was der Fall ist, wenn die Diskriminierung sich gegen diejenigen Gruppeneigenarten richtet, die für die Inanspruchnahme des Selbstbestimmungsrechts charakteristisch sind, und damit die Identität der Gruppe bedroht.

Dies ist vor allem, aber nicht nur, bei genozidalem Vorgehen der Fall.

Es sei daran erinnernt, daß das Åland-Gutachten diesen Gedanken immerhin bereits erwogen, freilich eine abschießende Beurteilung nicht vorgenommen hatte, wenn es fragte, ob ein manifester und kontinuierlicher Mißbrauch der Souveränität eines Staates nicht dazu führe, daß ein solches Verhalten aus der exklusiven Zuständigkeit eines Staates herausfalle, die territoriale Souveränität also nicht mehr als absolute Veränderungssperre wirken könne.

Es liegt weise Zurückhaltung in der Ansicht, daß sich das Selbstbestimmungsrecht der Völker nur dann als Sezessionsrecht realisieren kann, wenn eine solcherart extreme Situation besteht. Sie hält die Staatserschütterung in engen Grenzen, überläßt es weitgehend dem Staat selbst – nämlich vor allem durch einen ausgebauten Minderheitenschutz – Abhilfe zu schaffen, schließt aber die Abspaltung nicht aus, wenn sie allein das Erhalten der identitätswahrenden Merkmale verbürgt und jede fortdauernde Einbeziehung in den Staat unzumutbar wäre.

Auch an eine andere kluge Bemerkung aus dem Åland-Gutachten soll nochmals erinnert werden. Sie bezog sich auf das Fehlen einer stabilen politischen Lage im fraglichen Gebiet als Kriterium für die mögliche Anwendbarkeit des Selbstbestimmungsrechts, da ihm eine in sich schon defizitäre Souveränität nicht mehr, jedenfalls nicht so eindeutig, entgegentreten kann.

3. Es stellen sich viele weitere Fragen[30], von denen nur noch folgende stichwortartig aufgeführt werden sollen:

29) *Döhring* (1974), S. 31 ff., *Klein* (1990), S. 48 f. sowie *Murswick* (1993), S. 21 ff. *Frey* (1994), S. 63 geht zu weit, wenn er für die Teilnehmer des KSZE-Prozesses eine regionale Regel des Völkergewohnheitsrechtes annimmt, wonach die Sezession dann legitim sei, wenn zunächst alle innerstaatlichen Möglichkeiten ausgeschöpft sind, das Streben nach innerer Selbstbestimmung von der Zentralregierung mit Gewalt unterdrückt wird und ein Referendum den Willen des Volkes zur Selbstbestimmung bestätigt.

30) Näher dazu *Klein* (1990), S. 49 ff.

- das Problem des Gewaltverbots, genauer seiner (Nicht-) Geltung für die Durchsetzung des Selbstbestimmungsrechts;
- die Rolle dritter Staaten im Verhältnis zu dem das Selbstbestimmungsrecht einfordernden Volk und zu dem Territorialstaat;
- die Frage der Durchführung des Selbstbestimmungsaktes im Sinne der Ermittlung der freien und ohne Einwirkung von außen sich vollziehenden Entscheidung des Selbstbestimmungssubjekts über seinen politischen Status;
- die Möglichkeiten rechtlicher Durchsetzung des Selbstbestimmungsrechts durch Anrufung internationaler Instanzen durch das Selbstbestimmungssubjekt oder Drittstaaten.

IV.

Ich möchte mit folgender Bemerkung schließen:

Ungeachtet zahlreicher fortbestehender dogmatischer Unklarheiten ist das Selbstbestimmungsrecht der Völker – unter rechtlichen ebenso wie praktischen Gesichtspunkten – zu einer zentralen Norm des Völkerrechts und der internationalen Beziehungen geworden. Politische Staatskunst sollte versuchen, Situationen zu schaffen, in denen sich Völker oder Volksgruppen in ihrer Identität nicht bedroht fühlen und darum keinen Anlaß sehen, aus ihrem Staat herauszudrängen. Das Völkerrecht schützt die Staaten und ihre territoriale Integrität. Es stellt aber den Staaten keinen Blankoscheck aus, mit ihrer Souveränität beliebig zu verfahren. Die Staaten sind bei der Ausübung ihrer Souveränität rechtlich (völkerrechtlich) gebunden, und zu dieser Bindung gehören die individuellen Menschenrechte und das kollektive Selbstbestimmungsrecht der Völker. In der Regel, nicht aber unter allen Umständen, darf der Territorialstaat der Abspaltung eines Teils seiner Bevölkerung und seines Gebiets widerstehen. Er kann dieses Rechts aber auch aus rechtlichen und faktischen Gründen verlustig gehen.

Literatur

Bernhardt, ed. (1985): Encyclopedia of Public International Law 8 (1985).

Blumenwitz, D./B. Meissner, Hrsg. (1984): Selbstbestimmungsrecht der Völker und die deutsche Frage.

Bonner, J. (1992): Schluß mit den Führern!; in: »Die Welt«, 15.02.1992.

Buchanan, A. (1991): Towards a Theory of Secession; in: Ethics, 101 (January 1991), S. 342.

Cassese, A. (1979): Political Self-Determination; in: Cassese, ed. (1979): UN Law/Fundamental Rights.

Cobban, A. (1947): National Self-Determination, 2. Auflage, S. 19.

Cristescu, A. *(1981): The Right to Self-Determination, The Historical and Current Development on the Basis of United Nations Instruments; in: UN Doc. E/CN.4/Sub. 2/404/Rev., S. 41.*

Doehring, K. (1974): Das Selbstbestimmungsrecht der Völker als Grundlage des Völkerrechts; in: Berichte Deutsche Gesellschaft für Völkerrecht H. 14, S. 31 ff.

Doehring, K. (1994): Self-Determination; in: Simma, B. (1994), S. 56 ff.

Frey, D. (1994): Selbstbestimmungsrecht, Sezession und Gewaltverbot; in: Seidl-Hohenfeldern, I., Hrsg. (1994), S. 63.

Hannum, H. (1987): The Right ot Leave and Return in International Law and Practice.

Klein, E. (1990): Das Selbstbestimmungsrecht der Völker und die deutsche Frage.Link, A. S., ed. (1984): The Papers of Woodrow Wilson, Bd. 45.

Mancini, P. S. (1851): Dell nationalit come fondamento del diritto delle genti.

Murswiek, D. (1984): Offensives und defensives Selbstbestimmungsrecht; in: Der Staat 23 (1984), S. 523 ff.

Murswiek, D. (1993): The Issue of a Right of Secession – Reconsidered; in: Tomuschat, C., ed. (1993), S. 21 ff.

Pomerance, M. (1982): Self-Determination in Law and Practice.

Raschhofer, H. (1969): Selbstbestimmungsrecht und Völkerbund.

Seidl-Hohenfeldern, I. (1994): Vereinte Nationen, Menschenrechte und Sicherheitspolitik.

Simma, B., ed. (1994): The Charter of the United Nations, A Commentary.

Thürer, D. (1985): Self-Determination; in Bernhardt, ed. (1985), S. 473.

Thomuschat, C., ed. (1993): Modern Law of Self-Determination.

Wilson, W. (1918), Rede vom 11.02.1918; abgedruckt bei A. S. Link (1984), S. 318 ff.

Das Internationale UN-Tribunal für Jugoslawien: ein geeignetes Instrument zur Durchsetzung von Völkerrecht?

– kritische Betrachtung zur Einrichtung des Gerichtshofes –

Iris Eberle

1. Einleitung und Vorstellung des UN-Tribunals

1.1 Vorbemerkungen

Am 25. Mai 1993 verabschiedete der Sicherheitsrat der Vereinten Nationen einstimmig die Resolultion 827, mit der die Einsetzung eines Internationalen Strafgerichtshofs mit Sitz in Den Haag beschlossen wurde. Dieser hat die Aufgabe, die auf dem Territorium des früheren Jugoslawien seit dem 01.01.1991 begangenen Kriegsverbrechen, insbesondere Massenhinrichtungen, Vergewaltigungen und »ethnische Säuberungen« zu untersuchen und die Schuldigen zu bestrafen. Das für diesen Gerichtshof entworfene Statut entspricht einer vom Generalsekretariat unter Boutros-Ghali ausgearbeiteten Vorlage und ist der Resolution als Anlage beigefügt.[1] Als Rechtsgrundlage diente dem Sicherheitsrat Art. 41 der

1) Vgl. *United Nations Security Council*, S/RES/827 (1993).

Charta-VN, der bei Bedrohungen des Weltfriedens und bei Angriffshandlungen Zwangsmaßnahmen unterhalb der Schwelle militärischer Gewaltanwendung zuläßt. Der Strafgerichtshof, dessen Schaffung auf eine Initiative Frankreichs und des Europarates zurückgeht, ist das erste internationale Kriegsverbrechertribunal, auf das sich die Staatengemeinschaft seit den Prozessen von Nürnberg und Tokio nach dem Ende des Zweiten Weltkrieges hat einigen können.

Hintergrund für die Errichtung des ad-hoc-Tribunals war zunächst die dramatische Zuspitzung der Lage in Bosnien und die an die Errichtung des Tribunals geknüpfte Hoffnung, die Drohung mit einer Internationalen Strafgerichtsbarkeit werde die Kriegsparteien und die Einzeltäter von weiteren schweren Verletzungen des humanitären Völkerrechts abhalten und der Konflikt könne doch noch auf friedliche Weise und auf dem internationalen Verhandlungswege zu Ende gebracht werden.[2)]

Inmitten Europas, im ehemaligen Jugoslawien, wird vor unser aller Augen ein Vernichtungsfeldzug gegen Angehörige anderer ethnischer Gruppen geführt und dies teilweise systematisch, auf Betreiben und mit Unterstützung eines vormals weithin respektierten Staatsapparates. Unmittelbar gehandelt, d.h. gemordet, gefoltert, vergewaltigt, geplündert und gebrandschatzt, wird zwar primär durch weitgehend selbständig agierende militärische und paramilitärische Verbände[3)], hinter diesen »militärischen« Akteuren aber steht erkennbar eine gezielte Politik staatlicher Organe, die massenhaften Mord und systematische Vertreibung der angestammten Bevölkerung für legitime Instrumente der Politik halten.[4)] Eine gemeinsame, koordinierte Aktion der Staatengemeinschaft unter der Schirmherrschaft der UNO oder auch der EU, die der staatlichen Gewaltherrschaft in den Nachfolgestaaten Jugoslawiens, notfalls auch unter Einsatz von Zwangsmitteln, entgegengetreten wäre, hätte nahegelegen.

Die europäische Staatengemeinschaft, ebenso wie die Vereinten Nationen, zeigten sich bislang jedoch außerstande, dem Vernichtungsfeldzug durch Interventionen von außen Einhalt zu gebieten.[5)] Gerade am Zerfall Jugoslawiens wurde deutlich, daß kein wirklicher Konsens über die konkreten Prinzipien der vielfach beschworenen »neuen europäischen oder Welt-Ordnung« zu erzielen ist. Es fehlt insoweit wohl nicht nur an der Bereitschaft zum Einsatz von Zwangsmitteln, es

---

2) Vgl. *C. Hollweg* (1993), S. 980.

3) Vgl. insbes. die Berichte von *T. Mazowiecki*, »Special Rapporteur« der UN-Human Rights Commission zu den Menschenrechtsverletzungen im ehemaligen Jugoslawie, UN-Doc. A/47/418 vom 3.9.1992, sowie UN-Doc. A747/666 vom 17.11.1992.

4) Vgl. *G. Gillessen*, FAZ vom 4.12.1992, S. 6.

5) Vgl. *G. Trautmann* (1991); in: Furkes/Scharp (1991), S. 7 ff.

fehlt zugleich an Übereinstimmung darüber, welche Ziele eigentlich unter welchen Ordnungsprinzipien anzustreben sind.[6)]

Die Frage nach den Möglichkeiten des Völkerstrafrechts liegt damit nahe. Kann man die Greuel (die ja zugleich elementare Völkerrechtsverstöße sind) schon nicht verhindern, so kann man zumindest dem Recht dadurch Genüge tun, daß man die Untaten im nachhinein mit Sanktionen ahndet. Es sind Kriegsverbrechen, die dort begangen werden, für die man, wenn eine direkte Intervention schon ausscheidet, zumindest die Täter zur Rechenschaft ziehen will. Möglicherweise wird so mancher Straftäter durch die Drohung mit einem internationalen Gerichtsverfahren auch von der einen oder anderen völkerrechtswidrigen und verbrecherischen Handlung abgehalten.

1.2 Aufbau, Organisation und Straftatbestände

Die Idee der Errichtung eines internationalen Strafgerichts zur Ahndung völkerrechtlicher Verbrechen ist nicht neu. Schon 1872 hatte der Genfer Gustave Moynier die Schaffung eines Kriegsgerichtes vorgeschlagen, das sich aus drei neutralen Richtern zusammensetzen sollte und dessen Aufgabe es sein sollte, Verstöße gegen die Genfer Konvention von 1864 zu verfolgen und zu beurteilen.[7)] Als einzige Präzedenzfälle des nun errichteten Jugoslawien-Tribunals wurden 1945 die internationalen Kriegsverbrechertribunale von Nürnberg und Tokio geschaffen. Politische Resonanz finden die Bemühungen zur Schaffung internationaler Strafgerichtshöfe immer nur dann, wenn durch grausame Kriege das allgemeine Rechtsbewußtsein in besonderer Weise erschüttert wird. So wurde beispeilsweise dem lange totgesagten und praktisch unter Ausschluß der Öffentlichkeit diskutierten »Draft Code of Crimes against the Peace and the Security of Mankind« der ILC[8)] erst jetzt wieder politische Bedeutung beigemessen.

Das Statut des Jugoslawien-Tribunals regelt in 34 Artikeln seine Zuständigkeit, umreißt die Verstöße gegen das humanitäre Völkerrecht, definiert die strafrechtliche Verantwortung und bestimmt die Organisation des Gerichts, die Auswahl der Richter sowie die Verfahrensregeln. Danach besteht das Tribunal aus einem unabhängigen, alle wesentlichen Rechtssysteme der Welt vertretenden Richterkollegium und einer unabhängigen Staatsanwaltschaft, die internationale Haftbefehle und Auslieferungsgesuche vorbereiten und die Anklage erheben soll. Die

6) Vgl. *S. Oeter* (1993), S. 3.
7) Vgl. *D. Thürer* (1993), S. 493.
8) Vgl. *International Law Commission*, Report on the work of its forty-third session, U.N.G.A. Official Records 46th Seesion, Suppl. No.10 (A/46/10), S. 238 ff.

Prozesse werden öffentlich von drei Kammern mit jeweils drei Richtern und einer ordentlichen Berufungs- und Revisionskammer mit fünf Richtern geführt. Die elf inzwischen von der Vollversammlung gewählten Richter – darunter zwei Frauen – wählten den Italiener Cassese zu ihrem Präsidenten, zum Chefankläger wurde vom Sicherheitsrat inzwischen der Südafrikaner Goldstone bestimmt. Am 17. 11. 1993 konstituierte sich der Internationale Strafgerichtshof in Den Haag auf seiner ersten Sitzung, am 08.11.1994 trat das Straftribunal zu seiner ersten öffentlichen Sitzung zusammen, um sich mit dem Antrag auf Überstellung des bosnischen Serben Tadic aus Deutschland zu befassen.

Gem. Art. 21 und 22 des Statuts werden die Rechte des Angeklagten besonders geschützt und ein faires Verfahren garantiert. Eine Verurteilung des Angeklagten in seiner Abwesenheit ist nicht erlaubt. Darüber hinaus soll die politische Funktion, zum Beispiel die eines Staatschefs, nicht vor Strafverfolgung schützen (Art. 7 Abs. 2 und 3 des Statuts), so daß bei Vorliegen eines internationalen Haftbefehls dem gesuchten, mutmaßlichen Verbrecher keine Immunität (etwa für Verhandlungen) oder politisches Asyl gewährt werden kann. Auch soll sich niemand in untergeordneter Dienststellung auf Befehlsnotstand berufen können.

Während das Nürnberger Tribunal sich auf die drei Tatbestände Verbrechen gegen den Frieden, Kriegsverbrechen und Verbrechen gegen die Menschlichkeit beschränkte, nennt und definiert das Statut des Jugoslawientribunals nunmehr die folgenden vier Tatbestände: 1. Schwere Verletzungen der Genfer Rot-Kreuz-Konventionen von 1949 (Art. 2), 2. Verletzungen der Gesetze und Gebräuche des Krieges (Art. 3), 3. Genozid und 4. Verbrechen gegen die Menschlichkeit im Sinne von allgemeinen und systematischen, extrem unmenschlichen Angriffen auf die Zivilbevölkerung (Art. 5).

Im Vergleich zum Londoner Statut betreffend das Nürnberger Kriegsverbrechertribunal ist der Rahmen der zu beurteilenden Verbrechen insoweit enger gesetzt, als der Tatbestand des Verbrechens gegen den Frieden (sogen. völkerrechtliche Aggressionshandlungen) entfällt. Ein nachvollziehbarer Grund dafür, daß derartige Handlungen allein dem Bereich der politischen Verantwortung zugeordnet werden, ist die schwierige rechtliche Faßbarkeit der völkerrechtlichen Gewaltanwendung. So ist beispielsweise nach wie vor umstritten, ob die präventive Selbstverteidigung nach Art. 51 UN-Charta zulässig ist, oder ob es sich dabei um einen Verstoß gegen das Gewaltverbot handelt. Ansonsten müßten außerdem in den Fällen, in denen eine Aggression in einem Staat vom Parlament oder in einer Volksabstimmung gebilligt wurde, konsequenterweise auch die Vertreter dieser obersten Entscheidungsinstanzen strafrechtlich zur Verantwortung gezogen werden.[9)]

9) Vgl. *D. Thürer* (1993), S. 496.

Hingegen geht das Statut weiter als das Nürnberger Kriegsverbrechertribunal, indem es zum einen die vier Genfer Konventionen, die im Gegensatz zu früher vor allem auch den Schutz der Zivilpersonen in bewaffneten Konflikten erfassen, und zum anderen unter Rückgriff auf die Konvention über die Verhütung und Bestrafung des Völkermordes von 1948 neu den Genozid in den Verbrechenskatalog mit aufnimmt. Im Ergebnis wird man wohl sagen können, daß sich der Sicherheitsrat bei der Aufführung der Straftatbestände weitgehend auf die im geltenden Völkerrecht bereits unbestreitbar auch als Völkergewohnheitsrecht anerkannten Tatbestände beschränkt hat, um sich nicht dem Vorwurf der Verletzung des Grundsatzes »nullum crimen sine jure« auszusetzen. Zu Recht kritisiert wird in diesem Zusammenhang jedoch, daß die beiden Zusatzprotokolle zu den Genfer Konventionen von 1977, die von Jugoslawien ratifiziert und für dessen Nachfolgestaaten verbindlich sind, nicht insoweit in das Statut einbezogen wurden, als sie heute unbestreitbar geltendes Völkergewohnheitsrecht darstellen.[10)] Ein Grund hierfür war die Befürchtung einiger Staaten, die Zusatzprotokolle (insbes. das ZP II betreffend nicht-internationale Konflikte) kämen dem Guerilla-Terrorismus zugute. Da diese Staaten selbst die Protokolle nicht unterzeichnet hatten, wollten sie nun nicht dadurch, daß die Bestimmungen in das Statut des Gerichtshofs mit aufgenommen werden, den Anschein erwecken, es handle sich dabei anerkanntermaßen um Völkergewohnheitsrecht.

Die Strafverbüßung der verurteilten Täter soll dann in den Ländern stattfinden, die vom UN-Sicherheitsrat bestimmt werden. Diese Länder müssen auch für die Kosten der Haft aufkommen.

1.3 Problematik

Durch die Errichtung des Internationalen Tribunals, mit der der Sicherheitsrat juristisch weitgehend Neuland betreten hat, werden eine ganze Fülle rechtlicher, aber auch praktischer und politischer Probleme aufgeworfen: Zunächst ist zu klären, ob die Resolutionen 808 und 827 (1993) als juristische Grundlage des Strafgerichtshofs mit der UN-Charta und dem geltenden Völkerrecht vereinbar sind. Dies wurde in mehrerlei Hinsicht bereits bezweifelt. Insbesondere die Frage, ob der Sicherheitsrat nicht seine Kompetenzen weit überschritten hat, indem er die Grenzen der UN-Charta nicht beachtet, in die einzelstaatliche Souveränität der Mitgliedsstaaten der UN und insbesondere auch der Nachfolgestaaten Jugoslawiens eingegriffen oder die Rechte der der Verbrechen beschuldigten natürlichen Personen verletzt hat, gilt es zu beantworten.

10) Vgl. die Kritik von *H.-P. Gasser* (1993), S. 60 ff.

Darüber hinaus stellt sich die praktische Frage, ob die Errichtung eines Ad-hoc-Gerichtshofs als sogen. juristische Intervention neben Wirtschaftssanktionen, dem Abbruch diplomatischer Beziehungen oder gar der Anwendung militärischer Gewalt ein effektives Instrument zur Wiederherstellung und Sicherung des Weltfriedens darstellt, oder ob die Staatenwelt sich damit nicht einfach in ein rein symbolisches Instrumentarium der strafrechtlichen Verfolgung von Kriegsverbrechen geflüchtet hat, sozusagen als Ersatz für eine politisch nicht durchsetzbare gezielte Intervention.[11] Schließlich bleibt noch zu untersuchen, inwieweit das Jugoslawientribunal einen Meilenstein auf dem Weg zur Schaffung eines universellen internationalen Strafgerichtshofes darstellt und welche Bedeutung einem solchen Strafgerichtshof bei der tatsächlichen Durchsetzung von Völkerrecht zukommen kann.

2. Rechtmäßigkeit der Errichtung des UN-Tribunals

2.1 Einhaltung der Grenzen des Kapitel VII Charta-VN

In seiner Resolution 827 (1993) führt der Sicherheitsrat als Ermächtigungsgrundlage für die Errichtung des internationalen Ad-hoc-Tribunals Kapitel VII der UN-Charta auf. Fraglich ist daher, ob Kapitel VII, hier Art. 41, 39 tatsächlich die Möglichkeit eröffnet, auch juristische Maßnahmen zu ergreifen und richterlich tätig zu werden. Voraussetzung für die Anwendbarkeit von Kapitel VII ist die Feststellung, daß ein Bruch oder eine Bedrohung des Weltfriedens i. S. d. Art. 30 UN-Charta vorliegt und sich die bisher ergriffenen Maßnahmen als unzulänglich erwiesen haben. Der Begriff der Friedensbedrohung ist bewußt unbestimmt und auslegungsfähig gewählt worden, um dem Sicherheitsrat eine flexible Handhabung bei der Ergreifung friedenserhaltender Maßnahmen zu ermöglichen.[12] Die Handlungsbreite des Sicherheitsrates sollte größer sein als die einzelner Staaten aufgrund des Selbstverteidigungsrechtes (nur bei bewaffneten Angriffen) nach Art. 15 UN-Charta.

In mehreren der einschlägigen, vorangehenden Resolutionen hat der Sicherheitsrat gem. Art. 39 bereits die Bedrohung und den Bruch des Weltfriedens und das Vorliegen von Angriffshandlungen durch die kriegerischen Auseinandersetzungen auf dem Gebiet Ex-Jugoslawiens festgestellt und die beteiligten Konfliktparteien zur Beendigung der Feindseligkeiten aufgefordert.[13] Dort wurde bereits

11) Vgl. *S. Oeter* (1993), S. 42.
12) Vgl. *B. Graefrath* (1993), S. 434.
13) Z.b. in den *Security Council Resolutions* 713 (25.9.1991), 764 (13.7.1992), 771 (13.8.1992), 780 (16.10.1992).

im Hinblick auf die Flüchtlingsströme vor einem Übergreifen der Auseinandersetzungen und den Konsequenzen insbesondere für die Grenzregionen und die Nachbarländer Ex-Jugoslawiens gewarnt. Spätestens seit dem Zerfall Jugoslawiens in seine fünf Nachfolgestaaten, also seit dem Zeitpunkt, zu dem der Konflikt einen internationalen Charakter erhalten hat, muß eine tatsächliche Bedrohung des Weltfriedens vorgelegen haben.[14)]

Folgt man dem Wortlaut des Art. 41 UN-Charta, ist dem Sicherheitsrat nunmehr jede Maßnahme außer der Anwendung von Waffengewalt erlaubt, die geeignet ist, den Weltfrieden wiederherzustellen oder zu wahren. Insbesondere ist die Aufzählung einiger Zwangsmaßnahmen wie Wirtschaftssanktionen oder der Abbruch diplomatischer Beziehungen nach allgemeiner Meinung nicht abschließend.[15)] Eine Einschränkung kann sich deshalb nur aus der Zweckbestimmung und aus der Zielrichtung der Zwangsmaßnahmen nach Kapitel VII UN-Charta ergeben. Ziel der Zwangsmaßnahmen ist nicht die Zwangsschlichtung eines Streites oder die Erreichung bestimmter ökonomischer Ziele, sondern die Aufrechterhaltung bzw. Wiederherstellung friedlicher Beziehungen zwischen den Staaten. Für ökonomische und soziale Fragen ist nämlich grundsätzlich die Generalversammlung zuständig und die Streitbeilegung ist in Kapitel VI geregelt. Hierin wird dem Sicherheitsrat nur das Recht gegeben, Empfehlungen auszusprechen. Die Wahrung des Friedens wird als Voraussetzung für die friedliche Streitbeilegung behandelt.

Kapitel VII verleiht dem Sicherheitsrat daher nur gewisse Polizeifunktionen, stellt also einen repressiven Handlungsmechanismus zur Verfügung, der die Streitparteien zur Rückbesinnung auf ihre internationalen Verpflichtungen bringen soll. Daraus wird nun teilweise zu Unrecht der Schluß gezogen, eine irgendwie geartete richterliche oder legislative Maßnahme, die ja immer auch die Regelung oder Beilegung eines Streites betrifft, scheide von vornherein aus.[16)] Diese Auffassung stellt zu einseitig allein auf die Funktion des internationalen Strafgerichts ab, Rechtsbewährung und Rechtsfrieden im Täter-Opfer-Verhältnis zu bewirken. Tatsächlich kann diese Funktion aber am effektivsten dann erfüllt werden, wenn bereits wieder Friedenszeiten angebrochen sind.[17)] Übersehen wird, daß ein Strafgericht daneben auch immer eine general-präventive Aufgabe erfüllt. Gerade hierauf aber hat der Sicherheitsrat der UN in seiner Resolution abgestellt. Von der Drohung mit einer effektiven internationalen Strafverfolgung erhoffte er sich eine abschreckende Wirkung auf die am Konflikt beteiligten Ver-

14) Vgl. *B. Simma-Frowein* (1991), Art. 39 Rd. 7, 9, 15.
15) Vgl. *C. Hollweg* (1993), S. 981.
16) Vgl. *B. Graefrath* (1993), S. 434, 435.
17) Vgl. *H. Roggemann* (1993), S. 299.

brecher, die bisher durch die einzelstaatlichen Gerichte der betroffenen Staaten nur unzureichend oder gar nicht bestraft wurden.[18] Nur unter diesem Gesichtspunkt ist die Errichtung des UN-Tribunals geeignet, zur Wiederherstellung des Weltfriedens beizutragen. Die Maßnahme ist deshalb mit der Zielrichtung der Art. 39, 41 UN-Charta vereinbar.

Zweifelhaft könnte allenfalls die Tatsache sein, daß die Tätigkeitsdauer des UN-Tribunals nicht von vorherein auf den Zeitraum des bestehenden (Bürger-) Kriegszustandes begrenzt wurde. Immerhin darf die Bestrafung der Kriegsverbrechen durch den UN-Sicherheitsrat nicht zum Selbstzweck werden. Ihre Legitimation könnte daher entfallen, sobald der Friedenszustand wiederhergestellt ist. Letzlich müßten dann aber auch die bereits bestraften und inhaftierten Täter wieder freigelassen werden, denn deren Freilassung nach Beendigung des Konfliktes würde aller Wahrscheinlichkeit nach den Weltfrieden auch nicht mehr bedrohen. Dagegen spricht jedoch, daß die abschreckende Wirkung der internationalen Strafverfolgung nur dann glaubwürdig sein kann, wenn zu Kriegszeiten das effektive Funktionieren des Tribunals auch noch nach Beendigung der Feindseligkeiten feststeht. Darüberhinaus gehört neben der Wiederherstellung des Friedens auch die Wahrung des Friedens zu den Aufgaben des Sicherheitsrates nach Art. 39 UN-Charta.

2.2 Kein Eingriff in staatliche Hoheitsrechte oder in die Rechte der individuellen Straftäter

Ein Eingriff in die Souveränitätsrechte der Einzelstaaten durch eine internationale Strafgerichtsbarkeit ist unter zweierlei Gesichtspunkten diskussionswürdig:

Indem der Sicherheitsrat ein internationales Strafgericht eingesetzt hat, hat er sich selber judikative Befugnisse angemaßt. Denn er kann seinem Hilfsorgan (als solches ist das Ad-hoc-Tribunal gem. Art. 29 UN-Charta gegründet worden) nur diejenigen Aufgaben übertragen, die er nach den Bestimmungen der Charta selbst besitzt. Ausdrücklich werden dem Sicherheitsrat in der Charta-UN aber keine richterlichen Eigenschaften beigemessen. Ein Eingriff in die staatliche Souveränität der Mitgliedsstaaten der UN, zu der auch die Strafhoheit gehört, könnte daher vorliegen. Grundsätzlich bedarf nämlich die Ausübung von Strafhoheit durch ein Organ einer internationalen Organisation eines speziellen oder allgemeinen Übertragungsaktes von seiten der einzelnen nationalen Gesetzgeber. Da spezielle Übertragungsakte der Mitgliedsstaaten nicht stattgefunden haben, kommt nur ein allgemeiner Übertragungsakt in Form eines völkerrechtlichen

18) Vgl. *C-Hollweg* (1993), S. 982.

Vertrages in Betracht. Dieser kann letzlich nur in der Charta selbst gesehen werden. Aus dem Gesamtsystem der friedenssichernden Zwangsmaßnahmen gegen Friedensstörer ergibt sich nämlich, daß neben den in Art. 41 und 42 der UN-Charta aufgeführten politischen, kommunikativen, ökonomischen und militärischen Mitteln auch die strafgerichtliche Intervention als unverzichtbare Maßnahme anzusehen ist. Denn auch sie kann durch ihre abschreckende, generalpräventive Wirkung geeignet sein, den Frieden wiederherzustellen und zu wahren (siehe vorher). Die juristische Intervention ist mithin notwendiger Bestandteil der friedenssichernden Maßnahmen.

Alllerdings ist festzustellen, daß dies selbstverständlich nur für die Schaffung eines Ad-hoc-Tribunals gelten kann, dessen Zuständigkeiten auf einen ganz bestimmten, den Weltfrieden störenden Konfliktfall begrenzt sind, wie hier auf die Verfolgung der schweren Kriegsverbrechen im ehemaligen Jugoslawien (Art. 1 und 8 des Statuts). Nur in dieser engen Form wird der Sicherheitsrat wegen der offensichtlichen Unmöglichkeit bzw. dem fehlenden politischen Willen der Nachfolgestaaten Jugoslawiens, die eigene Strafverfolgung auszuüben, judikativ tätig. Ein ständiger internationaler Strafgerichtshof mit universeller Strafgerichtsbarkeit zur Verfolgung von Kriegs- oder Menschenrechtsverletzungen in aller Welt könnte daher nur durch einen eigenständigen völkerrechtlichen Vertrag geschaffen werden. Ein Eingriff in die Souveränitätsrechte der Mitgliedsstaaten der UN liegt danach nicht vor.

Zu erwägen ist daneben jedoch auch eine Verletzung der einzelstaatlichen Souveränitätsrechte der betroffenen Nachfolgestaaten des ehemaligen Jugoslawien. Da nach allgemeiner Auffassung die strafrechtliche Verfolgung der eigenen Staatsbürger zum Kernbereich einzelstaatlicher Souveränität gehört, könnte durch die Einrichtung eines internationalen Gerichtshofes für speziell in Ex-Jugoslawien begangene Kriegsverbrechen gegen das Interventionsverbot des Art. 2 Ziff. 7, 1. Halbsatz (HS) UN-Charta verstoßen worden sein. Indessen stellt gerade die Anwendung der nach Kapitel VII der Charta zulässigen Zwangsmaßnahmen gem Art. 2 Ziff. 7, 2. HS eine zulässige Ausnahme vom Gebot der Nichteinmischung in die inneren Angelegenheiten eines Staates dar. Eine Verletzung der Souveränitätsrechte der Nachfolgestaaten Jugoslawiens scheidet daher aus.

Darüber hinaus könnte der Sicherheitsrat jedoch auch unzulässigerweise in die Rechte der betroffenen Einzelpersonen – den verdächtigen Kriegsverbrechern – eingegriffen haben, denen wegen der Konkurrenz des Jugoslawientribunals mit den innerstaatlichen Gerichten (Art. 9 des Statuts) der gesetzliche Richter entzogen worden sein könnte. Gem. Art. 14 Abs. 1 S. 2 des Internationalen Paktes über bürgerliche und politische Rechte von 1977 (IPBR) und Art. 5 Abs. 1 lit c und Art. 6 Abs. 1 Europ. Menschenrechtskonvention (EMRK) hat jeder

Mensch ein Recht darauf, daß die gegen ihn erhobene Anklage von einer auf Gesetz beruhenden Gewalt verhandelt wird. Die UN-Resolution ist jedoch kein Gesetz in diesem Sinne.

Allerdings muß es dann, wenn der innerstaatlich vorgesehene gesetzliche Richter die nötige Bestrafung schwerer Kriegsverbrechen, zu deren Ahndung er sowohl nach nationalem als auch nach Völkerrecht verpflichtet ist, konsequent unterläßt, zulässig sein, daß ein zur Wiederherstellung des Friedens eingerichetes Ad-hoc-Tribunal den nationalen Richter verdrängt. Ein gesetzlicher Richter, der die Strafverfolgung von Amts wegen unterläßt, kann niemandem entzogen werden. Im übrigen entspricht dies auch der allgemeinen Völkerrechtsregel für diese Verbrechen »aut dedere aut punire«, entweder selbst bestrafen oder zur Bestrafung ausliefern.[19)]

Schließlich ist unter dem Gesichtspunkt, daß Adressaten der Maßnahmen des Sicherheitsrates nach der UN-Charta und nach dem Völkergewohnheitsrecht nur Staaten, nicht aber Individuen sind, zweifelhaft, ob dem Sicherheitsrat überhaupt das Recht zusteht, auch auf natürliche Personen strafrechtlich zuzugreifen. Denn auch Kapitel VII setzt voraus, daß ein Staat den Frieden verletzt und deshalb kollektive Maßnahmen der Staatengemeinschaft gegen den Verletzerstaat durchgeführt werden. Indessen ist zu bedenken, daß von derartigen Zwangsmaßnahmen des Rates notwendig fast immer auch Individuen betroffen sind (so beispielsweise bei Embargomaßnahmen oder bei den Militäraktionen zur Befreiung Kuweits). Außerdem wird der Sicherheitsrat dann, wenn der Weltfrieden gerade deshalb gefährdet wird, weil die einzelstaatliche Strafverfolgung außer Kraft gesetzt und Kriegsverbrechen in großem Ausmaß begangen werden, nicht als »Weltrichter« tätig, dem es in erster Linie auf die Wahrung der völkerrechtlichen Rechtsordnung ankommt, sondern als zuständiges (Polizei-)Organ zur Wiederherstellung und Wahrung des Weltfriedens. Auf die Frage, ob es ein universelles Recht (Weltrechtspflegeprinzip) zur Bestrafung internationaler Delikte von Einzelpersonen gibt, kommt es daher nicht zwingend an. Im übrigen ist inzwischen auch das Recht, aufgrund völkerrechtlicher Regelungen Einzelpersonen strafrechtlich zur Verantwortung zu ziehen, im Grundsatz weitgehend anerkannt.[20)]

2.3 Einhaltung des Legalitätsprinzips

Die Geltung des Legalitätsprinzips »Nullum crimen sine lege« ist, wie sich an seiner Verankerung in Art. 15 Abs. 1 und 2 IPBPR, Art. 7 Abs. 1 und 2 EMRK, Art. 11 Ziff. 2 der Allgemeinen Erklärung der Menschenrechte von 1948,

19) Vgl. *M. Ch. Bassiouni* (1986), S. 7 ff.
20) Vgl. *H. Roggemann* (1994), S. 361.

Art. 99 des II. Genfer Abkommens von 1949 und Art. 6 Abs. 2 des Zweiten Genfer Zusatzprotokolls von 1977 (ZP II) ablesen läßt, auch im Völkerrecht von großer Bedeutung. Der Sicherheitsrat hätte hiergegen verstoßen, wenn die in dem Statut aufgeführten Straftatbestände nicht dem geltenden Recht entsprochen hätten. Dann hätte er sich zu Unrecht als Weltgesetzgeber betätigt.

Bezüglich der Strafbarkeit schwerer Verletzungen der Genfer Rot-Kreuz-Konventionen kann davon ausgegangen werden, daß deren Bestimmungen gewohnheitsrechtliche Geltung zukommt.[21)] Darüber hinaus hat auch das ehemalige Jugoslawien die Genfer Rot-Kreuz-Abkommen unterzeichnet und in nationales Recht umgesetzt. Ebenfalls gewohnheitsrechtlich verbürgt ist Art. 3 des Statuts betreffend die klassischen Kriegsverbrechen nach der Haager Landkriegsordnung von 1907 und Art. 4 des Statuts betreffend den Völkermord. Probleme bereiten allein die Verbrechen gegen die Menschlichkeit nach Art. 5 des Statuts, mit denen an die Prinzipien des Nürnberger Kriegsverbrechertribunals angeknüpft wird. Zwar kann davon ausgegangen werden, daß diese Prinzipien inzwischen völkergewohnheitsrechtliche Geltung besitzen. Die Formulierung in Art. 5 des Statuts ..»oder andere unmenschliche Akte, soweit sie gegen die Bevölkerung gerichtet sind,«.. ist jedoch im Vergleich zu dem Londoner Statut wesentlich ungenauer und ausufernder und vermag deshalb dem Bestimmtheitsgrundsatz nicht zu genügen. Nach alledem ist ein Verstoß gegen den Legalitätsgrundsatz nur im Falle der Verfolgung von Verbrechen gegen die Menschlichkeit gegeben.

Im Ergebnis ist die Einsetzung des Ad-hoc-Tribunals auf der Grundlage des Kapitels VII der UN-Charta rechtmäßigerweise erfolgt.

3. Das UN-Tribunal als Instrument zur Durchsetzung von Völkerrecht

3.1 Die friedenssichernde Wirkung des Ad-hoc-Gerichtshofs

Angesichts der Tatsache, daß seit der Errichtung des UN-Tribunals für Jugoslawien ein Friedensschluß in dieser Region noch immer in weiter Ferne zu liegen scheint und die Kriegsverbrechen gegenüber den Zivilpersonen in Bosnien, gegenüber den dort stationierten Blauhelmtruppen und Mitarbeitern von Hilfsorganisationen immer groteskere Züge annehmen, scheint sich die Frage nach der Effektivität des Strafgerichtshofes im Hinblick auf seine friedensschaffende Wirkung von selbst zu beantworten. Seit der ersten öffentlichen Verhandlungssitzung

21) *C.Hollweg* (1993), S. 986.

im November 1994, ist es auch auffallend ruhig um das Jugoslawientribunal geworden. Einer der Hauptgründe für den vordergründig eher bescheidenen Beitrag des UN-Tribunals ist sicherlich in den großen praktischen Problemen auch kriminalpolizeilicher Art zu sehen:

So gestaltet sich beispielsweise die Beweisführung und Beweissicherung (durch Zeugeneinvernahme, Ermittlungen vor Ort etc.) durch ein weit vom Tatort entfernt urteilendes internationales Gericht äußerst schwierig. Häufig können zwar die Militär- oder Milizeinheiten der potentiellen Straftäter festgestellt werden, nicht aber ohne weiteres deren Name und Adresse. Beweisschwierigkeiten ergeben sich auch aus den Anforderungen der materiellen Straftatbestände. So muß beispielsweise bei Begehen eines Genozids die Absicht des Täters, eine Volksgruppe ganz oder teilweise zu zerstören, nachgewiesen werden. Allein die Durchführung einer Vertreibung i. S. einer »ethnischen Säuberung« ist noch nicht von vornherein geeignet, den physischen Bestand dieser ethnischen Gruppe zu zerstören.[22)] Bei Verbrechen gegen die Menschlichkeit muß dargetan werden, daß die fraglichen Menschenrechtsverletzungen aus politischen und rassischen Gründen erfolgen und Ausfluß einer systematischen Regierungsplanung sind. Die Untersuchungen sind darüber hinaus sehr kostspielig und kompliziert, da es unter anderem gilt, Zeugen in den Nachfolgestaaten Jugoslawiens auf serbokroatisch zu befragen und die Scheu der Landbevölkerung zu überwinden. Ebenso haben auch die Richter mit Sprachproblemen und mit der Glaubwürdigkeit von Zeugen zu kämpfen. Die Formulierung einer stichhaltigen und beweiskräftigen Anklageschrift ist nach alledem kein leichtes Unterfangen.

Das größte Hindernis stellt aber wohl die fehlende direkte Zugriffsmöglichkeit des Gerichts auf die beschuldigten Verbrecher dar, die in Abwesenheit nicht verurteilt werden dürfen. Insoweit ist das Gericht auf die Mitwirkung des das betreffende Gebiet beherrschenden politischen Regimes angewiesen, zur Durchführung der Ermittlungen wie zur Ergreifung der Täter.

Nach Aufzählung all der Schwierigkeiten, mit denen das neu geschaffene Tribunal zu kämpfen hat, muß die präventiv-abschreckende Wirkung dieser UN-Einrichtung in tatsächlicher Hinsicht als recht gering eingestuft werden. Die Drohung mit einem Strafverfahren bleibt letzlich solange eine stumpfe Waffe, wie das umkämpfte Gebiet nicht wieder der Hoheitsgewalt eines an der Strafverfolgung interessierten Staates unterstellt ist. Man wird deshalb gegenwärtig in erster Linie nur diejenigen Täter vor Gericht stellen, denen man trotz der widrigen Umstände habhaft wird. In der Regel sind das die aufgehetzten Bauernsöhne

---

22) Vgl. die Definition in Art. 1 der Konvention über die Verhütung und Bestrafung des Völkermordes vom 9. Dezember 1948.

und Milizionäre, kaum dagegen die für die Greueltaten eigentlich verantwortlichen Politiker. Eine geringfügige abschreckende Wirkung wird man dem Tribunal aber dennoch nicht absprechen können. Die Tatsache, daß ein hinlänglich bekannter Kriegsverbrecher aus Jugoslawien das Land nicht verlassen kann, ohne mit einem internationalen Strafverfahren und seiner Auslieferung an das Tribunal rechnen zu müssen, hält möglicherweise doch manchen potentiellen Kriegsverbrecher von entsprechenden Handlungen ab. Zumindest die öffentliche Zurschaustellung der Verbrechen und das Sichbrüsten mit der grausamen Behandlung von Angehörigen anderer ethnischer Gruppen dürfte infolge der Drohung mit einem internationalen Strafverfahren etwas abgenommen haben.

3.2 Die weitergehende Bedeutung einer internationalen Strafgerichtsbarkeit

Unabhängig von der vorstehend beschriebenen tatsächlichen Effektivität des Jugoslawientribunals zur Wiederherstellung des Friedens haben das völkerrechtliche Strafrecht und seine Durchsetzung auch noch eine weitergehende Bedeutung. Neben der general-präventiven Wirkung der Drohung mit einem internationalen Strafverfahren, ist insbesondere auch die rechts- und damit letzlich auch die friedensbewahrende Funktion eines solchen Strafgerichts zu beachten. Auch kommt dem Strafrecht ganz allgemein die Aufgabe zu, auf dem Wege der Kriminalisierung diejenigen Rechtsgüter hervorzuheben, sichtbar zu machen und im öffentlichen Bewußtsein einzuprägen, die für den Bestand und Zusammenhalt einer menschlichen Gemeinschaft von elementarer Bedeutung sind.[23)]

Das spezifische Bedürfnis nach einem völkerrechtlichen Strafrecht ergibt sich neben der friedenssichernden Aufgabe auch aus seiner Funktion als Garant und Beschützer der universell geltenden Menschenrechte. Vor dem Hintergrund der Schwäche und der Lückenhaftigkeit des internationalen Menschenrechtsschutzes, dessen Umsetzung nach wie vor im Verantwortungsbereich der einzelnen Staaten liegt, könnte eine internationale Strafgerichtsbarkeit eine große Rolle spielen. Ihr Ziel wäre es insbesondere, potentielle Opfer besonders gravierender Menschenrechtsverletzungen zu schützen, die im ordentlichen Strafverfahren in ihrem Land nicht oder nicht gehörig erfaßt werden, weil die jeweiligen Verbrechen durch die staatlichen Organe selbst, in ihrem Auftrag oder mit ihrer Duldung, begangen werden.

Schließlich läßt sich auch aus der Logik des Strafgedankens ein Bedürfnis nach der Anerkennung völkerrechtlicher Strafnormen und deren institutioneller Absi-

23) So auch *D. Thürer* (1993), S. 504.

cherung im internationalen Rahmen ableiten. Ein Hauptanliegen des Strafrechts ist es nämlich auch, daß schwere Verletzungen wichtiger Rechtsgüter effektiv und gleichförmig geahndet werden. Insbesondere die Tatsache, daß sich Täter allein wegen ihrer staatsinternen Machtstellung oder wegen der Abschirmung durch den verantwortlichen Staat der Strafe entziehen können, ist damit nicht vereinbar. Hier kann nun aber ein internationales Tribunal eingreifen. Dieses ist nämlich den politischen und psychologischen Schwierigkeiten mit denen die Richter am Begehungsort befaßt sind, zumindest nicht in gleicher Weise ausgesetzt. Die Unabhängigkeit und Unparteilichkeit des internationalen Richters sowie seine Glaubwürdigkeit sind in einer derartigen Fallkonstellation wesentlich höher zu bewerten als die der nationalen Gerichte.

4. Schlußfolgerungen

Trotz der Skepsis hinsichtlich der tatsächlichen Möglichkeiten des internationalen Ad-hoc-Strafgerichtshofes, die Kriegsverbrechen im ehemaligen Jugoslawien effektiv und ordnungsgemäß aufzuarbeiten und trotz der offensichtlichen Ungeeignetheit, einen tatkräftigen Beitrag zur Wiederherstellung des Friedens in der Region zu leisten, muß die Gesamtbewertung des Tribunals günstig ausfallen. Zwar liegt der oft verbreitete Einwand nahe, der Sicherheitsrat habe sich angesichts des Versagens in seiner Hauptfunktion, den Weltfrieden durch eine rechtzeitige, notfalls auch gewaltsame solidarische Aktion der restlichen Staatengemeinschaft zu sichern, nur symbolisch zur Einsetzung des Straftribunals entschlossen. In der Tat würde letzten Endes die effektive Durchsetzung des Strafanspruches zum gegenwärtigen Zeitpunkt wohl genau die militärische Intervention, zu der sich die Staatengemeinschaft im Ergebnis bisher nicht fähig bzw. willens gezeigt hat, erfordern.[24)] Betrachtet man den Gerichtshof allerdings vor dem Hintergrund eines größeren Ordnungszusammenhangs, so kommt man zu einer anderen Bewertung: Die Erwartung, das erste internationale Straftribunal seit den Gerichtshöfen von Nürnberg und Tokio stelle den ersten Vorboten einer neuen, besseren Weltordnung dar und müsse auch so funktionieren, konnte von vornherein nicht erfüllt werden. Eine solidere gerechtere Weltordnung wird nicht durch einen mutigen Schlag, sondern allenfalls evolutiv, Schritt für Schritt vorangetrieben. Immerhin kann das UN-Tribunal aber einige dennoch sehr bedeutende Funktionen erfüllen: Zum einen besteht die Möglichkeit, daß in einem Prozeß der Klärung, Präzisierung und Entfaltung der in dem Statut aufgeführten Straftatbestände, ein gewisses Maß an Rechtsfortbildung betrieben wird und der Gerichtshof damit auch eine gestaltende Funktion übernimmt. Zum anderen könnte es gewisse erzieherische Wirkungen erzielen, indem es über den konkre-

24) *S. Oeter* (1993), S. 41.

ten Fall hinaus die öffentliche Meinung zu sensibilisieren und das Gewissen der Rechtsgemeinschaft aufzurütteln vermag. Zentrale Grundwerte des Rechts und ein gewisser Grundkonsens könnten in ihm unter Umständen deutlich werden.

Vor allem anderen darf aber nicht vergessen werden, welch große Bedeutung dem Tribunal als Keimzelle für ein ständiges universelles Strafgericht zur weltweiten Verfolgung schwerer Verletzungen des humanitären Völkerrechtes zukommt. Ein solches Internationales Strafgericht könnte die juristische Unterstützung zu einem umfassenderen globalen Konzept des internationalen Menschenrechtsschutzes darstellen. Neben der Schaffung einer funktionsfähigen Institution kann darüber hinaus auch die entschlossene Zusammenfassung und Fixierung der Grundlagen des internationalen Strafrechts in dem Statut des UN-Tribunals nach dem bisherigen Diskussions- und Kodifikationsstand als bahnbrechende Leistung des Sicherheitsrates angesehen werden.

Literatur

Bassiouni, M. Ch. (1986): International Criminal Law, 3. Volumes: Crimes, Procedure, Enforcement, Band 1, S. 7 ff.

Frowein, J. A. (1991); in: Simma, B., Hrsg. (1991), Art. 39, Rdn. 27 ff.

Furkes, J./K.-H. Schlarp, Hrsg. (1991): Jugoslawien: Ein Staat zerfällt.

Gasser, H.-P. (1993): Der Internationale Strafgerichtshof für das frühere Jugoslawien und das »Kriegsrecht und die Kriegsgebräuche«; in: *Humanitäres Völkerrecht* – Informationsschriften (1993), S. 60 ff.

Graefrath, B. (1993): Jugoslawientribunal – Präzedenzfall trotz fragwürdiger Rechtsgrundlage; in: *Neue Justiz* (10/1993), S. 433 ff.

Hollweg, C. (1993): Das neue Internationale Tribunal der UNO und der Jugoslawienkonflikt, Testfall für die humanitäre Weltordnung; in: *Juristenzeitung* (20/1993), S. 980 ff.

Oeter, S. (1993): Kriegsverbrechen in den Konflikten um das Erbe Jugoslawiens, ein Beitrag zu den Fragen der kollektiven und induviduellen Verantwortlichkeit für Verletzungen des Humanitären Völkerrechts; in: *Zeitschrift für ausländisches öffentliches Recht und Völkerrecht* (1993), S. 2 ff.

Roggemann, H. (1994): Der Internationale Strafgerichtshof der Vereinten Nationen von 1993 und die Balkankriegsverbrechen; in: *Zeitschrift für Rechtspolitik* (8/1994), S. 297 ff.

Simma, B., Hrsg. (1991): Charta der Vereinten Nationen, Kommentar.

Thürer, D. (1993): Vom Nürnberger Tribunal zum Jugoslawien-Tribunal und weiter zu einem Weltstrafgerichtshof?; in: *Schweizerische Zeitschrift für internationales und europäisches Recht* (4/1993), S. 495 ff.

Trautmann, G. (1991): Das hilflose Europa, Illusionen und Realitäten internationaler Krisenpolitik; in: Furkes, J./ K.-H. Schlarp, Hrsg. (1991), S. 7 ff.

Die universelle Dynamik einer westlichen Idee: China und die Menschenrechte

Sebastian Heilmann

1. China und die Menschenrechte – Einleitung

Die Menschenrechtskommission der Vereinten Nationen in Genf wird alljährlich zum Forum diplomatischer Manöver, verbaler Attacken und Geschäftsordnungsdebatten, die sich um die Verurteilung von Menschenrechtsverletzungen in der Volksrepublik China drehen. Peking hat zwar auch 1995, wie schon in den beiden vorangegangenen Jahren, die Verabschiedung einer von westlichen Staaten eingebrachten, gegen China gerichteten Resolution mit Hilfe von Stimmen aus der Dritten Welt abwenden können. Dennoch zeigten sich erstmals Risse in der bisher festgefügt erscheinenden, Peking-freundlichen Koalition der Entwicklungsländer. Nur mit einer einzigen Stimme Mehrheit – Rußlands Votum für Peking gab letztlich den Ausschlag – wurde die Annahme der chinakritischen Entschließung zurückgewiesen. Dieses knappe Ergebnis ist bemerkenswert, da in den Vorjahren mit Hilfe von Geschäftsordnungsmanövern stets verhindert worden war, daß die Kommission sich überhaupt mit der Menschenrechtssituation in China befaßt und über einen diesbezüglichen Resolutionsentwurf abstimmt. Die Pekinger Führung wird in den kommenden Jahren in der Menschenrechtsfrage noch stärker in die Defensive geraten, falls nicht nur der Westen, sondern auch eine wachsende Zahl von Entwicklungsländern sich zu einer Verurteilung von Menschenrechtsverletzungen in China entschließen könnten.

Die folgende Abhandlung beschäftigt sich mit den nur schwach ausgeprägten Anknüpfungspunkten für die Menschenrechtsidee in der chinesischen Tradition, mit der Haltung der chinesischen Kommunisten zu den Menschenrechten sowie den politischen Konsequenzen der Reform- und Öffnungspolitik in China. Anschließend wird der Blick auf die Diskussion und Akzeptanz der Menschenrechtsidee unter chinesischen Dissidenten und in der Bevölkerung gerichtet. Am Ende stehen Schlußfolgerungen für die westliche Menschenrechtspolitik gegenüber der Volksrepublik China.

2. Die Spannweite der chinesischen Tradition: Zwischen Autoritarismus und Wohlfahrtsordnung

Die chinesische Tradition hat nichts hervorgebracht, was dem westlichen Menschenrechtsbegriff im Sinne individueller, unveräußerlicher, dem Staat vorausgehender Rechte entspräche. Recht wurde in erster Linie als Instrument der Verbrechenskontrolle und der Machtdurchsetzung der Herrschenden eingesetzt, hatte aber nicht die Funktion des Schutzes individueller Freiheiten: Abwehrrechte gegenüber staatlichen Eingriffen blieben unbekannt. Eine naturrechtliche Begründung »überpositiver« Rechte und einer unveräußerlichen Menschenwürde fehlt im traditionellen chinesischen Ordnungsdenken.

Hingegen waren die Ideen der Herrschaftsbegrenzungen und der Volkswohlfahrt der chinesischen Tradition nicht fremd. Sie drückten sich in der herrscherlichen Fürsorgepflicht für das einfache Volk und in der Legitimationslehre vom »Himmlischen Mandat« aus: Im Falle schwerwiegenden Fehlverhaltens des Herrschers, dem die Aufrechterhaltung der überzeitlich gültigen Ordnung des Kosmos auf Erden anvertraut ist, verlor dieser sein Mandat. Auch Widerstandshandlungen des Volkes waren gegenüber einem solchen Herrscher legitimiert. Die Vorstellung eines objektiv erkennbaren Volkswohls spielte in der chinesischen Tradition in diesem Zusammenhang eine herausragende Rolle: Die Vernachlässigung der materiellen Wohlfahrt des Volkes und der Verfall einer korruptionsfreien, moralisch vorbildlichen Herrschaftspraxis wurden als wichtigste Ursache für den Sturz von Herrscherhäusern angesehen.

In der bisherigen Geschichte Chinas haben diese traditionellen Ordnungsvorstellungen im besten Falle zur Errichtung paternalistischer Wohlfahrtsordnungen beigetragen. Meist dienten sie jedoch zur Legitimierung autoritärer Herrschaft. Auch wenn sich also keine Entsprechungen zu westlichen demokratischen Überlieferungen finden lassen, erscheint es möglich, daß Normen wie Herrschaftsbegrenzung und Volkswohlorientierung in Verbindung mit institutionellen Neuerungen (Gewaltenteilung, unabhängige Rechtsprechung etc.) der Begründung einer nicht-diktatorischen politischen Ordnung durchaus förderlich sein können.

Denn die Dominanz autoritärer Tradition im konfuzianisch beeinflußten Ostasien wird durch die neuere Entwicklung in diesem Erdteil grundsätzlich relativiert. Mit Japan, Taiwan und Südkorea haben bereits drei Staaten des konfuzianischen Kulturraums einen Demokratisierungsprozeß durchlaufen: Die Menschen- und Bürgerrechte stehen dort vor ihrer Entfaltung, obwohl ostasiatische Gesellschaften keine Tradition von Abwehrrechten gegenüber dem Staat kennen. Neu eingeführte, vom Westen »importierte« Institutionen und Verfahren wie Gewaltenteilung und unabhängige Rechtsprechung haben begonnen, sich beim Schutz der Menschenrechte als »stärker« zu erweisen als autoritäre, vermeintlich demokratie- und menschenrechtsfeindliche Traditionen.

So läßt sich im Hinblick auf China sagen, daß die autoritären, an den Interessen des Staates und der kollektiven Wohlfahrt orientierten Normen der chinesischen Tradition allein keine unüberwindliche Sperre für die Durchsetzung politischer Rechte darstellen müssen: Kultur ist kein statisches Gebilde, kein »stehendes Gewässer«, das ein unveränderliches Reservoir immer gleicher Ideen und Werte bereithält.

Seit dem letzten Jahrhundert befindet sich der ostasiatische Raum in einem regen Austausch mit der westlichen Welt. Die innerchinesische Diskussion wird seitdem ganz wesentlich von Fragestellungen beeinflußt, die in der westlichen politischen Ideengeschichte eine herausragende Rolle spielen, insbesondere die Kontrolle der Herrschenden und das Bedürfnis nach Rechtssicherheit für die Beherrschten. Das politische Denken in Ostasien wird von geborgten, importierten Ideen genauso beflügelt wie von den gewaltigen sozialen Umbrüchen und Modernisierungsprozessen dieses Jahrhunderts. Westliche Rechtsvorstellungen treiben nicht nur bis heute den innerchinesischen Diskurs an, sondern sind auch in die Verfassungsdokumente der verschiedenen Herrschaftssysteme des neuzeitlichen China eingegangen.

Die seit dem Jahre 1908 in China vorgelegten elf wichtigsten Verfassungsdokumente bzw. Verfassungsentwürfe repräsentieren politische Ziele und Interessen von vier verschiedenen Regimen: der späten Ch'ing-Dynastie, der frühen Republik (1912-1927), der Kuomintang-Herrschaft auf dem Festland (1928-49) und der sozialistischen Volksrepublik (seit 1949). Über alle Regimewechsel hinweg zeigt sich eine bemerkenswerte Kontinuität, was den Status bürgerlicher und politischer Rechte angeht. Zwar enthalten alle Verfassungstexte einen mehr oder weniger ausführlichen Grundrechtskatalog. Diese Rechte werden aber nicht von der Natur oder Personalität des Menschen abgeleitet; sie werden vielmehr vom Staat gewährt und können von diesem auch wieder entzogen oder modifiziert werden. Ohne Ausnahme räumen die Verfassungen den rechtsetzenden Organen (Kaiser, Parlament, Regierungspartei bzw. Volkskongreß) die Macht ein, in der Verfassung zugesicherte Rechte durch einfache Gesetzgebung einzuschränken.

Das übergeordnete Ziel aller chinesischen Verfassungen dieses Jahrhunderts blieb die Stärkung des Staates, nicht der Schutz individueller Rechte vor Übergriffen der Exekutivgewalt.

3. Die chinesischen Kommunisten und die Menschenrechte: Vom »Rechtsnihilismus« zur Duldung begrenzter Freiheitsräume

Die chinesischen Kommunisten treiben den Vorrang »kollektiver« Interessen auf die Spitze. Die vier seit 1949 verabschiedeten Verfassungen führen neben dem in sozialistischen »Volksdemokratien« üblichen Katalog wirtschaftlicher und sozialer Grundrechte (in China unter dem Begriff der »Eisernen Reisschale« popularisiert) auch Freiheits- und Mitwirkungsrechte auf. Diese werden jedoch den Interessen und Zielen des »sozialistischen Aufbaus« untergeordnet.

Menschenrechte hatten in den Verfassungen von 1954, 1975 und 1978 »Klassencharakter«, und unter der »Diktatur des Proletariates« bestand keine Notwendigkeit, »Klassenfeinden« und »Konterrevolutionären« Menschenrechte zu gewähren. Das »revolutionäre Volk« mußte vor seinen Feinden entschlossen geschützt werden. Massentribunale und Klassenkampfkampagnen übernahmen die Bestrafung der politischen Abweichler. Mao Zedong selbst hat nie ein Hehl aus seiner Verachtung »abstrakter«, »bourgeoiser« Menschenrechte gemacht.

Massive politische Eingriffe in das Rechtssystem und eine notorische institutionelle Instabilität vergrößerten die Kluft zwischen Rechtsnormen und Rechtspraxis. Von 1957 an, und vollends mit Beginn der Kulturrevolution 1966, wurden Recht und Justiz ausgehöhlt oder zerschlagen und den wechselnden Zielen der politischen Führung gänzlich unterworfen. Chinesische Juristen geißeln diese Periode heute als Zeit des »Rechtsnihilismus«.

Mit Beginn der Periode der Reform- und Öffnungspolitik 1979 wurde die Bedeutung des Klassenkampfes herabgestuft. Bürgerliche und politische Rechte wurden nun theoretisch vielen Gruppen zugänglich, die zuvor durch ihre Klassenherkunft davon ausgeschlossen waren. Der ausführliche Grundrechtekatalog, der in der Verfassung von 1982 (Art. 33-50) enthalten ist und bis heute unverändert blieb, weist nach seinem Wortlaut eine große textliche Übereinstimmung mit westlichen Grundrechtsformulierungen auf. Die Wirksamkeit solcher Grundrechte hängt jedoch entscheidend von ihrer Durchsetzbarkeit im Falle von Verletzungen ab; d.h. von einer funktionierenden Gewaltenteilung und einem effektiven gerichtlichen Schutz.

Bereits die Verfassung der VR China aber enthält weitreichende Einschränkungen der politischen und bürgerlichen Rechte, indem ihre Ausübung den »Interessen des Staates, der Gesellschaft und des Kollektivs« untergeordnet wird (Art. 51). In Artikel 1 wird die »Sabotage des sozialistischen Systems« allen Organisationen und Individuen verboten. Nach dem Strafgesetzbuch sind Personen als »Konterrevolutionäre« zu bestrafen, die »eine Menschenmenge aufwiegeln, sich staatlichen Gesetzen, Anordnungen und Maßnahmen widersetzen«, »mit konterrevolutionären Aushängen, Flugblättern oder mit sonstigen Mitteln Propaganda treiben, um zum Sturz der Staatsmacht, der Diktatur des Proletariates und des sozialistischen Systems aufzuwiegeln«, oder eine »konterrevolutionäre Vereinigung organisieren oder anführen« (§§ 90, 98, 102 StGB).

Auf Grund solcher Bestimmungen sitzen nach offiziellen Angaben etwa dreitausend, nach Schätzungen westlicher Menschenrechtsorganisationen aber mehrere zehntausend Menschen als politische Gefangene in chinesischen Gefängnissen und Arbeitslagern ein. Zur Verfolgung politischer Abweichungen kommen willkürliche Verhaftungen und Folterungen, unbefristete Untersuchungshaft, irreguläre Gerichtsverfahren, sogenannte »administrative Strafen« ohne Gerichtsverfahren und der exzessive Gebrauch der Todesstrafe hinzu.

Trotz anhaltender politischer Repression ist es unbestreitbar, daß Chinesen seit dem Ende der maoistischen Klassenkampf- und Mobilisierungspolitik über viel größere »informelle«, rechtlich nicht abgesicherte Freiheiten verfügen als jemals zuvor unter dem kommunistischen Regime. In den fünfzehn Jahren der Reformpolitik haben sich beispielsweise die Möglichkeiten zur wirtschaftlichen Betätigung, zur Meinungsäußerung im privaten Kreis, zu Inlands- und teilweise Auslandsreisen sowie künstlerische und wissenschaftliche Ausdrucksmöglichkeiten stark ausgeweitet. Die politische Führung duldete eine gesellschaftliche Differenzierung und Pluralisierung mit neuen Freiheitsräumen *(pluralism by default)*, die allerdings äußerst verwundbar durch Schwankungen der Parteilinie und willkürliche Repressalien bleiben.

Während sich individuelle Freiheiten auf dieser informellen Ebene vergrößerten, führte die Reformperiode zu einer allmählichen Aushöhlung der in der Verfassung von 1982 festgelegten umfangreichen wirtschaftlichen und sozialen Grundrechte. Unter den Bedingungen des gegenwärtigen, teilreformierten Wirtschaftssystems ist die Grundversorgung von Teilen der Bevölkerung durch Inflation, Arbeitslosigkeit und Verarmung bedroht. Das System der sozialen Sicherung ist im Umbruch, die »Eiserne Reisschale« steht zur Disposition. Dadurch wird die kommunistische Führung ausgerechnet in einem Bereich unglaubwürdig, der aus ihrer Sicht die Überlegenheit über kapitalistische Systeme ausmacht: Sie kann das vielbeschworene Recht auf Existenzsicherung für alle Chinesen durch staatliche Maßnahmen zur sozialen Sicherung immer weniger garantieren.

So bietet sich in der Periode der Wirtschaftsreformen ein paradoxes Bild. Auf der einen Seite ist eine rechtlich nicht formalisierte Erweiterung individueller Freiheiten festzustellen. Aber auf der anderen Seite offenbart sich eine deutliche Verminderung sozialer Absicherungen, denen in offiziellen Stellungnahmen Vorrang vor Freiheitsrechten eingeräumt wird.

4. China in der internationalen Menschenrechtspolitik: Die Strategie der selektiven Kooperation

Mit der Aufnahme in die Vereinten Nationen 1971 hatte die Volksrepublik China die inhaltlich vage Verpflichtung auf die Menschenrechte übernommen, die in der UN-Charta festgehalten ist, wich aber zunächst der Einbeziehung in internationale Menschenrechtsaktivitäten aus. In den achtziger Jahren wurde das Land dann jedoch Mitglied der Menschenrechtskommission, erklärte ausdrücklich, die Menschenrechte achten zu wollen, und ratifizierte eine Reihe spezieller Menschenrechtskonventionen, unter anderem die »Konvention über die Verhütung und Bestrafung des Völkermordes«, das »Internationale Übereinkommen zur Beseitigung jeder Form von Rassendiskriminierung«, das Übereinkommen zu Beseitigung jeder Form von Diskriminierung der Frau« und das »Übereinkommen gegen Folter und andere grausame, unmenschliche oder erniedrigende Behandlung oder Strafe«.

China hat bis heute keinen der beiden Menschenrechtspakte von 1966 (Internationaler Pakt über bürgerliche und politische Rechte bzw. über wirtschaftliche, soziale und kulturelle Rechte) ratifiziert. Bemerkenswert ist allerdings, daß mit Bezug auf diese beiden Konventionen für Hongkong nach 1997 eine Sonderregelung gelten soll. In der »Gemeinsamen Erklärung« der chinesischen Regierung und der Regierung des Vereinigten Königreiches von 1984 wie auch im »Grundgesetz für das Sonderverwaltungsgebiet Hongkong« von 1990 ist festgehalten, daß sowohl der Zivil- als auch der Sozialpakt über 1997 hinaus in Hongkong ihre Gültigkeit behalten sollen, obwohl die VR China selbst diesen Abkommen nicht beigetreten ist. Auf dem Papier stellt dies ein durchaus beachtliches Zugeständnis Pekings dar. Es wird sich nach 1997 zeigen, wie viel diese Zusicherungen wert sind.

Die kooperativ erscheinende chinesische Haltung auf der internationalen Ebene stand stets in scharfem Kontrast zur repressiven innerchinesischen Menschenrechtspraxis. Dieses Mißverhältnis zog vor 1989 jedoch nur sporadisch internationale Kritik auf sich. Während die politische Unterdrückung in der Sowjetunion im Westen kontinuierlich verfolgt und angeprangert wurde, schenkte man trotz gröbster Menschenrechtsverletzungen chinesischen Absichtserklärungen für umfassende politische und rechtliche Reformen Glauben. Man wollte in China das bessere Gesicht des Sozialismus entdeckt haben. Die innerchinesischen Zustände traten nur langsam ins Blickfeld einer westlichen Öffentlichkeit, die auf China eher eigene Wunschvorstellungen projizieren als einen nüchternen Blick auf die tatsächliche Lage werfen wollte.

Erst mit der Protestbewegung von 1989 und ihrer blutigen Unterdrückung rückte China ins Zentrum der internationalen Menschenrechtspolitik. Der internationale Druck auf die kommunistische Führung erhöhte sich drastisch. Zwar wurden die Wirtschaftssanktionen, die 1989 verhängt worden waren, in den folgenden Jahren wieder aufgehoben. Aber die alljährliche amerikanische Kontroverse um Gewährung der Meistbegünstigung für China, die Dokumentation von Menschenrechtsverletzungen durch nichtstaatliche Organisationen und die Ausübung von Druck in bilateralen Beziehungen und Gesprächen führten zu gelegentlichen Zugeständnissen der chinesischen Führung.

Die Regierung ließ mit ihrer Einladung an australische und französische Menschenrechtsdelegationen 1991 erstmals eine internationale Untersuchung der Menschenrechtssituation in China zu. Auch viele der Zwangs- und Terrormethoden im Gefolge der Unterdrückungsmaßnahmen von 1989 wurden allmählich zurückgenommen. Eine gewisse Zahl von wegen ihrer Beteiligung an den Protesten verhafteten Personen wurde auf Bewährung freigelassen. Unter erhöhtem internationalen Druck kehrte die kommunistische Führung zu den Methoden der Zeit vor 1989 zurück: Um einer Förderung der wirtschaftlichen Dynamik willen wurde die soziale und politische Kontrolle wieder gelockert, offizielle Zugeständnisse von erweiterten bürgerlichen und politischen Rechten gab es jedoch nicht.

Eine weitere Konsequenz aus dem internationalen Druck bestand in einer differenzierten, theoretisch besser fundierten Antwort auf ausländische Vorwürfe. Das »Monopol« des Westens auf Formulierung und Auslegung der Menschenrechte sollte gebrochen werden. Die Menschenrechte dürften keine »Patente der Bourgeoisie« bleiben, wie ein chinesischer Jurist programmatisch formulierte. Die chinesische Führung begann damit, sich der Sprache der Menschenrechte zu bemächtigen und mit einer »eigenen« Interpretation westlichen Vorhaltungen entgegenzutreten.

Die innerchinesische wissenschaftliche Diskussion wurde bereits vor 1989 unter anderem durch Gründung dreier Forschungszentren zu Menschenrechtsfragen offiziell gefördert und zum Teil mit erstaunlicher Offenheit geführt. Einige Gelehrte befanden, daß angesichts der mangelnden Vertrautheit mit den Menschenrechten eine Aufklärungsbewegung für den Menschenrechtsgedanken nötig sei, damit das chinesische Volk »gemeinsam mit allen anderen Völkern der Welt die Fahne der Menschenrechte hochhalten« könne. Andere stellten sogar fest, daß die Menschenrechte nur im Rahmen einer nicht schärfer umrissenen »demokratischen« Ordnung wirkungsvoll zu sichern seien.

Den Höhepunkt erreichte diese theoretische Auseinandersetzung mit der Herausgabe eines Weißbuchs zur Menschenrechtssituation in der Volksrepublik China im Herbst 1991. Das Dokument wurde über mehrere Tage hinweg im Zentralorgan Volkszeitung abgedruckt und verquickte alte sozialistische Normen mit Anleihen beim westlichen Menschenrechtsbegriff sowie Verschleierungsmanövern (es gebe keine politischen Gefangenen in China) und Absichtserklärungen, die mit der politischen Praxis nur wenig zu tun haben. Im Weißbuch sind Grundaussagen enthalten, die in variierter Form seitdem in fast jeder amtlichen Stellungnahme zur Menschenrechtsfrage auftauchen, so auch während der Weltmenschenrechts-Konferenz in Wien 1993.

Die chinesische Führung hält ihren ausländischen Kritikern vor, sich mit Hilfe einer selbstgerechten Menschenrechtspolitik in die inneren Angelegenheiten anderer Staaten einzumischen. Der Westen beabsichtige offenbar, Regionen mit gänzlich verschiedenen kulturellen Traditionen eine fremde Werteordnung aufzuzwingen, um damit unliebsame politische Systeme zu unterminieren. Der individualistische, westliche Menschenrechtsbegriff könne, so die Beijinger Führung, keine universelle Gültigkeit beanspruchen: Unterschiedliche Entwicklungsstufen und Traditionen erforderten ein jeweils eigenständiges Menschenrechtsverständnis. Auf dem Weg zur Modernisierung hätten die Rechte auf Leben, Existenzsicherung und Entwicklung Vorrang vor individuellen politischen Freiheiten. Das entscheidende Kriterium für die Beurteilung der Menschenrechtslage in einem Entwicklungsland sei, ob das politische System wirtschaftlichen und sozialen Fortschritt und die Lebensqualität der Menschen fördere.

Während der Menschenrechtskonferenz der Vereinten Nation im Juni 1993 prallten die unterschiedlichen Auffassungen und Interessen auf einem internationalen Forum aufeinander. China stimmte zwar dem Schlußdokument der Wiener Konferenz zu, das neben einer großen Zahl von Kompromißformeln festhält, daß es die Pflicht der Staaten ist, *»alle Menschenrechte und Grundfreiheiten unabhängig von ihren jeweiligen politischen, wirtschaftlichen und kulturellen Systemen zu fördern und zu schützen«*. Die Zustimmung wurde im nachhinein jedoch in offiziellen Verlautbarungen relativiert: Die – völkerrechtlich nicht bindende – Wiener Deklaration beinhalte »auch Einstellungen und Auffassungen gewisser westlicher Länder, mit denen die Entwicklungsländer nicht sehr zufrieden« seien. China habe aber einem Kompromiß nicht im Weg stehen wollen.

5. Menschenrechtsinitiativen chinesischer Dissidenten

Wenden wir uns nun inoffiziellen Haltungen zur Menschenrechtsfrage zu, die Positionen der chinesischen Regierung in vielerlei Hinsicht relativieren. Eine wichtige Entwicklung der Ära Deng Xiao-ping besteht nämlich darin, daß das kommunistische Regime die Auslegung, Propagierung und Inanspruchnahme des Menschenrechtsbegriffs nicht mehr vollständig kontrolliert.

Bereits im Winter 1978/79 formierte sich eine Bewegung für Demokratie und Menschenrechte, die von einigen hundert Aktivisten und Dissidenten getragen wurde. Sie forderten eine Respektierung der menschlichen Würde und der Interessen der Bevölkerung durch das Regime. Mit den »Vier Modernisierungen« von Industrie, Landwirtschaft, Wissenschaft/Technik und Verteidigung sei es nicht getan: Die Demokratie müsse als »Fünfte Modernisierung« hinzukommen. Obwohl die damalige Bewegung zu keiner Zeit über eine Massenbasis verfügte und schließlich rigoros unterdrückt wurde, sind Forderungen nach Gewährung und Schutz umfassender Menschen- und Bürgerrechte seitdem nicht mehr verstummt. In der städtischen Protestbewegung von 1989 spielte der Begriff der Menschenrechte eine bedeutende Rolle als politische Losung, die die Ablehnung der Regierung und die Sehnsucht nach größeren Freiheitsräumen zum Ausdruck brachte.

Trotz unveränderter politischer Repression sind chinesische Dissidenten und Untergrundgruppen, die sich für die Achtung der Menschen- und Bürgerrechte einsetzen, seit 1993 wieder landesweit aktiv. Wei Jingsheng, einer der prominentesten chinesischen Dissidenten, der nach vierzehnjähriger Haft 1993 freigelassen, 1994 aber wieder in Gewahrsam genommen wurde, appellierte immer wieder energisch an die Regierungen des Westens, in der Menschenrechtsfrage weiter Druck auf die chinesische Führung auszuüben. Das Regime werde sich nicht von selbst oder durch Handel allein ändern. Dazu seien Anstrengungen innerhalb Chinas, aber auch Bemühungen im internationalen Rahmen erforderlich. In den letzten Jahren habe es zwar gegenüber maoistischen Zeiten einige Fortschritte in der Menschenrechtssituation in China gegeben: Das einfache Volk sei sich seiner Rechte stärker bewußt, Funktionäre könnten nicht mehr so willkürlich mit der Bevölkerung umspringen. Ohne Druck von außen hätten jedoch viele Dissidenten, auch er selbst, keinerlei Chancen, ihre Freiheit zu behalten.

Während Wei Jingsheng eine Menschenrechtsidee vertritt, die dem westlichen Verständnis nahekommt, gibt es unter chinesischen Intellektuellen auch eine Strömung, die starke Vorbehalte gegenüber den extremen Formen des westlichen Individualismus äußerte. Zum Teil werden solche Bedenken auch in der chinesischen Exiloppostion geäußert. Im Westen sei es so weit gekommen, daß im Namen der Menschenrechte und des Rechtsstaats das Gemeinwohl den Interessen etwa von Kriminellen und Drogenhändlern geopfert werde. Individuelle Rechte und Freiheiten seien aber nicht mit einer libertären Haltung gleichzusetzen, wie sie sich im Westen ausbreite. In solchen Positionen sind Anklänge an Positionen amerikanischer Kommunitaristen unüberhörbar, die sich gegen den Verlust sozialer Bindungen und Verantwortung auf Grund eines überdehnten Individualismus und gegen libertäre Tendenzen in westlichen Gesellschaften wenden.

6. Das große Mißverständnis: Reaktionen auf die westliche Menschenrechtspolitik in der chinesischen Gesellschaft

Um über Bekanntheitsgrad und Akzeptanz der Menschenrechtsidee in der chinesischen Bevölkerung Aussagen zu machen, müssen wir über den kleinen Zirkel engagierter politischer Aktivisten hinausschauen. Die politische Opposition innerhalb Chinas wird gegenwärtig von Veteranen früherer Protestbewegungen wie etwa Wei Jingsheng getragen, deren Stimme im Ausland mehr Gehör findet als in China selbst. Der Großteil der chinesischen Bevölkerung fühlt sich von der Unterdrückung der Dissidenten und der Verletzung der Bürgerrechte nicht unmittelbar bedroht. Solange sie nicht oppositionelle Organisationen gründen oder öffentlich zum Sturz der kommunistischen Führung aufrufen, können sich Chinesen heute relativ sicher vor politischer Verfolgung fühlen.

Mehrere informelle Interview-Projekte westlicher China-Forscher (sogenanntes »Guerilla-Interviewing« in Eisenbahnen, Gaststätten, auf Straßenmärkten, unter befreundeten Chinesen etc.) haben zu dem Ergebnis geführt, daß Begriffe wie Menschenwürde und Menschenrechte vielen Chinesen als blaß und abstrakt erscheinen. Auch das Schicksal der kleinen Zahl von Dissidenten ist nur für wenige von Interesse.

Erheblichen Unmut in der Bevölkerung erregen jedoch Mißstände wie die grassierende Korruption, die Behördenwillkür und der mangelnde Rechtsschutz.

Hier geht es oft nicht um politische Freiheiten und Rechte im engeren Sinn: Weitverbreitete Unzufriedenheiten stehen vielmehr im Zusammenhang mit der zwangsweisen Umsiedlung und Zerschlagung ganzer Stadtbezirke im Zuge von kommerziellen Immobilienprojekten, mit der willkürlichen Verhängung von Geldstrafen und Gebühren durch lokale Behörden und mit den unzureichenden Möglichkeiten, sich gegenüber schikanösen Verwaltungsakten zur Wehr zu setzen.

Der Wunsch nach einer Begrenzung willkürlicher Herrschaftsausübung scheint mit dem aufblühenden Geschäftsleben und der zunehmenden privaten Wirtschaftstätigkeit rasch zu wachsen. Das verbreitete Interesse an einer verantwortlichen, inkorrupten und berechenbaren Form des Regierens ist bislang allerdings kaum mit Forderungen nach individuellen Freiheits- und politischen Mitwirkungsrechten verbunden.

Zur Zeit halten viele Chinesen eine Regierung der starken Hand, die unter den schwankenden Bedingungen der »Sozialistischen Marktwirtschaft« Stabilität und Ordnung garantiert, für notwendig. Die Angst vor dem Chaos geht um. Sie wird von der atemberaubenden Geschwindigkeit des Wandels genährt. Auch ist die auf den patriotischen Stolz der Chinesen zielende Regierungspropaganda nicht ohne Wirkung geblieben.

Ein Blick auf die Reaktion, die der internationale Druck innerhalb der chinesischen Gesellschaft auslöst, macht die Grenzen einer außen- und menschenrechtspolitischen Einwirkung auf China deutlich: In beachtlichen Teilen der patriotisch-nationalistisch gestimmten chinesischen Bevölkerung treffen die westlichen Initiativen und Vorhaltungen gegenüber der VR China auf Unverständnis, ja sogar auf offene Ablehnung. Viele ansonsten KP-kritische Chinesen halten dem Westen vor, die Menschenrechtsfrage als machtpolitisches Druckmittel unter einem moralischen Deckmantel einzusetzen, um den Aufstieg Chinas in der Weltpolitik zu behindern. So wird in Teilen der chinesischen Bevölkerung ungewollt eine Solidarisierung mit der kommunistischen Führung ausgelöst: Die Kommunistische Partei erscheint einer beachtlichen Zahl von Chinesen, die ansonsten keineswegs mit dem Regime sympathisieren, als standfester Sachwalter nationaler Interessen gegenüber den als »neokolonialistisch« empfundenen menschenrechtspolitischen Vorstößen des Westens.

Solche – aus westlicher Sicht unerwarteten und kontraproduktiven – Reaktionen mögen eine Folge jahrzehntelanger Politpropaganda in der VR China darstellen. Die zugrundeliegende patriotisch begründete Abwehrhaltung gegenüber chinakritischen Initiativen des Westens sollte jedoch keinesfalls unterschätzt werden: Nationale Würde und Selbstbestimmung sind auch für viele einfache

Chinesen auf Grund der historischen Erfahrungen mit ausländischer Bevormundung und nationaler Demütigung unverzichtbare Werte. So kann die kommunistische Führung, wenn sie die »patriotische Karte« spielt, auf ziemlich breiten Rückhalt in der Bevölkerung zählen.

7. Schlußfolgerungen für die westliche China-Politik

Die Politik der westeuropäischen Staaten gegenüber China unterschied sich in den vergangenen Jahren beträchtlich von der Vorgehensweise der Vereinigten Staaten. Während die Vereinigten Staaten eine *Agenda for Change* gegenüber China verfolgen, die zur Ablösung des kommunistischen Regimes beitragen soll, beschränken sich die anderen Staaten des Westens meist auf einen mehr oder weniger kritischen diplomatischen Austausch. Zwar sprechen auch die westeuropäischen Regierungen der Führung in Peking kaum mehr irgendeine Legitimität zu. Sie sind aber anders als die Vereinigten Staaten nicht bereit, zu dem fortschreitenden Erosionsprozeß der kommunistischen Herrschaft in China offensiv durch ihre Außenpolitik beizutragen, und zweifeln auch an der Wirksamkeit solcher Maßnahmen.

Grundsätzlich gilt: Das Maximalziel der Menschenrechtspolitik – die Ablösung eines repressiven Regimes durch einen demokratischen Verfassungsstaat – ist nur dann realistisch, wenn eine politische Alternative zum herrschenden Regime, die förderlicher für Freiheit und Menschenrechte wäre, zu erkennen ist. Im Falle eines Zusammenbruchs des kommunistischen Regimes wird von den meisten China-Wissenschaftlern bezweifelt, daß sich eine demokratische Ordnung kurzfristig als Alternative herausschälen könnte. Die sozialen und politischen Voraussetzungen für die dauerhafte Durchsetzung und Konsolidierung einer Demokratie sind in der VR China noch nicht gegeben.

Eine Menschenrechtspolitik der kleinen, aber gezielten Schritte erscheint vor diesem Hintergrund angemessener als eine lautstarke Rhetorik, die vor allem auf die Medienwirkung im eigenen Land abzielt und sich letztlich doch als zahnlos erweist. Dies wurde 1994 in der amerikanischen Debatte um die Gewährung der Meistbegünstigung an China deutlich, die mit einem amerikanischen Rückzieher – der Entkoppelung von Handels- und Menschenrechtsfragen – endete.

Die anfangs überaus offensive amerikanische Vorgehensweise hatte nicht nur eine Verhärtung in der Pekinger Führung hervorgerufen, sondern ungewollt dazu beigetragen, das innenpolitische und internationale Image der kommunistischen Führung aufzupolieren. Eine unnachgiebige Haltung Pekings gegenüber westlichem Druck findet nämlich durchaus Beifall in Teilen der chinesischen Bevölkerung, im ostasiatischen Umfeld Chinas (das eine Koppelung von Handels- mit Menschenrechtsfragen strikt ablehnt) und unter zahlreichen Entwicklungsländern (etwa in der UN-Menschenrechtskommission). Außerdem sehen sich westliche Regierungen inzwischen auf Grund gewachsener wirtschaftlicher Verflechtungen mit China einer starken innenpolitischen Lobby gegenüber, die sich für eine Ausweitung des Engagements in China und gegen eine offensive Menschenrechtspolitik ausspricht.

Zur Mäßigung der chinesischen Diktatur und zum politischen Wandel können die westlichen liberalen Demokratien nach den bisherigen Erfahrungen am wirkungsvollsten beitragen, indem sie den Ausbau der Wirtschaftsbeziehungen zu China mit einer druckvollen Haltung in der Menschenrechtsfrage verbinden. Die *Intensivierung des wirtschaftlichen Engagements und Austauschs* leistet schon heute einen außerordentlich wichtigen Beitrag zur *wirtschaftlichen Liberalisierung, gesellschaftlichen Öffnung und Pluralisierung* wie auch zur *Modernisierung des Rechtssystems in China*. Hier werden die Voraussetzungen für die Umgestaltung der diktatorischen Herrschaftsordnung und für die Ausbildung einer künftigen tragfähigen demokratischen »Infrastruktur« geschaffen.

Eine unspektakuläre, aber dezidierte und kontinuierliche Menschenrechtsdiplomatie, die sich hinter den Kulissen um Hafterleichterungen und Freilassungen von Dissidenten bemüht, auf systematische Menschenrechtsverstöße hinweist und Angebote zur Unterstützung der Reform des Rechtssystems macht, erfüllt weitere wichtige Zwecke: Sie verdeutlicht der chinesischen Führung das ungebrochene Interesse des Westens an der Durchsetzung politischer und bürgerlicher Rechte in China und verhindert zugleich, daß die westliche Menschenrechtspolitik in der chinesischen Bevölkerung als Mittel zur weltpolitischen Ausgrenzung und Niederhaltung des aufstrebenden Landes mißverstanden wird.

II. Überregionale sowie globale Ansätze und Strategien zur Sicherheitspolitik

Neue Ansätze der politischen Geographie und der Geopolitik zu Fragen der Sicherheitspolitik

Klaus-Achim Boesler

1. »Politische Geographie« und »Geopolitik«

In der Politischen Geographie wie in der Geopolitik geht es um die Dimension des Raumes und ihr Verhältnis zur Zeit in Politik und Geschichte.

Unbestritten ist, daß auch für Fragen der Sicherheit – gemeint ist hier zunächst die äußere Sicherheit – beide Dimensionen eine Rolle spielen, äußerst umstritten ist aber seit *Ratzel* und *Kjellén*, seit *Karl Haushofer* und *Otto Maull* bis hin zu *Yves Lacoste* und *Hermann van der Wusten*, in welchem Verhältnis Räumlichkeit und Zeitlichkeit zueinander stehen.

Dieses Verhältnis von Räumlichkeit und Zeitlichkeit ist deswegen von aktueller sicherheitspolitischer Bedeutung, weil wir zur Zeit erleben, daß sich durch Veränderungen regionaler Strukturen und gleichzeitigen Bedeutungsverschiebungen zwischen räumlichen Maßstabsebenen Probleme der äußeren Sicherheit qualitativ verändert haben. Konkret bedeutet das: die Wahrscheinlichkeit lokaler und regionaler Auseinandersetzungen hat in gleichem Maße zugenommen, in dem sich die Gefahr eines globalen Konfliktes verminderte.

Das hat zu einer neuen Betrachtungsweise der Sicherheitsproblematik auch in dem von mir vertretenen Fach geführt.

Es kommt allerdings ein spezielles Problem der deutschen Geographie hinzu: Das Verhältnis von Politischer Geographie und Geopolitik.

Nach dem Ende des Zweiten Weltkrieges hat sich die deutsche Geographie mehr als 40 Jahre darum bemüht, ihre Teildisziplin »Politische Geographie« strikt von »Geopolitik« zu trennen. Sie tat dies,

- obwohl der Begriff in der politischen Publizistik zunehmend Verwendung fand, und
- im angelsächsischen und im frankophonen Sprachraum sich unter dem Namen »Geopolitics« bzw. Géopolitique« wissenschaftlich seriöse Disziplinen entwickelten, die u.a. Fragen der internationalen Beziehungen und der Sicherheitspolitik behandeln.

Es gibt sicher eine ganze Reihe von Gründen, warum Geopolitik nicht nur in der Geschichtswissenschaft – ich verweise auf den »Historikerstreit« in der 2. Hälfte der 80er Jahre – sondern auch in der Geographie zu einem wissenschaftlichen Thema geworden ist. Eines der augenscheinlichsten ist wohl die Tatsache, daß der Begriff der Territorialität[1)] in den aktuellen politischen Prozessen als ein zunehmend wichtiger und teilweise bestimmender Faktor angesehen wird.

Was ist damit gemeint?

- Es haben sich in den letzten Jahren verstärkt verschiedene räumliche Ebenen politischen Handelns und politischer Akteure entwickelt, die teilweise ineinander verflochten sind (vgl. Abb. 1).

- An die Stelle der überkommenen Universalstaatlichkeit, d.h. der vollen territorialen Souveränität der Staaten tritt gegenwärtig eine funktional gegliederte Teilstaatlichkeit. Die Menschen leben in mehreren, räumlich unterschiedlichen Ordnungssystemen und entwickeln zu ihnen unterschiedliche Loyalitäten: wir sprechen von europäischer, nationaler, regionaler und teilweise lokaler Identität und stellen zugleich fest, daß es gespaltene räumliche Loyalitäten geben kann.

- Daraus folgt u.a., daß Grenzen nicht nur die Funktion von Abgrenzungen und Trennung, sondern auch die Funktion einer Klammer und der Zusammenfassung haben (siehe z.B. die Auflösung der Tschecho-Slowakischen Republik auf der einen und das Schengener Abkommen auf der anderen Seite).

- Bei der angestrebten Demokratisierung Osteuropas bestehen sehr verschiedene Optionen und Widersprüche im Verhältnis der Handlungsebene kleinräu-

---

1) Vgl. *Cox* (1991), S. 5–7.

miger ethnischer und/oder nationaler Einheiten auf der einen und der staatlichen Ebene auf der anderen Seite.

Damit aber hat die Vorsilbe »Geo-« eine neue Bedeutung erhalten. Zugleich ist die Distanz zwischen Politischer Geographie und Geopolitik nicht mehr grundsätzlicher Art.

Man kann sicher so weit gehen, zu sagen, daß dieser neue Ansatz in der Geopolitik mit der klassischen, deterministischen Geopolitik aber auch mit der Geopolitik Karl Haushofers nichts mehr zu tun hat. Die Suche nach »geopolitischen Konstanten« und die Verabsolutierung sog. geographischer Fakten ist nicht mehr mit der Vorsilbe »Geo-« verbunden. Dem Plädoyer Hans-Ulrich Wehlers wird Rechnung getragen, der im Rahmen des »Historikerstreits« gefordert hatte: *»Wer auf die Dominanz der Geographie oder Geopolitik schwört, sich mit einer Handvoll geopolitischer Konstanten mit auffälliger intellektueller Anspruchslosigkeit zufrieden gibt, fördert... eine Art Denkverbot«*[2]. Aber auch zur klassischen oder auch der aktuellen »Militärgeographie« und »Wehrgeographie« ist Distanz geschaffen, die in Begriffen wie »Raum-Mächte-Konstellation« und »Mittellage« zum Ausdruck kamen.

Selbstverständlich hat der Wandel im geopolitischen Denkansatz auch mit den vielzitierten neuen Dimensionen der äußeren Sicherheit zu tun.

Vier werden herausgegriffen, weil damit zugleich neue Betrachtungsweisen der Geopolitik verbunden sind:
- Globale Konfliktfelder der Ökologie;
- Neuere Ansätze globaler geopolitischer Modelle;
- Der Transformationsprozeß in Ostmittel- und Osteuropa als sicherheitspolitisches Risiko; sowie
- Der politische Regionalismus und das Entstehen von Neonationalismus.

2. Globale Konfliktfelder der Ökologie

»Sustainable Development« (auf deutsch »nachhaltige« oder »dauerhaft umweltgerechte Entwicklung«) ist zur Zauberformel geworden, mit der national und weltweit Konsens über die Ziele des Wirtschaftens hergestellt werden soll. Es drängt sich allerdings der Verdacht auf, daß die Formel nur deshalb als so konsensfähig erscheint, weil nur wenige ahnen, welche Konfliktfelder sich dahinter verbergen können.

2) *Wehler* (1988).

Ökologen und Klimaforscher haben eine Reduktion der Treibhausgase um die Hälfte bis zur Mitte des nächsten Jahrhunderts gefordert. Betrachtet man die weltweite Verteilung der CO_2-Emissionen, zeigt sich das Konfliktpotential. Das hat auch die Klimakonferenz in Berlin erneut bestätigt.

Globale Emissionsverminderung von CO_2 bedeutet aller Voraussicht nach Umverteilung des wirtschaftlichen Wachstums, auch wenn in den Industrieländern seit Mitte der 80er Jahre eine »Entkoppelung« von Stromverbrauch und Wirtschaftswachstum stattfindet.

Die Konfliktsituation ergibt sich aus folgendem Vergleich:

- Die Industrieländer bestreiten gegenwärtig mit 24 % der Bevölkerung mehr als drei Viertel des Weltenergieverbrauchs. Mit knapp 7 t Steinkohleeinheiten (SKE) im Jahr ist ihr Pro-Kopf-Verbrauch fast zehnmal höher als in den Entwicklungsländern.
- Mehr als zwei Drittel der Welt-Industrieproduktion entfällt auf die westlichen Industrieländer.
- Weltweit fahren mehr als eine halbe Milliarde Autos auf den Straßen. Nur etwa 8 % der Weltbevölkerung besitzen ein eigenes Auto. In westlichen Industrieländern verfügt etwa jeder Zweite über ein Auto.

Was globale Umverteilung bedeuten könnte, hat sich in der Studie »Sustainable Netherlands«, die die holländische Gruppe der internationalen Umweltschutzorganisation »Freunde der Erde« vorgelegt hat, gezeigt. Bemerkenswerterweise haben Naturschutzverbände in der Bundesrepublik beim »Wuppertal-Institut für Klima-Umwelt-Energie« eine ähnliche Studie »Zukunftsfähiges Deutschland« in Auftrag gegeben.

Mit der Festlegung des sog. »Umweltraumes« wäre eine Konsumrationierung nach Art der Zentralverwaltungswirtschaft in den Industrieländern verbunden. Es liegt auf der Hand, daß derartige Modelle – auch auf den Weltklimakonferenzen – zu unüberbrückbaren Meinungsverschiedenheiten geführt haben. Es haben sich dabei »ökologische Koalitionen« gebildet wie die der 40 kleinen Inselstaaten (AOSIS) mit z.B. den Bahamas, Zypern und Singapur auf der einen und der sog. Juscanz-Gruppe mit Japan (J), den USA (US), Kanada (C), Australien (A) und Neuseeland (NZ) auf der anderen Seite.

Das sicherheitspolitische Problem hat also zwei Seiten: einmal besteht zweifellos die Notwendigkeit eines globalen Klimaschutzes durch Emissionsminderungen. Auf der anderen Seite sind damit Forderungen nach globaler Umverteilung verbunden, die die westlichen Industrieländer zur Änderung ihrer Wirtschaftsweise zwingen würde. Dies hat sich sehr klar an dem umstrittenen Prinzip der »Joint Implementation« gezeigt.

Nach diesem Prinzip kann es ökonomisch und ökologisch sinnvoll sein, die Emissionsminderung dort anzupacken, wo mit dem eingesetzten Geld am meisten zu erreichen ist. Beispiel: Statt die schon emissionsarmen Kohlekraftwerke in Deutschland für sehr viel Geld weiter aufzurüsten, obwohl damit kaum noch eine Verringerung des CO_2-Ausstoßes zu erreichen ist, könnte das gleiche Geld zur Umrüstung veralteter Kraftwerke etwa in Osteuropa verwendet werden. Die globale Kohlendioxyd-Bilanz ließe sich damit spürbar verbessern.

Diese ökonomisch wie ökologisch richtige Rechnung hat einen politischen Haken. Die meisten Industrieländer gehen davon aus, daß die Wirkung einer von ihnen im Ausland finanzierten Umweltinvestition auf ihr eigenes Reduktions-Konto gutgeschrieben wird. Dagegen wenden sich die meisten Entwicklungsländer: Sie befürchten, die Industriestaaten wollten sich andernorts von ihren Verpflichtungen freikaufen, ohne ihren Lebensstil ändern zu müssen.

Globale Umweltpolitik ist also zu einem Problem geworden, für das geopolitische Lösungen zu suchen sind.

3. Neuere Ansätze globaler geopolitischer Modelle

Globale ökopolitische Konfrontationen sind allerdings nur einer der Gesichtspunkte, die zu neuen geopolitischen Weltmodellen geführt haben.

Zunächst sollen – um den Gegensatz der heutigen Ansätze zu den klassischen geopolitischen Modellen noch deutlicher zu machen – zwei dieser Weltbilder noch einmal kurz vorgestellt werden.

Das **geopolitische Weltbild** von *Mackinder* (1904, 1919) entstand um die Jahrhundertwende, d.h. beim Übergang des britischen in den nordamerikanischen Zyklus hegemonialer Entwicklung und am Ende der kolonialen Expansion europäischer Mächte. Das Modell hat seine Wurzel in der Sorge, daß nach 400 jähriger Vorherrschaft maritimer Politik, maritimer Handelsstruktur und maritimer Kolonialexpansion nun Landmächte, und dabei besonders die große Kontinentalmasse Eurasiens die Vorherrschaft gewinnen könnte.

Die Bedrohungsangst des maritimen Europa konzentrierte sich zunächst auf das östliche Europa unter dem 1919, also unmittelbar nach der Russischen Revolution, von *Mackinder* geprägten Satz *»Who rules Eastern Europe commands the* *heartland, who rules the heartland commands the world island, who rules the world island commands the world«*. Seit den zwanziger Jahren wurde diese Perspektive erweitert, zuerst in den Weltmodellen der deutschen Geopolitiker und in Strategiekonzepten des Nationalsozialismus, dann durch den nordamerikanischen Geopolitiker Spykman im Zweiten Weltkrieg.

Besonderes Gewicht wurde dabei auf den inneren Ring um das »Herzland« unter dem neuen Begriff »rimland« gelegt.

Die Schwächen dieser Modelle sind die Schwächen der Geopolitik. Sie liegen einmal im Lage-Determinismus, der eine vorgegebene Polarität von Land- und Seemächten sieht. Noch gewichtiger ist die Unterschätzung der sicherheitspolitischen Herausforderung durch neue politisch-militärische Verflechtungen (z.B. von China, Südasien und dem islamischen Raum) und die Herausbildung neuer Fronten, die sich aus der ökonomisch-sozialen Integration von Staaten oder aus der Verbindungskraft von politischen Wertegemeinschaften ergeben, die z.B. Grundlage der NATO ist.

Den neueren Vorstellungen geopolitischer Großregionen liegen demgegenüber in erster Linie zwei Dimensionen zugrunde:

- eine ökonomische
- eine kulturräumliche.

Wallerstein geht in seiner Zukunftsvision von zwei Großregionen aus: Europa-Afrika mit Einbindung von Rußland und Vorderasien unter Führung Westeuropas und pazifischer Großraum unter Führung von Japan und den USA, wobei Japan mittelfristig dominiert und in einen Konflikt mit Europa tritt[3)]. Kissinger sieht demgegenüber eine Weltordnung unter Führung von 6 großen Mächten voraus: USA, Europa, China, Japan, das Nachfolge-Staatsgebilde der Sowjetunion, Indien[4)].

Eine wahrscheinlich immer gewichtiger werdende Dimension ist mit Kulturerdteilen im großen, den ethno-linguistischen Gruppen im kleinen verknüpft und nicht an Staatsgrenzen gebunden. Sie haben vielfach sehr tief in die Geschichte reichende Wurzeln.

Samuel P. Huntington hat die These aufgestellt, daß die Nationalstaaten zwar die mächtigsten Akteure auf dem Globus bleiben werden, die grundsätzlichen Aus-

3) *Wallerstein* (1991).
4) *Kissinger* (1992), S. 16 ff.

einandersetzungen der Weltpolitik aber zwischen Nationen und Gruppierungen unterschiedlicher Kulturen erfolgen werden. Der Zusammenprall der Zivilisationen, der Kulturen wird die Weltpolitik beherrschen. Verwerfungen zwischen den Kulturkreisen werden die Konfrontationen der Zukunft bestimmen. Die künftige Welt wird hauptsächlich durch die Wechselbeziehungen zwischen sieben oder acht großen Kulturen geprägt werden. Dazu zählen die westliche, die konfuzianische, die japanische, die islamische, die hinduistische, die slawisch-orthodoxe, die lateinamerikanische und möglicherweise die afrikanische Kultur.

Die Fronten zwischen diesen Kulturen ersetzen die ideologischen Grenzlinien des kalten Krieges als Brennpunkte für Krisen. Nach dem Ende der ideologischen Spaltung Europas taucht die kulturelle Teilung zwischen westlichem Christentum einerseits und orthodoxem Christentum und Islam andererseits wieder auf. An den nördlichen Grenzen des Islam brechen vermehrt Konflikte aus zwischen orthodoxen und muslimischen Völkern: dazu zählt der Konflikt in Bosnien, die Gewalttätigkeiten zwischen Serben und Albanern, die brüchigen Beziehungen zwischen den Bulgaren und ihrer türkischen Minderheit, die Kämpfe zwischen Osseten und Tschetschenen und das unaufhörliche Kämpfen zwischen Armeniern und Aserbaidschanern. Die Religion verstärkt das Wiederaufleben ethnischer Identitäten und führt zu sicherheitspolitischen Problemen an der Südgrenze Rußlands. Huntington behauptet, daß kulturelle Identitäten alle anderen Identitäten ersetzen werden, daß Nationalstaaten verschwinden oder jede Kultur zu einer einzelnen, politischen Einheit wird. Aber es wird die These aufgestellt, daß das Bewußtsein, einer dieser Kulturen anzugehören, wächst.

Der Ansatz von *Huntington* differenziert in räumlicher Sicht »Zivilisationen« mit schwächeren oder stärkeren Bezügen zur Religion[5]. Die Vereinfachung liegt bei ihm in einer bipolaren Sicht zwischen der westlichen Zivilisation und dem Rest der Welt. Daraus entwickeln sich bei Huntington Prognosen massiver Konflikte in der Zukunft und radikale Empfehlungen zum Schutz der westlichen Zivilisation bis hin zu militärischen Strategien *»within its own civilization, particulary its european and northamerican components«.*[6]

Diesen Globalisierungstendenzen stehen zwei deutliche Gegenpole gegenüber, die gleichermaßen Gegenstand geopolitischer Betrachtungen sind:

– die unverändert starke ordnungspolitische Bedeutung der Nationalstaaten, sowie

5) *Huntington* (1993), S. 22–49.
6) *Huntington* (1993), S. 48.

– die zunehmende Bedeutung des politischen Regionalismus und Neonationalismus.

Ihre Bedeutung für die äußere Sicherheit ist ein wichtiges Thema der Geopolitik. Das gilt in besonderem Maße für die sog. Reformländer Ost- und Ostmitteleuropas.

4. Der ökonomische Transformationsprozeß in Ostmittel- und Osteuropa als sicherheitspolitisches Risiko

Die Transformation eines Wirtschaftssystems in ein anderes – der Zentralverwaltungswirtschaft in eine Form der Marktwirtschaft – stellt bereits als solche – etwas überspitzt formuliert – ein sicherheitspolitisches Risiko dar. Denn Transformation ist mehr als die Summe der Lösung einzelner Probleme: sie umfaßt den Wandel von Institutionen, Verhaltensweisen und regionalen Verteilungsmustern. Das bedeutet aber auch: der Umbau eines Wirtschaftssystems erfordert soziale Kosten und Effizienzverluste. *Kornai* hat den Begriff der »Transformationsrezession« geprägt und will damit zum Ausdruck bringen, daß ein Rückgang der Produktion im Zuge der Systemveränderung unvermeidlich ist[7)].

Immerhin ist es in den vier ostmitteleuropäischen Ländern – Polen, Ungarn, Tschechien, Slowakei – und darüber hinaus auch in Estland und Slowenien gelungen, Verkäufermärkte (mit einem Nachfrageüberhang) in Käufermärkte (mit einem Überschuß des Warenangebots) umzuwandeln. Das gilt aber nicht für Rußland, Weißrußland und die Ukraine: dort hat nur eine begrenzte Liberalisierung stattgefunden. Gleichwohl ist auch dort die Produktionsleistung bei galoppierender Inflation drastisch zurückgegangen, aber es ist nicht gelungen, durch Stabilisierungsmaßnahmen Käufermärkte zu etablieren. Sehr früh sind die Stabilisierungsmaßnahmen auch wieder verwässert worden. Gleichzeitig trat in den ostmitteleuropäischen Ländern durch die »Schocktherapie« eine wirtschafts- und sozialräumliche Konsequenz ein: es entstand ein kleines innerstaatliches Wohlstandsgefälle dadurch, daß der Transformationsprozeß räumliche Verschiebungen des Produktionsniveaus mit sich brachte, wie z.B. in Ungarn, wo die Schwerindustriegebiete des Nordostens plötzlich zu extremen Notstandsgebieten wurden.

---

7) *Kornai* (1993).

An dieser Stelle sollen allerdings nicht die ökonomischen Konsequenzen aus Veränderungen dargestellt werden.[8)]

Sicherheitspolitisch bedeutet das aber, daß die konventionelle Stabilisierungspolitik den gesellschaftlichen Konsens, der unmittelbar nach dem Zusammenbruch der sozialistischen Regime bestand, zerstört hat. Der soziale Druck, so schnell wie möglich eine Erholung der Wirtschaft zu erreichen, ist gestiegen. Bis auf Tschechien sind in fast allen Ländern die tragenden Reformparteien abgewählt worden. In den meisten Ländern wächst die Gefahr einer populistischen Politik, d.h. daß nationalistische, anti-reformerische und anti-demokratische Ziele mit einer durchaus berechtigten Kritik an der bisherigen Stabilisierungspolitik verbunden werden und auch an außenpolitischem Gewicht gewinnen.

5. Der politische Regionalismus und das Entstehen von Neonationalismus

Der politische Regionalismus tritt im Prinzip in ***zwei unterschiedlichen Formen*** auf,

- dem ethnisch-sprachlich begründeten Regionalismus, und
- dem ökonomisch begründeten Regionalismus.

Beide Formen können sich selbstverständlich auch überlagern. Es besteht in der Politischen Geographie und der Geopolitik weitgehender Konsens darüber, daß im politischen Regionalismus ein derzeit besonders hohes Sicherheitsrisiko liegt. Allerdings ist die Höhe dieses Risikos entscheidend abhängig von Form und Zustand der Staaten. Der politische Regionalismus in Westeuropas, wie er sich in den 70er Jahren entwickelt hat, richtete sich gegen bestehende und funktionierende Staaten mit überwiegend demokratischer Verfassung. Im Osten Europas ist die Legitimität von Staatsmacht nach Erfahrungen im Sozialismus in Frage gestellt, liegt die Motivation des Regionalismus im Grundsätzlichen, im Wertesystem einschließlich der Religion[9)].

8) Eine Fortsetzung der Stabilisierungspolitik, die auf eine Bekämpfung der Nachfrageinflation gerichtet ist, erscheint problematisch. Naheliegend wäre es, die Geldpolitik zu lockern. Bei den bestehenden institutionellen Schwächen des Bankensystems kann aber nicht angenommen werden, daß damit steigende Investitionen im Unternehmenssektor verbunden wären. Daher kommt kurzfristig der Budgetpolitik eine größere Rolle zu. Allerdings steht dem das Handelsbilanzdefizit entgegen. Man könnte also durch staatliche Programme jene Nachfrage fördern, die nur eine geringe Importneigung aufweist, z.B. Straßenbau und Wohnungsbau. Dies wäre eine Möglichkeit zur Nutzung der Kapazitäten in der Bauwirtschaft und auch zur Wiederherstellung des sozialen Konsens.

9) Vgl. *Williams, C.H. / S. Williams* (1993).

Die Motivationszusammenhänge des ethnisch-sprachlichen Regionalismus ergeben sich weitgehend schon aus dem Betriff Ethnizität, wie sie *F. Heckmann*, 1992, definiert hat[10]: »Ethnizität bezeichnet die für individuelles und kollektives Handeln bedeutende Tatsache, daß eine relativ große Gruppe von Menschen durch den Glauben an eine gemeinsame Herkunft, durch Gemeinsamkeit von Kultur, Geschichte und aktuellen Erfahrungen verbunden ist und ein bestimmtes Identitäts- und Solidaritätsbewußtsein besitzt«.

Ethnizität findet in gesellschaftlichem Handeln ihren Ausdruck, das sich in folgenden Bereichen erkennen läßt:

- ***Interethnische Kontakte:*** Spielt Ethnizität keine herausragende Rolle, kommt es zu Freundschaften, Heiraten und beruflicher Zusammenarbeit zwischen Angehörigen verschiedener ethnischer Gruppen.
- ***Räumliches Wohnverhalten:*** Ethnizität schlägt sich in einer Segregation der Wohnviertel der einzelnen ethnischen Gruppen nieder. Am deutlichsten zeigt sich dieses Phänomen in der Bildung von Ghettos.
- ***Ethnische Schichtung:*** Wenn in der Sozial- und Wirtschaftsstruktur Positionen und Ressourcen nach der ethnischen Zugehörigkeit verteilt werden, entsteht ein Schichtungsverhältnis. Die ethnischen Minderheiten werden benachteiligt und haben kaum Aufstiegschancen, da die ethnische Mehrheit bemüht ist, ihre dominierende Position zu verteidigen. Eine ethnische Schichtung läßt sich an der Bildungs-, Berufs- und Einkommensstruktur festmachen.
- ***Artikulation von Vorurteilen:*** Ein weiteres Kennzeichen von Ethnizität ist eine öffentliche Nennung bestehender Vorurteile. Werden Vorurteile gegenüber einer ethnischen Gruppe über einen konstanten Zeitraum hinweg aufrechterhalten, können der Name oder die Symbole dieser Gruppe synonym für bestimmte Eigenschaften stehen.
- ***Einrichtung von Institutionen:*** Ethnische Gruppen richten Institutionen ein und halten Verhaltensnormen aufrecht, die den Zusammenhalt der ethnischen Gruppe stärken sollen. Bei den Institutionen handelt es sich um Einrichtungen wie Vereine und Parteien, bei denen allgemeine Verhaltensnormen um eigene Rechts- und Wertevorstellungen sowie um kulturelle Eigenheiten (z.B. Sprache, Kleidung, Essen) gepflegt werden.

Unter bestimmten Rahmenbedingungen – besonders wenn den ethnischen Minderheiten die Möglichkeit der Partizipation in Staat und Gesellschaft verweigert wird – findet eine verstärkte Aktivierung von Ethnizität statt, aus der sich schnell ein Konfliktpotential entwickeln kann. Es entstehen »Ethnizitätsbewe-

10) *Heckmann* (1992), S. 56.

gungen«[11], die sich in Nationalismus, Rassismus, Kulturzentrismus oder Nativismus äußern können[12].

In Zeiten ökonomischer Krisen – wie sie etwa in der »Transformationsrezession« auftreten – ist das Entstehen von »Ethnizitätsbewegungen« besonders wahrscheinlich. In diesen Fällen tritt dann eine Überlagerung und Verstärkung des Regionalismus auf. Das gilt besonders dann, wenn – wie in den Nachfolgestaaten der Sowjetunion - die organisatorisch-institutionellen Instrumente im Aushandeln regionaler Interessen fehlen[13].

Insgesamt kann man vier Komponenten des politischen Regionalismus erkennen.[14] Sicherheitspolitisch bedeutsam ist, daß in fast allen Fällen des politischen Regionalismus territoriale Sicherung als Gewähr für eine Identitätssicherung angesehen wird.

Nach dem Zerfall der Sowjetunion stellt sich mittlerweile die Frage, ob Rußland ein ähnliches Schicksal erleiden wird. Dabei lassen sich Auflösungserscheinungen und -bestrebungen nur zum Teil auf ethnische Gründe zurückführen. Vielmehr hat sich ein ökonomisch begründeter Regionalismus entwickelt, d.h. zahlreiche regionale Gebietskörperschaften – vor allem Oblaste und autonome Republiken – versuchen, ihre Einkommensposition durch eigenständige wirtschaftspolitische Maßnahmen zu Lasten der übrigen Landesteile bzw. der Zentralregierung zu verbessern: Rechtsakte der Zentrale werden nach eigenem Gutdünken umgesetzt, Steuern nicht abgeführt, Exportbeschränkungen für Güter verhängt[15].

Matthias Lücke hat in einer kürzlich veröffentlichten Studie mit einer Cluster-Analyse diejenigen Regionen ermittelt, die auf Grund ökonomischer Variablen eine ähnliche Interessenlage in Bezug auf Unabhängigkeit von der Zentralregierung und eine Änderung des bisherigen Transfersystems haben. Die wichtigsten Variablen sind Exportanteile in konvertibler Währung, Rohstoffförderung, Anteil der Schwerindustrie und des Militärisch-Industriellen Komplexes. Daraus leitet *Lücke* unterschiedliche Optionen für eine wirtschaftliche Autonomie ab. Starke Interessen daran haben Gebiete, die schon bisher über international wettbewerbsfähige Wirtschaftszweige verfügen – wie Förderung von Energieträgern und sonstigen Rohstoffen – und auf der anderen Seite solche Regionen, die einen niedrigen Anteil an der völlig veralteten metallurgischen Industrie aufweisen. Vielfach liegen diese Gebiete an der Peripherie der Russischen Föderation[16]

11) *Elwert* (1989), S. 27.
12) *Heckmann* (1992), S. 117 ff.
13) Vgl. *Williams, Ch./S. W. Williams* (1993), S. 117 ff.
14) *Stadlbauer* (1994), S. 25–65.
15) *Anulowa* (1993).
16) *Lücke* (1994); vgl. auch *Langhammer* u.a. (1992).

6. Fazit

Die gegenwärtige Konjunktur des »Geo-« in Geopolitik beruht offensichtlich nicht darauf, daß räumliche Bezüge politischen Handelns gewichtiger geworden wären. Das »Geo« spiegelt Unsicherheiten in der Deutung, Suche nach Bezügen wieder.

Ohne Zweifel bestehen solche räumlichen Bezüge, aber unsere Fragen und die Antworten sind zeitgebunden. Die mit »Geo-« bezeichneten Zusammenhänge sind nichts anderes als Bewertungen der Arena politischen Handelns. Die angelsächsischen *Geopoliticians* haben dafür den Begriff »geopolitic codes« entwickelt. Raum und Lage sind nicht mehr als Konstanten anzusehen, sondern als Rahmenbedingungen für die politischen Akteure.

Literatur

Anulowa, G. (1993): The Scope of Regional Autonomy in Russia. Working Paper No 12, Österr. Nationalbank. Wien.

Cox, K.R. (1991): Redefining 'territory'; in: *Political Geography Quaterly*, 10, 1, 1991, S. 5–7.

Elwert, G. (1989): Ethnizität und Nationalismus. Über die Bildung von Wir-Gruppen. Berlin.

Heckmann, F. (1992): Ethnische Minderheiten, Volk und Nation. Soziologie inter-ethnischer Beziehungen. Stuttgart.

Huntington, S.P. (1993): The clash of civilisations? in: *Foreign Affairs*, Bd. 72, Heft 3, S. 22–49.

Kissinger, H.A. (1992): Die sechs Säulen der Weltordnung. Berlin 1992.

Kornai, J. (1993): Transformational Recession. A General Phenomenon Examined through the Example of Hungary's Development. Budapest.

Langhammer, R.J. u.a. (1992): Regional Distribution of the Russian Federation's Export Earnings outside the Former Soviet Union and its Implications für Regional Economic Autonomy; in: *Post-Soviet-Geography*, 33/1992, S. 617–637.

Lücke, M. (1994): Wirtschaftliche Grundlagen des Regionalismus in der Russischen Föderation; in: *Zeitschrift für Wirtschaft- und Sozialwissenschaft* 114, 1994, S. 531–546.

Stadlbauer, J. (1994): Die Konflikte im Süden der ehemaligen Sowjetunion: Der Kaukasus; in: *Züricher Beiträge zur Sicherheitspolitik und Konfliktforschung*, Zürich, S. 25–65.

Wallerstein, J. (1991): Geopolitics and Geoculture. Cambridge 1991.

Wehler, H.-U. (1988): Entsorgung der deutschen Vergangenheit? Ein polemischer Essay zum »Historikerstreit«, München.

Williams, C.H./S. Williams (1993): Issues of Peace and Security in Contemporary Europe; in: C.H. *Williams*, Hrsg (1993): The Political Geography of the New World Order. 1993, S. 100–131.

Anhang

Abb. 1: Räumliche Bezugssysteme politischer Akteure

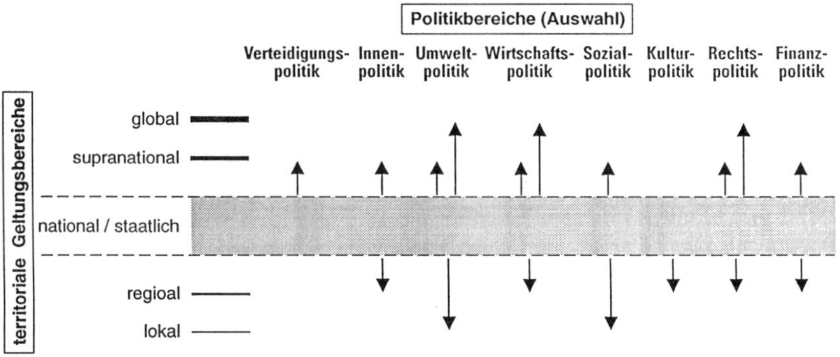

Abb. 2: Handlungsorientiertes Konzept einer Geopolitik

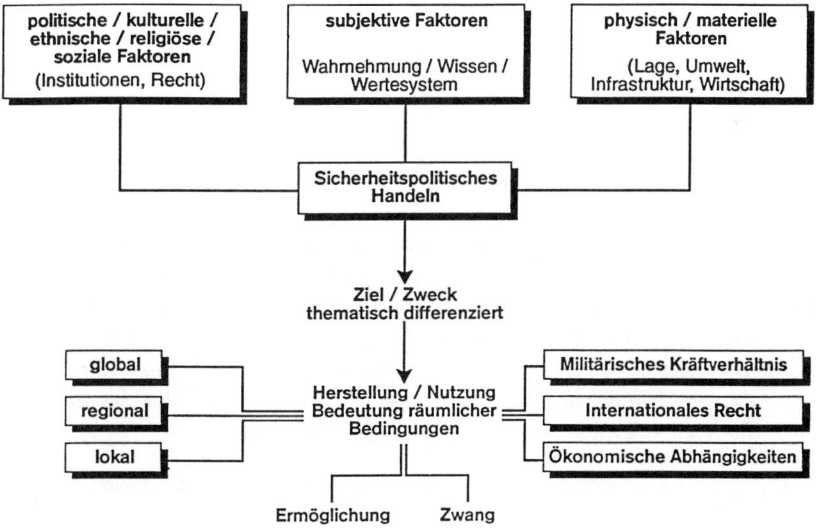

Weltweite Migrationsbewegungen – eine Bedrohung internationaler Sicherheit?

Peter J. Opitz

1. **Internationale Flüchtlings- und Migrationsbewegungen**
2. **Veränderte Wahrnehmung von Migrationsbewegungen**
3. **Zwischenergebnis der Wanderungsbewegungen**
4. **Zukünftige Entwicklung bei Migrationsbewegungen**

1. Internationale Flüchtlings- und Migrationsbewegungen

Daß mit den internationalen Flüchtlings- und Migrationsbewegungen ein neues Weltordnungsproblem – aber auch ein Problem internationaler Sicherheit – heranreifte, zeigte sich spätestens Ende der siebziger/Anfang der achtziger Jahre. Diese Einsicht fand ihren ersten internationalen Niederschlag in der Resolution 35/124 der UN-Generalversammlung vom 11. Dezember 1980 zum Thema »Internationale Zusammenarbeit zur Vermeidung neuer Flüchtlingsströme«. In ihr stellte die UN-Generalversammlung fest, daß *»massive Flüchtlingsströme nicht nur Auswirkungen auf die innere Ordnung und Stabilität der Aufnahmestaaten haben, sondern auch die Stabilität ganzer Regionen beeinträchtigen und somit Frieden und Sicherheit in der Welt gefährden können«.* [1)]

Die Initiative zu jener Resolution war von der Bundesrepublik ausgegangen, und der deutsche Außenminister war es denn auch, der 1982 nochmals auf die ***sicherheitspolitischen Implikationen der Flüchtlingsströme*** hinwies:

»Grenzüberschreitende Flüchtlingsströme stellen nicht nur ein humanitäres, sondern im besonderen Maße ein politisches Problem dar. Das weltweite Flüchtlingsproblem ist heute zu einer wachsenden Bedrohung der gutnachbarlichen Beziehungen zwischen den Staaten und damit zu einem Weltordnungsproblem geworden (...). Die Folgen grenzüberschreitender Massenflucht oder Vertreibung können somit nicht nur die innerstaatlichen Verhältnisse destabilisieren, sondern auch die zwischenstaatlichen Beziehungen beeinträchtigen«. [2)]

---

1) Der Text der Resolution 35/124 vom 11. Dezember 1980 findet sich in: Vereinte Nationen 2/1982, S. 72; zum weiteren Verlauf der deutschen Initiative siehe *Opitz* (1985) sowie *Schaefer*, in: Vereinte Nationen, Heft 1/1987, S. 26–28.

2) *Genscher* (1982), S. 15.

Anlaß und Hintergrund bildeten Konflikte in verschiedenen Regionen des »Südens«, in deren Zusammenhang es auch zu riesigen Flüchtlingsströmen gekommen war:

- in ***Südostasien*** hatte zunächst der Sieg der kommunistischen Befreiungsbewegungen in Indochina zur Flucht von hunderttausenden von Menschen geführt; ihnen folgten mit der Zuspitzung der vietnamesisch-chinesischen Spannungen bald hunderttausende sogenannter »Bootsflüchtlinge«, die sich zu Beginn zumeist aus seit Generationen in Vietnam lebenden chinesischen Zuwanderern rekrutierten;
- in ***Afghanistan*** war nach dem Einmarsch der sowjetischen Interventionstruppen und einer Verschärfung der Kämpfe die Zahl der Flüchtlinge, die sich in Pakistan und im Iran in Sicherheit gebracht hatten, auf mehrere Millionen angewachsen;
- in Afrika hatten Flüchtlingsströme aus dem Ogaden, aus Eritrea, aus Rhodesien und den Ländern des südlichen Afrika dem Schwarzen Kontinent den Namen »Kontinent der Flüchtlinge« eingebracht; numerisch zeigte sich dies im Anstieg der Flüchtlingszahlen von einer halben Million 1965 auf 4,5 Millionen zu Beginn der achtziger Jahre.[3)]

Das unvorhergesehene Anschwellen der Flüchtlingsbewegungen stellte die Aufnahmeländer – ausnahmslos arme Länder des »Südens« – nicht nur vor schwere soziale und wirtschaftliche Belastungen, sondern auch vor ernste sicherheitspolitische Probleme: eine innere Destabilisierung wurde befürchtet, Konflikte mit den Auslöserstaaten, eine Radikalisierung der Flüchtlinge durch die Bildung terroristischer Vereinigungen. Für die allgemeine Richtung, in die sich die Ereignisse entwickeln konnten, gab es schon ein abschreckendes Beispiel: die Situation im ehemaligen Pälästina. Hier war es anläßlich der Gründung des Staates Israel zur Flucht und Vertreibung hunderttausender Palästinenser gekommen, deren Zahl inzwischen auf über zwei Millionen Menschen angewachsen war. Zu den Folgen gehörte eine Destabilisierung der Nachbarstaaten (Libanon, Jordanien), Angriffe der palästinensischen Befreiungsbewegungen auf Israel und Anschläge palästinensischer Terrorkommandos auf internationale Ziele.

Aber auch über den Palästina-Konflikt hinaus zeigt inzwischen eine Fülle von Beispielen, daß internationale Flüchtlingsbewegungen mit sicherheitspolitischen Konsequenzen verbunden sind, die sich je nach Situation für die zufluchtsgewährenden Länder als strategischer Vorteil erweisen können, von denen aber auch eine Vielzahl von Bedrohungen und Problemen ausgehen.

---

3) Siehe hierzu im einzelnen *Opitz* (1988).

Eine der für die Aufnahmeländer politisch positiven Seiten von Flüchtlingsbewegungen besteht darin, daß sie sich zur politischen und wirtschaftlichen Destabilisierung feindlicher Nachbarstaaten instrumentalisieren lassen. Als ein solches Mittel wirtschaftlicher Destabilisierung wurden sie während des Ost-West-Konflikts vornehmlich vom Westen gegenüber den Warschauer-Pakt-Staaten genutzt. Von einem progagandistisch gesteuerten und durch großzügige Asylgesetze und Eingliederungshilfen flankierten brain-drain hochqualifizierter Wissenschaftler, Ärzte, Facharbeiter erhoffte sich der Westen insgesamt eine Schwächung des Ostblocks, die Bundesrepublik Deutschland im besonderen eine Destabilisierung der DDR. Zugleich ermöglichte es die Flucht von Millionen von Menschen, den respressiven Charakter des Sozialismus weltweit anzuprangern.

Eine weitere Möglichkeit, Flüchtlinge für eine politische Destabilisierung zu nutzen, bildet die finanzielle, politische und militärische Unterstützung von Widerstandsgruppen innerhalb der Flüchtlingsbevölkerung. Ein typisches Beispiel während des Ost-West-Konflikts war die Unterstützung von Exilkubanern in ihrem Kampf gegen das Castro-Regime, das in der gescheiterten Invasion in der Schweinebucht einen dramatischen Höhepunkt fand; ein anderes Beispiel bildet die massive Unterstützung der nicaraguanischen Contras in ihrem Kampf gegen die Sandinisten. Weitere Beispiele bilden die massive logistische Unterstützung der aus den kambodschanischen Flüchtlingslagern jenseits der thailändisch-kambodschanischen Zone operierenden Roten Khmer gegen die vietnamesischen Interventionstruppen und das von ihnen installierte Heng-Samrin-Regime, das sich selbst wiederum aus kambodschanischen Flüchtlingen rekrutierte, die sich nach Vietnam in Sicherheit gebracht hatten. Nicht minder spektakulär und wirksam war die Unterstützung der afghanischen Widerstandsbewegungen in Pakistan gegen das Najibullah-Regime und seine sowjetischen Verbündeten, durch eine Reihe arabischer Staaten, China und die USA.

Der Fall Pakistan macht aber auch einige der Gefahren sichtbar, die von größeren Flüchtlingspopulationen für das Aufnahmeland ausgehen können. So erwiesen sich die afghanischen Flüchtlinge für Pakistan in doppeltem Sinne als ein Sicherheitsrisiko: Zum einen durch den von ihnen praktizierten Drogen- und Waffenhandel, der wesentlich zur Erosion der inneren Sicherheit im Gastland beitrug; zum anderen durch Pressionen auf die pakistanische Regierung zwecks Verhinderung von Friedensinitiativen, die von den Widerstandsgruppen nicht gebilligt wurden. Im Falle eines ihnen nicht genehmen Friedensvertrages mit Afghanistan drohten einige der Führer des afghanischen Widerstands mit einer »Libanisierung« Pakistans.

Die Drohung verweist zurück auf die schon erwähnte Destabilisierung des Libanons durch außer Kontrolle geratene palästinensische Befreiungsbewegungen.

Nicht zuletzt um einer ähnlichen Situation zuvorzukommen, verwiesen – gewarnt durch pro-irakische Stellungnahmen der PLO anläßlich der Besetzung Kuwaits – viele der kleinen Golf-Staaten hunderttausende der in ihnen lebenden palästinensischen Flüchtlinge des Landes. Durchaus vergleichbare Sorge liegt der Ausweisung nepalesischer Zuwanderer durch die Regierung Bhutans zugrunde. Weniger die Sorge vor einer allmählichen Machtübernahme durch zugewanderte Flüchtlinge und Migrationspopulationen, als vor einer Störung der innerethnischen Balance führte in Südostasien dazu, daß einige Länder – insbesondere Malaysia – sich gegen die Aufnahme von Flüchtlingen chinesischer Abstammung sträubten. Eine ähnliche Gefahr bildeten die riesigen Fluchtbewegungen irakischer Kurden, von denen insbesondere die Türkei eine Stärkung der Sezessionsbewegung der türkischen Kurden befürchtete.

Ein sicherheitspolitisches Problem besonderer Art bilden die jüngsten Ereignisse in Ruanda.[4)] Ausgangspunkt der Tragödie – und zugleich deren erster Akt – bildete 1959, nach einer erfolgreichen Revolution der Hutus, die Flucht einer halben Million der bis dahin herrschenden Tutsi-Minderheit aus Ruanda in die Nachbarstaaten, vor allem nach Burundi, Tanzania und Zaire, wo sie – zumeist in Flüchtlingslagern – auf die Rückkehr ins »Land der Väter« warteten. Die fatalen Konsequenzen der Vertreibung und der nicht erfolgten Eingliederung der Flüchtlinge in den Nachbarstaaten zeigten sich erst nach drei Jahrzehnten: Im Oktober 1990 kam es zum Einmarsch einer Rebellenarmee von Exil-Tutsis in Ruanda – er bildet den zweiten Akt. Nach langen Kämpfen kam es schließlich auf internationale Vermittlung im August 1993 zu Friedensverträgen. Um sich der in den Verträgen vereinbarten Wiederherstellung der Eigentumsrechte der vertriebenen Tutsis und deren Beteiligung an der Macht zu entziehen, beschloß die Hutu-Regierung, nicht nur den Kampf gegen die Rebellen-Armee erneut aufzunehmen, sondern darüber hinaus die gesamte Tutsi-Zivilbevölkerung – 15 % der Bevölkerung Ruandas – sowie die mit ihnen sympathisierenden Hutus auszurotten. Einer der Faktoren, der diese Gewaltlösung förderte, dürfte die inzwischen durch rapides Bevölkerungswachstum entstandene Überbevölkerung Ruandas gewesen sein.

Dem Massaker im Frühjahr 1994 – es bildet den dritten Akt – fielen über eine Million Menschen zum Opfer, und da sich schließlich die Rebellen-Armee militärisch durchsetzte, kam es zudem zur Flucht von über zwei Millionen Hutus in die Nachbarländer, vor allem nach Zaire. Den vierten Akt des noch immer nicht beendeten blutigen Dramas wird voraussichtlich der Versuch der geflohenen und nun im Exil sich sammelnden Hutu-Armee bilden, die verlorene Macht in Ruanda gewaltsam zurückzuerobern. Einer Einbeziehung Burundis und anderer Nachbarstaaten in den Konflikt ist nicht auszuschließen.

---

4) Siehe hierzu im einzelnen *Dießenbacher* (1995).

Der Ruanda-Konflikt ist allerdings nicht nur aufgrund seiner Dauer und seiner genozidalen Merkmale von Bedeutung. Noch bedenklicher ist, daß Experten in ihm den Prototyp eines, vor allem durch Überbevölkerung induzierten neuen Konflikttyps sehen, für dessen Verbreitung in einer Reihe weiterer Länder Afrikas und Asiens die Bedingungen heranreifen.

2. Veränderte Wahrnehmung von Migrationsbewegungen

Während die grenzüberschreitenden Massenfluchtbewegungen, die zu Beginn der achtziger Jahre einen ersten großen Höhepunkt erreichten und seitdem ständig an Umfang zunahmen, zwar im diplomatischen Bereich einige Aktivitäten auslösten (ohne daß – von humanitären Hilfeleistungen abgesehen – bislang nennenswerte Erfolge erzielt wurden) und auch die Wissenschaft[5] sich nun verstärkt des neuen Weltproblems und seiner sicherheitspolitischen Implikationen anzunehmen begann, blieb das Interesse der breiten westlichen Öffentlichkeit begrenzt, oberflächlich, aber auch noch ohne Hysterie. Die Erklärung hierfür ist relativ einfach: Man fühlte sich nicht unmittelbar betroffen, die Orte des Geschehens lagen alle in sicherer Distanz in den Regionen des »Südens« und die Gefahr einer Globalisierung der Fluchtbewegungen war noch nicht erkannt.

Das änderte sich gründlich während der achtziger Jahre, und zu Beginn der neunziger Jahre war die Stimmung radikal umgeschlagen und nahm zumindest in einigen Ländern des Westens hysterische Züge an. Der Ausschlag für diesen Umschwung war vor allem auf ***fünf Faktoren*** zurückzuführen:

1. In den achtziger Jahren stiegen die Flüchtlingszahlen von 8,2 Millionen (1980) auf 17,2 Millionen (1990) und mit ihnen die Zahlen der Asylbewerber in Europa und Nordamerika von nur 95.000 (1983) auf 548.000 (1990); der Hauptteil davon entfiel mit 442.000 (1990) auf Europa, und hier vor allem auf die Bundesrepublik.
2. Auch die Zusammensetzung der Asylsuchenden änderte sich: In den Strom der politischen Flüchtlinge mischten sich zunehmend Armuts- und Arbeitsflüchtlinge aus den Ländern des »Südens« und führten zu Belastungen der sozialen Netze und Arbeitsmärkte – und das in einer Zeit, in der in den Indu-

5) Eine der ersten Studien, die die sicherheitspolitischen Aspekte von Massenfluchtbewegungen ins Zentrum einer Untersuchung stellte, lieferte *Myron Weiner*, Security, Stability and International Migration, Cambridge, M.A.: Center for International Studies 1991; wichtige Publikationen sind *Gil Loescher*, Refugee Movements and International Security, Summer 1992 (IISS-Adelphi 268); *Myron Weiner* (Ed.), International Migration and Security, Boulder 1993.

strieländern die Arbeitslosenzahlen stiegen. Gleichzeitig machten internationale Organisationen und Institute verstärkt auf die zunehmende Verelendung in der Dritten Welt aufmerksam und auf deren weitere Verschärfung durch die »Bevölkerungsexplosion«; die Metapher verweist auf die mit ihr verbundenen Ängste.

3. Hinzu kam die Entdeckung eines riesigen Potentials sogenannter »Umweltflüchtlinge«; nach Berechnungen des Forschungsinstituts des Internationalen Roten Kreuzes sollte ihre Zahl bis zum Ende des Jahrtausends auf über eine Milliarde ansteigen.[6)]
4. Der ideologische und politische Umbruch in Osteuropa und in der Sowjetunion wurde von Meldungen über gewaltige bevorstehende Migrationsbewegungen aus dem »Osten« begleitet; für den Fall eines wirtschaftlichen Kollapses der ehemaligen Warschauer Pakt-Staaten und des Ausbruchs innerstaatlicher Konflikte prognostizierten Experten bis zu 50 Millionen Migranten, von denen die überwiegende Zahl sich auf Westeuropa zubewegen würde.
5. An der europäischen Peripherie vollzog sich die Ausbreitung eines aggressiven islamischen Fundamentalismus, der nicht nur zur Flucht und Vertreibung pro-westlicher, sondern auch zu einer zunehmenden politischen Destabilisierung einiger Staaten Nordafrikas, wie etwa in Algerien oder in Ägypten führte.

Die Folge war ein wachsendes Gefühl der Bedrohung, das sich durch den Entwurf von Horrorszenarien in der Presse – aber auch durch die Politik – zu einem Trauma steigerte. Zugleich Ausdruck wie Auslöser dieses Traumas war der Film »Der Marsch« von William Nicholson, der Ende der achtziger Jahre über zahlreiche Fernsehsender lief und seitdem das Bild von den Migrationsbewegungen unserer Zeit und der nahen Zukunft in der westlichen Öffentlichkeit prägt: Ein Zug hunderttausender, von Not ausgezehrter Menschen des »Südens«, die sich unter unsäglichen Strapazen, aber dennoch unaufhaltsam auf die reichen Länder des »Nordens« zubewegt. Das Ende des Films ist bezeichnend: ein blutiger Konflikt ist unvermeindlich, zum Schutz des Wohlstandes und einer Zivilisation, die sich von einer gewaltigen Woge der Armut bedroht fühlt. Allerdings wird es ein Konflikt zwischen den Migrations- und den Sicherheitskräften Europas werden. Diese werden die kaum bewaffneten Migranten wieder ins Meer zurückdrängen und zur Umkehr zwingen. Nichts deutet auf einen internationalen Konflikt im konventionellen Sinne, nichts deutet allerdings auch auf eine Umbesinnung des »Nordens« und verstärkte Hilfe an die Heimatländer der Teilnehmer des »Marsches«.

Einige Jahre später wurde das im Film entworfene Szenario in Europa Wirklichkeit: Im August 1991 versuchen Albaner zu Tausenden der desolaten Wirklich-

6) Vgl. *Hagemann* (1987), S. 62 ff.

keit ihrer Heimat zu entfliehen. Chancenlos: Sofern ihre Boote nicht schon von der italienischen Marine abgefangen wurden, wurden die Anlandenden von Carabinieris inhaftiert und zurückgeschickt. Wie im Film fehlt auch in der Realität jede sicherheitspolitische Bedrohung (erfolgreicher verläuft dagegen seit vielen Jahren der wirkliche Marsch: die Anlandung von kleinen Gruppen flüchtender Kurden und Afrikaner an den Küsten Italiens und ihr allmähliches Einsickern in Europa).

Die Reaktionen auf die verstärkte Zuwanderung arbeits- und/oder asylsuchender Menschen zeigten sich in den Ländern des »Nordens«

- auf der gesellschaftlichen Ebene in wachsender Fremdenfeindlichkeit, Nationalismus und Rassismus, ausgelöst durch eine schwieriger gewordene Arbeitsmarktlage; dünner werdende soziale Netze; Angst vor Überfremdung; ein Anwachsen der Kriminalität;
- auf der politischen Ebene; im Aufstieg nationalistisch gesinnter Parteien; in verschärften Grenzkontrollen, unter Hinzuziehung von Armee und Marine; sowie in Überlegungen über die Aufstellung schneller Eingreiftruppen zwecks präventiver Verteidigung; nicht aber in der Erhöhung der Mittel, die zur Sanierung der Migrationsursachen dringend benötigt werden. Im Gegenteil, die Hilfe der OECD-Staaten an die Länder des »Südens« geht deutlich zurück.

Eine ähnliche Wirkung wie auf der populären Ebene der Film »Der Marsch« erzielt im wissenschaftlichen und strategischen Bereich 1993 ein Artikel des amerikanischen Politikwissenschaftlers Samuel Huntington, »The Clash of Civilisations« in der Zeitschrift Foreign Affairs.[7)] Dabei verbinden sich die Bilder leicht zu einem neuen Ganzen: So kann man sich einen solchen »Zusammenprall« der Zivilisation auch in Form weltweiter »Völker«-Wanderungen vorstellen, auf deren Ansturm man sich vorbereiten muß. Dabei erweckt das Bild der »Völker«-Wanderungen schnell historische Assoziationen – z.B. die vom Kampf des Römischen Reiches gegen die anrückenden germanischen Völkerschaften. Daß heute keine »Völker« wandern, sondern Individuen und Gruppen, wird ebenso übersehen, wie die Tatsache, daß Völker, wenn sie heute wirklich wandern, dies lediglich in Flucht vor massiven Konflikten tun und zumeist in der Absicht, nach Beendigung der Konflikte wieder in die traditionellen Wohngebiete zurückzukehren.

7) Siehe hierzu *Huntington* (1993), S. 22–44.

3. Zwischenergebnis der Wanderungsbewegungen

Soweit die Situation und die Bedrohungsvorstellungen Ende der achtziger Jahre. Wie hat sich die Zuwanderung seitdem entwickelt?

Die befürchteten riesigen grenzüberschreitenden Migrationen von Armuts- und Arbeitsflüchtlingen sind bislang entweder ausgeblieben oder haben nicht zu einer Bedrohung der regionalen oder internationalen Sicherheit geführt. Im wesentlichen konzentrieren sich diese Wanderungen noch auf den Binnenbereich der Süd-Länder und verlaufen hier von den Dörfern in die Städte (aber auch das ist, wie ein Blick auf den Ablauf der Industrialisierungs- und Modernisierungsprozesse in den Industriestaaten zeigt, eine relativ normale Entwicklung). An den Grenzen und Küsten des »Nordens« ist es dagegen verhältnismäßig ruhig geblieben: Weder ist es zur großen Flucht aus dem »Osten« gekommen, noch zur prognostizierten großen Zuwanderung aus dem »Süden«.

Insgesamt kam eine im Frühjahr 1994 veranstaltete Konferenz von ILO / IMO / UNHCR für 1993 auf weltweit 70-85 Millionen im Ausland lebende Menschen.[8] Davon entfielen auf Nordamerika 15-17 Millionen, auf Europa (ohne Ex-Sowjetunion u. Ex-Jugoslawien) 20 Millionen sowie auf Japan 1,2 Millionen.

Auch die von der OECD veröffentlichten Zahlen über die Bevölkerungszusammensetzung der Staaten des »Nordens« geben derzeit noch keinerlei Anlaß zur Panik.[9] Sie weisen zwar einen langsam steigenden Ausländeranteil auf – doch ist weder dessen Höhe noch die Schnelligkeit des Anstiegs bedrohlich. So erhöhte sich die Zahl der in die Regionen und Länder des »Nordens« zugewanderten Menschen zwischen 1981 und 1991 in den USA um 9,2 Millionen, in Kanada um 1,6 Millionen, in Australien um 987.000 Menschen. In Europa stieg die Zahl der ausländischen Bevölkerung im gleichen Zeitraum in Deutschland von 4,6 auf 5,8 Millionen, in Dänemark von 101.000 auf 169.000, in Italien von 331.700 auf 896.800 und in Spanien von 198.000 auf 310.700.

Selbst wenn noch eine erhebliche Zahl illegaler Zuwanderer addiert werden muß, kann von einer Bedrohung der internationalen Sicherheit durch Armuts- und Arbeitsmigration bislang noch keine Rede sein, zumal zu berücksichtigen ist, daß

- viele der ausländischen Arbeitnehmer nicht illegal in die Länder des »Nordens« gekommen sind, sondern als legale »Gastarbeiter«;

8) Siehe hierzu *ICPD* (1994).
9) Siehe hierzu *OECD* (1994).

- im Zeichen der Globalisierung der Weltwirtschaft auch eine Globalisierung des Arbeitskräftemarktes normal ist,
- viele Länder des »Südens« auf die Überweisung der Einkommen der Gastarbeiter angewiesen sind – diese also auch zur Stabilität beitragen.

Auch die Befürchtung, daß die großen grenzüberschreitenden Fluchtbewegungen zu Bedrohungen regionaler Stabilität und internationaler Sicherheit werden könnten, hat sich bislang nicht bestätigt. Zwar gab es Fälle solcher Bedrohungen; mit der Ausnahme der Situation in Palästina ging von ihnen jedoch in keinem Fall eine ernsthafte oder andauernde Bedrohung der regionalen Stabilität oder internationalen Sicherheit aus.

In einer Reihe weiterer Fälle wurden Fluchtbewegungen größeren Umfangs für Nachbarstaaten, die direkt oder indirekt von ihnen betroffen waren, zum willkommenen Vorwand für militärische Interventionen:

- 1971 für Indien im Konflikt zwischen Ost- und Westpakistan;
- 1978 für Vietnam zum Einmarsch in Kambodscha;
- 1979 für China zum Einmarsch in Vietnam; sowie
- ein für die unmittelbare Zukunft relevanter Fall könnte die Intervention russischer Truppen in Staaten des »Nahen Auslands« zum Schutz der dortigen russischen Minderheiten werden.

In der Regel sind Fluchtbewegungen jedoch nicht die Ursache von Bedrohungen internationaler Sicherheit, sondern deren Folge.

4. Zukünftige Entwicklung bei Migrationsbewegungen

Soviel zur derzeitigen Situation. Wenden wir uns abschließend noch kurz der Frage nach der zukünftigen Entwicklung zu. Obwohl diese nur Spekulationen zuläßt, können sie sich doch auf einige wissenschaftlich gesicherte Projektionen über die Entwicklungen in einigen Bereichen stützen:

So herrscht unter Migrationsforschern weitgehender Konsens darüber, daß die Zahl der Migranten intern und international weiter wachsen wird.[10)] Dabei stützt sich die Annahme eines zunehmenden Migrationsdrucks im wesentlichen auf drei Faktoren:[11)]

---

10) Diese Prognose enthält auch die Mitte Juni 1995 veröffentlichte Worldwatch-Studie zum Thema; siehe hierzu *Süddeutsche Zeitung*, 12. Juni 1995.

11) Siehe dazu im einzelnen *Opitz* (1995).

1. auf die – trotz zurückgehenden Bevölkerungswachstums – real noch eine Zeitlang kräftig weiter ansteigenden Bevölkerungszahlen in vielen Regionen des »Südens«;
2. auf eine sich weiter verschärfende Umweltbelastung – sowohl durch das Bevölkerungswachstum wie auch durch zunehmende Industrialisierung in den Ländern des »Südens« – mit der Folge einer deutlichen Zunahme der Zahl der »Umweltflüchtlinge«; sowie
3. auf eine weitere Vertiefung des wirtschaftlichen Gefälles zwischen den verschiedenen Regionen der Welt; auch auf eine weitere Verschärfung der wirtschaftlichen und sozialen Probleme (Armut, Arbeit, Gesundheit, Bildung) des »Südens«.

Sofern diese Projektionen zutreffen, dürfte sich die Prognose des britischen Historikers *Paul Kennedy* bewahrheiten:

»Wenn die Entwicklungswelt in ihrer Armutsfalle gefangen bleibt, werden die weiterentwickelten Länder unter die Belagerung von vielen Millionen Auswanderern und Flüchtlingen geraten, die alles daransetzen werden, unter den wohlhabenden, aber alternden Bevölkerungen der Demokratien zu leben. So oder so werden die Resultate dieses Prozesses wahrscheinlich ungemütlich für das wohlhabende Sechstel der Erdbevölkerung, das im Moment unverhältnismäßig fünf Sechstel des Reichtums der Erde genießt.«[12)]

Angenommen diese hier als »ungemütlich« geschilderte Situation tritt ein, so stellt sich die Frage: Wird der zunehmende Migrationsdruck auf die Länder des »Nordens« – aber auch des »Südens« – zu einer Bedrohung der regionalen Stabilität und der internationalen Sicherheit führen? Die Wahrscheinlichkeit spricht dafür, daß dies dann der Fall ist. Dabei droht die Gefahr aber nicht nur – vielleicht am wenigsten – von den Migrationsbewegungen selbst als von den sich verschärfenden innergesellschaftlichen und internationalen Verteilungskämpfen um knapper werdende Ressourcen (Land, Wasser, Energie, Nahrung), von denen dann zu befürchten ist, daß auf beiden Seiten die Neigung zu einer militärischen Austragung der Konflikte wachsen wird – wahrscheinlich unter Einschluß von Massenvernichtungswaffen, deren weitere Proliferation absehbar ist.

Damit stellt sich die Frage nach geeigneten Gegenstrategien. Diese müssen sich – im Hinblick auf die Armuts- und Arbeitsmigration – im wesentlichen auf drei Punkte konzentrieren:

---

12) *Kennedy* (1993).

- auf eine Entschärfung der Migrationsursachen in den Entwicklungsländern, d.h. auf die Bekämpfung von Massenarmut, Umweltzerstörung und Bevölkerungswachstum;
- auf eine rationale Regulierung und kooperative Gestaltung der Migrationsabläufe;
- auf die Erhöhung der Akzeptanz von Zuwanderern aus anderen Ethnien und Zivilisationen bei den Bevölkerungen der wohlhabenden Staaten.

Letzteres ist umso wichtiger, als auch im Falle einer erfolgreichen Dynamisierung von Entwicklungsprozessen nicht sofort ein Rückgang des Migrationsdrucks eintreten wird, sondern – im Gegenteil – zunächst mit einer weiteren Verstärkung gerechnet werden muß.[13)] Einer der Hauptgründe dafür ist, daß Verbesserungen im Bereich von Bildung und Ausbildung sowie die damit einhergehende Erosion traditioneller Gesellschaftsstrukturen und Weltanschauungen zu einer Erweiterung des Horizonts, zu einer Lösung traditioneller Bindungen und damit auch zu einer größeren Mobilität führen, die sich auch in einer größeren Migrationsbereitschaft äußern.

Zur Verhinderung von Fluchtbewegungen ist darüber hinaus auf die Verbesserung bestehender, bzw. den Aufbau neuer funktionierender Systeme kollektiver Sicherheit geboten, einschließlich der Möglichkeit völkerrechtlich abgesicherter »humanitären Interventionen« im Falle massiver Menschen- und Minderheitenrechtsverletzungen.

Der Schwerpunkt der Gegenstrategien muß somit im zivilen Bereich liegen, sicherheitspolitischen Maßnahmen im engeren militärischen Sinne kommt dagegen lediglich eine flankierend absichernde Bedeutung zu. Solche Aufgaben mögen in Krisensituationen bei der Unterstützung von Maßnahmen zur Eindämmung illegaler Einwanderung liegen; es gibt sie ferner im Bereich »humanitärer Intervention« und auch im Falle eines instabiler werdenden regionalen Umfeldes. Im jeden Fall werden sie sich aber nur auf die destabilisierenden Begleiterscheinungen der internationalen Migration beziehen, nicht aber auf die Entschärfung der tieferen Migrationsursachen selbst. Wenn wir falsche Prioritäten setzen – nämlich auf Absperrung statt auf Hilfe – werden wir die Mittel, die wir heute im Entwicklungshilfebereich einsparen, morgen für kostspielige – und wahrscheinlich nutzlose – Verteidigungssysteme ausgeben müssen. Es wäre eine Fehlinvestition in die Zukunft.

13) Vgl. *Loescher* (1992), S. 67.

Literatur

Dießenbacher, H., (1995): Überbevölkerungskriege. Zu den Gefahren der demographischen Explosion; in: Lettre International, Heft 29/Sommer 1995.

Genscher, H.-D., (1982): Internationale Zusammenarbeit zur Vermeidung neuer Flüchtlingsströme; in: Zeitschrift für Ausländerrecht und Ausländerpolitik, Jg. 1, Heft 4/1982.

Hagemann, G., (1987): Umweltzerstörung und Flüchtlingsstöme. Eine globale Prognose für das Jahr 2000; in: epd-Entwicklungspolitikmaterialien, Heft V/1987.

Huntington, S., (1993): The Clash of Civilisations; in: Foreign Affairs, No. 3/1993, S. 22–44.

ICPD (1994): Migrants, Refugees and International Cooperation. A Joint Contribution to the International Conference on Population and Development, Genf 1994.

Loescher, G., (1992): Refugee Movements and International Security, Summer 1992.

OECD (1994): Trends in International Migration. Continuous Reporting System on Migration, Paris 1994.

Opitz, P.J., (1985): Flüchtlingspolitik und deutsche VN-Initiative; in: Außenpolitik, 36. Jg., Heft 3/1985, S. 328–340.

Opitz, P.J., Hrsg. (1988): Das Weltflüchtlingsproblem. Ursachen und Folgen, München 1988.

Opitz, P.J., Hrsg. (1995): Weltprobleme, München/Bonn 1995.

Die Europäische Union und der Ausbau der transatlantischen Beziehungen – Das deutsche sicherheitspolitische Interesse

Lothar Rühl

1. Voraussetzungen und Problemstellungen

Wenn die Integration Europas in der EU nach der staatlichen Vereinigung Deutschlands im atlantischen Bündnis als das langfristige Vorrangziel der deutschen Außenpolitik angesehen wird, muß die politische Strategie den Ausbau der Union und deren Erweiterung mit der Bewahrung des amerikanischen Bündnisschutzes auch für ein größeres Westeuropa mit einem weit nach Osten ausgreifenden Gebiet in unmittelbarer Nachbarschaft zu Rußland verbinden. Eine solche Strategie muß also wenigstens drei Ziele in Übereinstimmung bringen und erreichen, wenn sie Erfolg haben soll:

Vertiefung und Erweiterung der Union samt Festigung der transatlantischen Partnerschaft mit Nordamerika. Diese transatlantische Beziehung wird zentral und vital für das Gelingen des neuen »grand design« der deutschen Außen- und Sicherheitspolitik sein, denn nur in ihr kann das Engagement der USA in Europa als »a European Power« bewahrt werden, wie Präsident Bush im Mai 1989 vor der Zeitenwende in Europa die Stellung der Vereinigten Staaten diesseits des Atlantik allgemein definierte. Die Ereignisse seither haben zugleich die Stellung der USA und der NATO wie der EU des Maastrichter Unionsvertrags in Europa verstärkt und die künstliche geopolitische Einheit »Osteuropa« um die sowjetrussische Vormacht des Ostens noch vor deren Zerfall im Jahre 1991 aufgelöst. Dadurch wird eine Festigung der transatlantischen Beziehungen über die Allianz hinaus politisch erleichtert, während die NATO selber ihr politisches Profil stärker ausprägt, sich nach Osten auszudehnen anschickt und für sicherheitspolitische Aufgaben über den historischen Bündniszweck hinaus bereitmacht und dabei auch einer Zusammenarbeit mit anderen Staaten öffnet. Ausdruck und Mittel dieser Politik »erweiterter Sicherheit« sind seit 1992 der »Nordatlantische Kooperationsrat« als multilaterales Forum und Rahmen für einen begrenzten militärischen Austausch mit ehemaligen Bündnisstaaten des WP und früheren Sowjetrepubliken sowie die 1994 als organisiertes Kooperationsprogramm angebotene »Partnerschaft für den Frieden«, die eine Vielzahl bilateraler Partnerschaften zwischen der NATO und den einzelnen Staaten geschaffen hat.

Diese Öffnung und Auffächerung der Allianz bereitet ähnlich wie die eingeleitete Erweiterung der EU nach Osten durch die im Juni 1993 in Kopenhagen beschlossene Politik zur Aufnahme osteuropäischer Länder über eine integrative Assoziierung das Problem des inneren Zusammenhalts mit Nordamerika in der Allianz. Dieses Problem ist aber auch auf der amerikanischen Seite gegeben: Pazifische Politik der USA, neue nationale Prioritäten mit einer Rückwendung nach Innen und einer Reduzierung der Mittel für internationale Aktionen sowohl mit bewaffneter Gewalt als auch mit Wirtschaftshilfe und politischem Engagement in Übersee, entsprechend dem Versuch einer Verringerung der Bürde der internationalen Verantwortung Amerikas und der Hinwendung zu einer aktiven Welthandelspolitik für den nationalen Vorteil der USA. Während Haushalt und Leistungsbilanz der USA defizitär bleiben, die amerikanische Weltmacht ihre wachsende Staatsverschuldung mit fremdem Kapital finanziert und der Dollar als internationale Leitwährung geschwächt ist, hat die Clinton-Administration den Exporterfolg zum nationalen Interesse erhoben. Ein resoluter kommerzieller Merkantilismus scheint dabei den liberalen Internationalismus des vergangenen halben Jahrhunderts abzulösen. Ein »grand design« für die von Präsident Bush proklamierte »Neue Weltordnung« ist in Washington nicht sichtbar. Dafür besteht die politische Europa-Orientierung der USA, wenngleich abgeschwächt, noch immer fort. Aber die Entwicklung läßt eine Festigung der Beziehungen zu Europa geraten erscheinen. Deshalb ist viel von einem »new Atlantic bargain« also einem neuen Pakt mit den alten Verbündeten in Europa die Rede. Eine politische Partnerschaft könnte in einer neuen Atlantik-Charta oder sogar in einem neuen Vertrag für eine »atlantische Gemeinschaft« vereinbart werden. Gerade die KSZE-Charta von Paris »für ein Neues Europa« und die gemeinsame »Nicht-Feindschafts-Erklärung« der NATO- und der damaligen WP-Staaten noch mit der UdSSR Ende November 1990 sowie die neuen Initiativen der Allianz seither für die NATO-Erweiterung und eine »strategische Partnerschaft« mit Rußland verdeutlichen die Notwendigkeit eines »aggiornamento« der atlantischen Beziehungen. Dabei ist die Lehre der Geschichte zu beachten: Es gibt kein Beispiel für die längere Fortdauer eines Bündnisses nach Fortfall der gemeinsam überstandenen Gefahr und Verlust des gemeinsamen Feindes. Anders gesagt: Eine Allianz im Frieden kann nur bestehen, wenn nach dem Ende des Krieges oder Konfliktes mit dem gemeinsamen Gegner die Interessen der Verbündeten auf einen gemeinsamen Friedensnenner gebracht werden können – praktisch heißt dies Bestimmung gemeinsamer wirtschaftlicher Interessen und politischer Regeln für gemeinsames Verhalten in internationalen Fragen von Bedeutung für alle. Nur eine solche umfassende Beziehung strategischer Relevanz für die gemeinsame Sicherheit und Wohlfahrt kann auch die Allianz selbst erhalten.

Bisher besteht die Beziehung USA-Westeuropa vor allem in der NATO mit einem militärischen und sicherheitspolitischen Schwerpunkt. Sie wird ergänzt von den schon in einem weiteren Kreis von Mitgliedern über das Bündnis hinaus angelegten ökonomischen Organisationen OECD und der internationalen Energie-Organisation, an denen andere europäische Staaten außerhalb des Bündnisses und überseeische Länder, insbesondere Japan, teilnehmen. In diesem weiteren Kreis geht die euroatlantische Beziehung zwischen Westeuropa und Nordamerika in globale Beziehungen mit dem Grundmuster »Trilateraler« Kooperation über, wobei diese konfliktgeladen bleibt und zeitweilig zum Handelskrieg tendiert: In diesem Grundmuster sind die Elemente der Kooperation mit denen der Konfrontation verwoben.

Zwar entspricht diese über das Verhältnis USA/Kanada-Europa hinausgehende Beziehung den weltweit wirksamen Tendenzen zur Globalisierung der internationalen Wirtschaft und Politik, der internationalen Informations- und Kommunikationsgesellschaft, die mit rapider Beschleunigung entsteht, und den globalen Risiken für die Sicherheit Europas. Doch liegen in dieser globalen Dimension neben den offensichtlichen Gründen für einen stärkeren Zusammenhalt zwischen Nordamerika und Westeuropa gerade die Ursachen weiterer Differenzierung von Interessen und einer Tendenz zur Zerfaserung des transatlantischen Kräftefeldes: Einer Konzentration der Kräfte auf gemeinsame Ziele wirkt die Fliehkraft unterschiedlicher Anziehungen entgegen.

Die pazifisch-asiatische Orientierung Nordamerikas ist in den vergangenen vier Jahrzehnten beständig deutlicher geworden; zwar ist sie bisher und wohl auch in Zukunft keine Alternative zur atlantisch-europäischen der USA und Kanadas, wohl aber mehr als nur eine Ergänzung, nämlich eine Konkurrenz.

Die gewachsene Bedeutung der Westküste mit Kalifornien für Amerika, die Öffnung der kanadischen Westprovinzen um Vancouver über die kurze Distanz des Nordpazifik zum »Fernen Osten« mit enger werdenden Kapital- und Handelsverbindungen zur ostchinesischen Küstenregion Schanghai-Kanton-Hongkong bei zunehmender Einwanderung von Hongkong-Chinesen markieren den Übergang zu einem pazifischen Wirtschaftsraum. Dafür ist die Öffnung Chinas die Voraussetzung, denn Japans beherrschende Wirtschaftsmachtstellung und Welthandelspolitik der nationalen Vorteilssuche wurden bisher nicht von Offenheit begleitet. Ohne eine Vorhersage über die weitere Entwicklung Japans und der japanischen Außenbeziehungen zu wagen, kann doch angenommen werden, daß Japan sich in Zukunft nicht nur des chinesischen Marktes wird bedienen können, sondern daß ihm in China auch ein Konkurrent erwachsen wird wie bisher schon in Südkorea und daß diese Konkurrenz in die historische kulturelle und machtpolitische Rivalität zwischen China und Japan unter neuen Bedingungen zurückführen könnte.

Jedenfalls werden die Konkurrenzen in Ostasien und im Pazifik bei weitem nicht bloße ökonomische und technologische sein, sondern zivilisatorische und strategische in der regionalen Entwicklungspolitik wie im Verhältnis zu Amerika. Dies zeigt sich heute schon deutlich zwischen Japan und Südkorea. Wenn China erst einmal wirklich als selbständige und ausgreifende Kraft aufgetreten sein wird, dürfte sich im ostasiatisch-pazifischen Raum, der schon zur ersten ökonomischen Wachstumsregion der Welt aufgestiegen ist, ein dynamisches Kräftespiel in einer Dimension und Intensität entfalten, die die euro-atlantischen bei weitem übertreffen dürften.

Die Durchdringung und Entwicklung Südostasiens und Indiens werden der nahe Einsatz sein, das Vordringen nach Westen in den mittelöstlichen Raum, die Türkei eingeschlossen, und in das von russischer Macht entblößte Zentralasien der etwas ferner liegende. Japan und China werden sich auch wieder dem russischen Fernen Osten und damit Sibirien zuwenden.

Es wäre deshalb falsch, die atlantisch-europäischen Außenbeziehungen Nordamerikas einfach als Gegenstück zu den pazifisch-ostasiatischen zu sehen: Der Kreis schließt sich im Fernen Osten und im Indischen Ozean im Entstehen einer wahrhaft globalen geopolitischen Struktur der Weltwirtschaft und damit der Welthandelspolitik und der politischen Entwicklungsstrategien, in der Europa sich zwischen dem eurasischen Rußland, Zentralasien und dem Mittleren Osten wird behaupten und seine Interessen wahren müssen.

Schon aus diesem Grunde ist die transatlantische Beziehung für Europa weit mehr als eine »euro-atlantische«, die auf dem europäischen Festland gegenüber Rußland und im Mittelmeerraum über die Levante und das Rote Meer hinaus bis zum Persisch-Arabischen Golf ihren Hauptnutzen hätte.

Zwar ist diese große Region unter dem »südlichen Krisenbogen« von Pakistan bis Marokko, wie man heute sagt, für den Wohlstand und die Sicherheit Westeuropas ein Großraum der Chancen und Risiken, die den besonderen Wert der atlantischen Allianz und einer breit angelegten Partnerschaft mit Nordamerika verdeutlichen. Doch dieses nähere Umfeld im Süden und im vorderen Orient läßt sich nicht mehr als ein Innenraum für europäische oder amerikanische Interessen begrenzen, wie dies bis zum Ende der Ost-West-Konfrontation und der Existenz der Sowjetunion möglich war. Die schönen Zeiten der leicht eindämmbaren Regionalkonflikte als Annex des großen Ost-West-Konfliktes sind 1991 mit dem erfolgreichen Golfkrieg des Westens in der von Washington geführten und beherrschten internationalen Koalition gegen den Irak Saddam Husseins zu Ende gegangen.

Die Einwirkungen von außen aus dem weiteren Asien werden zunehmen und die Türkei, der politisch so vernachlässigte Verbündete in der Eckpfeilerposition zur Flankendeckung Europas im Südosten und zum Brückenschlag zum Orient, wird mehr als bisher von Asien angezogen, um so mehr, je mehr Westeuropa ihn abstößt. Auch diese Entwicklung wird die Lage Europas verändern und es noch abhängiger von amerikanischer Deckung im Mittelmeer und an der Levante machen.

Die internationalen Aktivitäten der USA werden also weltweit unter die Anziehungskraft konkurrierender Einflüsse, Ziele und dynamischer Prozesse kommen, zumal dann, wenn sie sich in einem nordamerikanischen Freihandelsraum, der um Mexiko erweitert worden ist, und in einem weiteren pazifischen Wirtschaftsraum mit einem Teil Südamerikas in einem umspannenden Geflecht von Außenbeziehungen auf der Europa abgewandten Halbkugel der Welt zu einer neuen Schwerpunktbildung konzentrieren sollten. Europa hat also alles Interesse daran:

1. für Nordamerika ein weltoffener und dynamischer Partner in Konkurrenz und Kooperation zu bleiben,

2. sich selber in Asien und im Pazifik zu engagieren, um seinen Anteil an der Weltwirtschaft dort zu vergrößern, wo die größten Massen liegen und die stärksten Warenströme der kommenden Jahrzehnte umgeschlagen werden,

3. die technologisch-industrielle Kooperation und gegenseitige Kapitalinvestition mit amerikanischen und mit asiatischen Partnern zu suchen, um im Wettbewerb die eigenen Fähigkeiten zu steigern und an den Wertzuwächsen wie an den globalen Steuerungen teilzuhaben, die nicht allein von den Kräften der Weltmärkte, sondern auch von nationaler und regionaler Interessenpolitik, im Kern von strategischen Machtfaktoren bestimmt wird.

Diese Notwendigkeiten gebieten die Verbreiterung der transatlantischen Partnerschaft zwischen Europa und Nordamerika über die NATO hinaus. Sie sind zwar eine Aufgabe auch der Bündnispolitik, doch vor allem der Außenwirtschafts- und der Technologiepolitik zwischen der EU und den USA mit Kanada und künftig mehr mit lateinamerikanischen Ländern im großamerikanischen Hemisphären-Wirtschaftsraum. Hier liegt das Risiko eines inneren Widerspruchs: Je mehr diese Partnerschaft ausgebaut wird, desto stärker wird die Tendenz zu Präferenzen im europäisch-amerikanischen Verhältnis, die wiederum unvereinbar wären mit weltweiter Offenheit für eine Entfaltung europäischer wirtschaftlicher und politischer Aktivitäten in der Welt, insbesondere in Asien. Wahrscheinlich wird es aber von amerikanischer Seite dazu nicht kommen, eben weil eine Priorität Europa für die USA nicht länger bestehen kann, wenn es um den amerikanischen Welthandel, die amerikanische Energieversorgung, die amerikanischen Auslandsinvestitionen und um die technologische Innovation in Nordamerika selbst samt einer Modernisierung von Infrastruktur und Produktionsapparat geht. Europa wird dabei mitwirken und auch seine Anteile vergrößern können. Aber die Art von exklusiver Privilegierung hochwertiger Technologie und Industrien wie im Ost-West-Konflikt mit den europäischen NATO-Partnern zur gemeinsamen Ausrüstung, zur Exportkontrolle strategischer Güter und Technologie gegenüber der UdSSR, China, deren Klienten und allgemein den »sozialistischen« Staaten und zur Auslastung der amerikanischen Rüstungsindustrie wie zur technischen Kontrolle der europäischen NATO-Streitkräfte durch die USA wird nicht mehr möglich sein – notwendig ist sie aus militärischen Gründen ohnehin nicht mehr in allen Fällen. Frankreich entzog sich dieser Verklammerung ohnehin.

Damit ist nicht gesagt, daß Europa für die USA und Kanada an Bedeutung verlieren müßte.

Die Bedeutung eines Landes, einer Staatengruppe oder einer Region wird niemals monokausal bestimmt, sondern ist stets vom Zusammenwirken mehrerer Faktoren abhängig, von der die eigene Vitalität, die eigene ökonomische Produktivität und Innovationsdynamik, schließlich die eigene politische Stabilität und die eigene kulturelle Attraktivität, also insgesamt Situation, Potential und Leistung bei offenen Grenzen und freiem Austausch im internationalen Vergleich den Ausschlag geben. Noch immer bestimmen »free trade and free enterprise« letztlich die »performance« der Nationen und Regionen. Dies wird sich auch im Falle Japans zeigen, wenn dort der indirekte Protektionismus durch politische Manipulation der Außenhandelsbeziehungen zum vermeintlichen eigenen Vorteil fortgesetzt wird. Für Europa jedenfalls ist eine weltoffene und auf Konkurrenz ausgerichtete Haltung die Voraussetzung dafür, daß es für die USA auch in Zukunft eine Priorität in der amerikanischen Interessenbestimmung und damit einen gleich hohen Wert als Partner behält wie in dem vergangenen halben Jahrhundert seit Kriegsende.

Es wirkt keine historische Fatalität gegen Europa, und die globale Geopolitik ist nur in der Geographie als ihrer Grundlage festgelegt, nicht aber in einer auskristallisierten Beziehung fester Größen in einem bestimmten Verhältnis. Im Gegenteil, die Korrelation der Kräfte ist global wie regional veränderlich und jede Machtbalance der Dynamik unterworfen. Darum ist es auch eine Illusion, etwa in Europa eine »Sicherheitsarchitektur«, von der der Nordatlantikrat regelmäßig in seinen Kommuniqués spricht, aufbauen zu wollen: Architektur ist vor allem Statik und »Sicherheitsstrukturen« müssen wie Bündnisse und politisch-ökonomische oder soziale Strukturen flexibel sein, um unter Veränderungsdruck nützlich zu bleiben, d.h. Anpassung durch regulierte Veränderung für die Bewahrung des Wesentlichen zu sichern. Darin liegt der Sinn strategischer Flexibilität in der Geschichte. Die NATO hat seit 1991 versucht, ihren politischen Erfolg im »Kalten Krieg« durch eine Mutation zu einem mehr politischen Bündnis und durch eine neue Sicherheitsaufgabe über die »Kernfunktion« der militärischen Verteidigung und der nuklearen Abschreckung von Angriffsdrohungen hinaus zu konsolidieren: Von der »kollektiven Verteidigung« zur »kollektiven Sicherheit« gleichzeitig aber durch Erweiterung der Allianz auf das »östliche Mitteleuropa« für den direkten Schutz Polens und anderer Staaten. Dem Allianzwandel bei Bewahrung des Wesentlichen – der gemeinsamen Verteidigung – kann sehr wohl ein Wandel der transatlantischen Beziehungen zu der schon 1973 von Henry Kissinger als damaligem Außenminister der USA geforderten breiter angelegten »atlantischen Partnerschaft« folgen.

Kissinger proklamierte damals vor dem Nahostkrieg »das Jahr Europas« – eine Formel, die damals durchaus einen Sinn hatte, weil der Beitritt Großbritanniens in die EG beschlossene Sache war und die KSZE-Politik begann.

Europa hat also die Voraussetzungen und die Kräfte, um bei aller Konkurrenz als Präferenzpartner der USA in einer für beide noch immer zentralen Beziehung der politischen Solidarität und Kooperation mit komplementären Interessen zu bestehen.

2. Die Aufgabenteilung der europäischen Politik

Die parallelen Initiativen von NATO und EU für Erweiterung nach Osten haben mehrere Gründe, von denen einige eher zufällig als zwingend sind, andere aber der neuen geopolitischen Grundstruktur Europas nach der Vereinigung Deutschlands und dem Fall des Sowjetimperiums entsprechen. Daraus leiten sich auch die Optionen der Sicherheitspolitik und einer Strategie zur Stabilisierung des Zwischenraumes zwischen Deutschland und Rußland ab. Schon am 28. November 1989 nach dem Fall der Berliner Mauer stellte Bundeskanzler Kohl in seiner 10-Punkte-Erklärung vor dem Bundestag einen Prozeß der Konföderierung der beiden deutschen Staaten mit dem erklärten Ziel einer »Föderation« in einen weiteren europäischen Rahmen, in dem die EG sich »den reformorientierten Staaten

Mittel-, Ost- und Südosteuropas« öffnen müsse«, um »über den Status quo, über die bisherigen politischen Strukturen in Europa hinaus« die Teilung Europas zu überwinden. Er hat seither dieses Ziel unverändert verfolgt und damit auch den weiteren Rahmen des »KSZE-Prozesses«, den er damals »das Herzstück« einer »gesamteuropäischen Architektur« genannt hatte, politisch relativiert: Denn wenn die westeuropäische Integration über das vereinigte Deutschland hinaus auf eine beliebige Zahl von Ländern in »Mittel-, Ost- und Südosteuropa« ausgedehnt würde, dann bliebe für den »gesamteuropäischen« Rahmen der OSZE von Schritt zu Schritt immer weniger Raum, die Multilateralität als Organisationsprinzip der europäischen Staatenordnung würde von der politischen Integration der EU von Westen nach Osten in Richtung auf Rußland verdrängt. So wurde das Programm Kohl's damals auch verstanden und so erscheint die EU-Ausweitung mit einer Ausweitung der militärpolitischen WEU ähnlich wie die in Aussicht genommene NATO-Ausweitung seither in Moskau. Nur bestand Ende 1990 noch die Sowjetunion mit einer Armee im östlichen Mitteleuropa und Truppen in der DDR samt dem Warschauer Pakt (obwohl dieser in Prag für die Tschechoslowakei und in Budapest schon in Frage gestellt war, während er in Warschau noch nicht offiziell in Frage gestellt wurde), so daß einer Expansion der EU wie der NATO im Osten Europas von der sowjetrussischen Macht noch Grenzen gesetzt waren. Seit 1992 bestehen diese nicht mehr und nachdem das regionale »Visegrad-Experiment« der drei damaligen ostmitteleuropäischen Staaten gescheitert ist, haben die EU-Expansion und die NATO-Expansion freie Bahn, jedenfalls bis zur Linie der einstigen Westgrenzen der Sowjetunion. Damit ist beiden das Problem der Abgrenzung gestellt.

Der Vorsatz, daß keine neue Teilungslinie durch Europa gezogen werden solle und dürfe, kann nur zum Ziel führen, wenn entweder Rußland als Kooperationspartner der EU assoziiert und außerdem ein privilegierter Sicherheitspartner der NATO würde oder wenn eine andere Verständigung mit Rußland über eine europäische Sicherheitsordnung zustandekäme, z.B. über eine organisierte Kooperation zwischen der »Rußländischen Föderation« mit der GUS als einer Wirtschafts- und Verteidigungsgemeinschaft unter russischer Führung und der EU, umgeben vom gesamteuropäischen Sicherheitsmantel der OSZE. Die westlichen Angebote an Moskau seit 1993 in dieser Frage schwanken und widersprechen einander zum Teil. Eine schlüssige westliche Politik bleibt zu definieren, vor allem was die zunächst von Präsident Clinton als »Allianz« mit Rußland angebotene »strategische Partnerschaft«, die Jelzin seit 1993 reklamiert, die dann aber 1994 vom Nordatlantikrat wieder zurückgenommen und erst Anfang 1995 wieder angeboten wurde, angeht, wobei deren Sinn und Zweck bisher nicht eindeutig ist. Dabei stellt sich das Problem des amerikanischen Engagements in und für Europa: welches Europa und zu welchem Zweck in welchen Grenzen? Mit Rußland oder ohne Rußland? Wieweit kann und soll eine amerikanische Sicherheitsgarantie für eine erweiterte EU und für eine erweiterte NATO reichen? Haben die USA die Kraft und den Willen, die europäische Sicherheit aktiv und mit dem Einsatz ihrer militärischen Macht einschließlich der Nuklearwaffen im Notfall zu gestalten oder wenigstens eine strategische Deckung zu bieten? Könnte eine Erweiterung der EU nach Osten z.B. auch die Ukraine und die drei Baltischen Staaten einschließen, ohne daß dieser künftige Teil der Union nur von der WEU, nicht aber von den USA und damit von der NATO gedeckt würde? Wie aber soll Stabilität, was immer man darunter konkret verstehen mag, in den Osten projiziert werden, wenn die am meisten gegenüber Rußland exponierten und im Innern am wenigstens konsolidierten Länder wie die Baltischen Staaten, Belarus und die Ukraine außerhalb dieses »Stabilitätsbereiches« blieben? Welchen Sinn hätte dann der »Stabilitätstransfer« der EU und der NATO nach Osten auf Länder, deren Identität und innere Ordnung nicht in Zweifel stehen und die unmittelbar von Rußland nicht mehr bedroht werden könnten als das bisherige NATO-Gebiet, und z.B. weniger als etwa Norwegen im Hohen Norden und in der erweiterten EU Finnland und Schweden? Eine schlüssige Antwort könnte nur in der freiwilligen Selbstbegrenzung von EU und NATO liegen: Integrative Expansion nur im östlichen Mitteleuropa durch Aufnahme Polens, Tschechiens, Ungarns und vielleicht noch der Slowakei und später Sloweniens und Kroatiens, wenn die Balkansituation dies zuließe, jenseits der damit gezogenen Linie kooperative Sicherheit mit Rußland, der Ukraine und der Türkei, Ausbau der Schwarzmeer-Kooperation außerhalb der EU, dazu ein europäischer Sicherheitsvertrag zwischen der EU, den USA und der NATO insgesamt im Westen, den übrigen europäischen Staaten inklusive Rußlands im Osten. Moskau wird sich dafür nur interessieren, wenn die »Rußländische Föderation« als Ganzes und als Großmacht behandelt wird, wie Jelzin und Kosyrew dies seit 1992 offiziell fordern und worauf die russische Staatsduma besteht. Dies bedeutet eine privilegierte Beziehung, wie sie der Nordatlantikrat 1993-94 ablehnte und außerdem auch die Anerkennung einer russischen Interessensphäre in der GUS ohne das Baltikum, aber mit Belarus, der Ukraine und dem gesamten Kaukasusgebiet. Darum handelt es sich in Wahrheit, wenn »gesamteuropäische Sicherheitsarchitektur«, die Rußland »nicht ausgrenzen« müßte, aufgebaut werden soll. Aber dies bedeutete eben die Begrenzung der integrativen Expansion nach realpolitischen, nicht nach prinzipiellen Kriterien. Demokratie und Marktwirtschaft als politische Kriterien sind unabhängig von Geographie und also von geopolitisch-strategischen Realitäten. Solange die EU sich nach diesen ideellen Kriterien prinzipiell ausdehnen will, wie es die Römischen Verträge und die europäische Rhetorik vorsehen, solange müßte Westeuropa ein demokratisches rechtsstaatliches und marktwirtschaftliches Rußland als künftigen Partner aufnehmen und damit das innere Gleichgewicht in der Union zusammen mit der Identität Westeuropas aufgeben und einen inneren Konflikt um die Machtverteilung hinnehmen.

Es ist ganz ausgeschlossen, daß die EU, mit welcher politischen Struktur auch immer, Rußland in sich aufnehmen könnte, denn die physische Masse Rußlands und dessen eurasische Dimension sprengen alle Maßstäbe der kleinen europäischen Staatenwelt, von den kulturellen und politischen Traditionen Rußlands, die seit dem Ende des Sowjetstaates noch deutlicher in Erscheinung treten denn je zuvor seit 1917, deutlicher sogar als unter Stalins großrussischer imperialer Diktatur, ganz abgesehen. Die EU würde mit ihrer inneren Balance und ihrer Identität auch ihre Existenz, ja ihre »raison d'etre«, ihren Daseinszweck zum Wohle ihrer Mitgliedsnationen einbüßen.

Die Konsequenz »gesamteuropäischer« Betrachtungsweise, die Rußland einbezieht, setzt zwar der integrativen Expansion der EU erst am Pazifik und in Zentralasien jenseits des Kaukasus am chinesischen Singkiang eine Grenze. Doch in der Realität der eurasischen Geopolitik und der amerikanisch-atlantischen Sicherheitsdimension liegt eine Grenze in der Begrenzung der strategischen Reichweite: Raum muß von innen organisiert und nach außen abgeschirmt, mit ökonomischer Substanz gefüllt und politisch kontrolliert werden, damit er auch geordnet und genutzt werden kann. Dies war und ist das Problem aller großen Imperien der Geschichte; es war das Problem des russischen Reiches und der Sowjetunion. Es gibt keine »Sicherheit und Stabilität von Vancouver bis Wladiwostok« über den Nordatlantik und den eurasischen Kontinent. NATO und EU werden diese Leistung nicht erbringen, denn es fehlt ihnen an den Mitteln und es fehlt an einem zwingenden, historisch bestandskräftigen Grund: Warum?

Die Überdehnung der EU und der NATO ist das größte Stabilitäts- und Sicherheitsrisiko für Europa in der neuen Epoche, die gerade erst begonnen hat. Die OSZE-Politik kann dieses Risiko nicht als korrektives Moment begrenzen, denn ihr Wirkungsraum und ihre Mittel werden von der integrativen Expansion der westlichen Bündnisformation eingeengt und aufgesogen bis zur Auszehrung. Die guten Absichten des Westens halten diesen faktischen Prozeß nicht auf, solange keine Grenzen gesetzt werden. Abgrenzung aber ist auch die erste Voraussetzung für Statik und damit für Architektur. Europa kann nicht überall sein, in Nowosibirsk und Wladiwostok, in Almati und Chita, in Dushanbe, Taschkent und Samarkand, in Semipalatinsk und in Yakutzk. Dasselbe gilt für die atlantische Allianz, denn was soll Amerika alles abdecken ? Hier gilt der Satz Friedrich des Großen: »Wer alles defendieren will, der defendieret nichts«. So werden die Amerikaner das Problem schließlich auch sehen und danach ihr Verhältnis zu dem integrierenden und expandierenden Westeuropa der EU nach ihren nationalen Interessen im Sinne einer Ökonomie der Mittel und einer amerikanischen Globalpolitik bestimmen. Auch dabei wird die Maxime der »sufficiency«, des ausreichenden Maßes für den internationalen Aufwand der USA wieder die amerikanische Außenpolitik lenken, zumal die inneren Probleme mehr Mittel verlangen als bisher: Die Heimatfront reklamiert den Weltmacht-Oberkommandierenden im Weißen Haus. Europa wird also in Zukunft weniger denn je mit ausgeliehener Macht rechnen und sich bei seiner eigenen Ausweitung weniger als heute noch auf »extended security«, auf »erweiterte« Sicherheit durch die amerikanische Schutzmacht verlassen können. Die Logik der Geographie und der Geschichte werden sich durchsetzen: Westen muß Westen bleiben und kann sich nicht mit dem Osten zu einem einzigen Ganzen vereinen – die europäische Politik muß zur klassischen Logik des Denkens und in Konsequenz zu ihrem Ursprung zurückfinden, wenn sie die amerikanische Deckung bewahren will. In Paris und London weiß man dies aus alter imperialer Erfahrung mit fremden Großräumen und fremden Kulturen.

Aber wie auch immer man den eingeleiteten Prozeß der Ost-Erweiterung beurteilen mag, er stellt unausweichlich die Aufgabe einer Harmonisierung der europäischen und der amerikanischen Politik. Diese Aufgabe ist der NATO als Bündnis gestellt, weil die Allianz Initiativen ergriff, die das Problem der Ost-Erweiterung in das Zentrum ihrer eigenen wie der russischen Europapolitik rückten und somit die Frage nach den weiteren Beziehungen zwischen ihr und Rußland unter die Dynamik eines »Ausgreifens nach Osten« (US-Außenminister Christopher im Nordatlantikrat im Dezember 1993), in der russischen Perzeption eines »Heranrückens des westlichen Militärbündnisses an die Grenzen Rußlands« zwangen.

Die Allianz muß diese Aufgabe bewältigen, wobei sie auf verschiedene Weise operieren, aber jedenfalls nicht mehr zurückweichen kann. Die EU sieht sich einer ähnlichen, wenngleich psychologisch und politisch weniger schwierigen Aufgabe gegenüber, seit sie in Kopenhagen im Juni 1993 den ersten Schritt in Richtung Osten tat: Ihre Begrenzung bietet sich in Wirklichkeit an. Die Zulassung der osteuropäischen Staaten im weitesten Sinne, denen in Essen 1994 eine Aussicht auf Beitritt zur EU geboten wurde, würde die EU westlich der ehemaligen Grenzen der Sowjetunion belassen. Wiederum aber drängt sich das baltische Problem als kritische Größe in den Mittelpunkt: Estland ist für den EU-Beitritt wirtschaftlich wohl reifer als jedes andere Land im Osten außer Tschechien und insgesamt gehört das Baltikum historisch und kulturell wenigstens so sehr zum Westen und zum westlich geprägten Nordeuropa wie zum russischen Raum. Würde Amerika das Baltikum als Teil von EU und WEU militärisch decken und sicherheitspolitisch abschirmen?

Diese Frage läßt sich nicht einfach beantworten, denn schon die Frage in bezug auf Polen ist bisher nicht ausreichend klar und verbindlich beantwortet, obwohl es scheint, als wollten die USA sich für Polen engagieren. Abgesehen davon besteht die EU seit Jahresbeginn schon aus dem »atlantischen« Altteil in Westeuropa mit dem ganzen Deutschland in der NATO (Irland ist strategisch eingeschlossen) und den beiden Annexen außerhalb der Allianz: Schweden und Finnland im Norden mit einer EU-Außengrenze über knapp 1300 km zu Rußland am Rande der Petersburger Großregion mit einer größeren Bevölkerung und Wirtschaft als der Nordostteil der EU, und Österreich in Mitteleuropa mit Grenzen zum unruhigen Südosteuropa. Wie lange könnte die EU ohne eigene Verteidigung eine solche Teilung im Krisenfall aushalten und was bedeutet sie auf Dauer für die »Gemeinsame Außen- und Sicherheitspolitik« des Maastrichter Vertrages. Wenn Österreich mit erklärter Neutralität sich verbindet mit dem Rest Mitteleuropas, wird ohnehin eine Bereinigung der bündnispolitischen Lage früher oder später notwendig. Würden Polen, Tschechien, Ungarn und die Slowakei NATO-Mitglieder, so wäre der Sonderfall Österreich außerhalb der NATO nur ein Kuriosum, ein formales und provisorisches dazu, einer Lage des Baltikums als Teil der EU außerhalb der NATO nicht vergleichbar.

Für die transatlantischen Beziehungen wird es aber in der weiteren europäischen Perspektive zu einer zentralen Frage, ob es bei einer unverbundenen Parallelität im Vorgehen zwischen EU und NATO bleiben oder im Gegenteil zu einem Junktim und damit zu einer Konvergenz der beiden Erweiterungen kommen soll. Diese Frage ist über die taktischen Aspekte des Zeitgewinns hinaus strategischer Natur: Im ersten Fall bleibt eine politische Differenzierung möglich – die Länder Ostmitteleuropas und Südosteuropas, die einen Anschluß auf die eine oder andere Weise erstreben, können für ihre Annäherung zwischen EU und NATO differenzieren, d.h. zeitliche Prioritäten setzen und auch Zwischenlösungen für eine mehr oder weniger lange Übergangszeit akzeptieren. Rußland kann differenzieren und sich Zeit nehmen für die Entwicklung seiner Beziehungen zu EU und NATO. Die USA können differenzieren, indem sie eher auf die NATO-Erweiterung oder auf eine EU-Erweiterung, mehr auf die NATO oder mehr auf die WEU auf dem NATO-Vorfeld setzen. Die EU kann sich je nachdem mehr oder weniger Zeit lassen.

Doch der springende Punkt liegt in der Frage, ob NATO und EU mit der WEU als eine geschlossene politische Formation des Westens auftreten. Die Alternative Parallelität oder Konvergenz wird die Antwort geben. Die Außenminister der NATO, von denen die meisten europäischen auch die Außenminister der EU sind, erklärten am 01. Dezember 1994 in Brüssel zu dieser Frage: »Die Erweiterung der NATO wird die Erweiterung der Europäischen Union ergänzen, ein gleichlaufender Prozeß, der auch seinerseits wesentlich dazu beiträgt, Sicherheit und Stabilität auf die neuen Demokratien im Osten auszudehnen« (Punkt 5. im NATO-Kommuniqué vom 01.12.1994). Die NATO-Erweiterung selber wird als »Fortsetzung des Anpassungsprozesses der Allianz« seit 1990 »zum Aufbau politischer, militärischer und wirtschaftlicher Stabilität für alle europäischen Länder« bezeichnet, die Erweiterung von EU und NATO als »Teil der Entwicklung einer breitangelegten europäischen Sicherheitsarchitektur« dargestellt.

Ob die Erweiterung »die Effizienz der Allianz stärken, zu Stabilität und Sicherheit des gesamten euro-atlantischen Gebiets beitragen« und dem »Ziel der Wahrung eines ungeteilten Europa« dienen wird, wie der Nordatlantikrat im Dezember 1994 postulierte, wird vor allem davon abhängen, ob das amerikanische Engagement mit der nuklearen Sicherheitsgarantie auf der Basis des Artikels 5 des Allianzvertrages von Washington hielte, wenn die NATO und die EU nach Osten erweitert würden. Von aktiver Beteiligung der USA wird auch abhängen, ob es zu der angestrebten »kooperativen europäischen Sicherheitsstruktur« mit einer »aktiven Beteiligung Rußlands« kommen kann. Es besteht wenig Zweifel daran, daß die USA nicht allein auf der Grundlage der KSZE, die im Dezember 1994 in Budapest in eine »Organisation« umgewandelt worden ist, für eine unbefristete Zeit in Europa engagiert werden könnten. Die Vorbehalte in Washington gegen die KSZE und gegen eine gesamteuropäische regionale Sicherheitsorganisation unter der Ägide der UNO sind bekannt. Es war der Widerstand der USA gegen die russische Forderung, ein ständiges Exekutivorgan der KSZE einzusetzen, der in diesem Punkte in Budapest die Konferenz auf der Stelle treten ließ. Die Sorge, die NATO könne im Sinne der russischen Politik abgewertet und im OSZE-Rahmen gelähmt werden, ist nicht unbegründet, denn dies entspräche der Moskauer Absicht.

Für Nordamerika ist der Bündnisrahmen der einzige Halt in Europa. Aber gerade die über das Bündnis hinausführende internationale Entwicklung und eine Bündniserweiterung sind Gründe für die Verbreiterung der atlantischen Partnerschaft. Eine Abänderung des Washingtoner Vertrages von 1950 ist dafür weder notwendig noch politisch opportun – je weniger am Atlantikpakt geändert wird, desto besser für die Bewahrung der Bindung der USA. Dies gilt im übrigen auch für eine Aufnahme neuer Mitglieder, wie der Vertrag sie im Prinzip vorsieht und wie dies in der Vergangenheit auch viermal geschah, zuletzt im Falle Spaniens. Der Senat der USA müßte jeder Vertragsänderung mit zwei Dritteln seiner Mitglieder zustimmen, damit sie für die USA bindend werden könnte. Aber eine erneuerte und tiefer fundierte transatlantische Partnerschaft setzt Interessenausgleich auf möglichst breiter Basis für gemeinsame Aktionen und zum gegenseitigen Vorteil voraus. Partnerschaft ist immer auch Interessenpolitik, und Solidarität zwischen Nationen muß politisch relevant sein, wenn sie wirksam sein soll.

Rolle und Aufgabe der Streitkräfte in einer sich wandelnden Welt

Klaus Naumann

1. Die Lage
2. Folgerungen für eine europäische Sicherheitsordnung
3. Auswirkungen der veränderten sicherheitspolitischen Rahmenbedingungen auf die Rolle der Streitkräfte
4. Folgerungen für die Weiterentwicklung der Bundeswehr
5. Forderungen an unsere Gesellschaft

Gerne folge ich der Aufforderung einen Beitrag für eine Publikation zu leisten, die dem Abschied des ersten Präsidenten der Bundesakademie für Sicherheitspolitik, Admiral a.D. Wellershoff, gewidmet ist. Seinem Wirken ist es zu danken, daß die Akademie heute, etwas weniger als vier Jahre nach Gründung in der strategic community im In- und Ausland einen festen Platz und einen guten Namen hat.
Admiral a.D. Wellershoff ist es stets ein Anliegen, Rolle und Aufgaben von Streitkräften als eine Funktion des Eintretens für Etwas und nicht des gegen Etwas begreiflich zu machen. Aus diesem Grunde habe ich meinen Beitrag der Rolle und den Aufgaben von Streitkräften im veränderten militärischen Umfeld gewidmet.

1. Die Lage

Das Kennzeichen der Situation, in der wir stehen, ist der Übergang von der bipolaren Weltordnung zu einer multipolaren Weltordnung. Es ist eine Übergangsphase von relativ langer Dauer mit gegenwärtig ungewissem Ausgang. Es handelt sich um eine Situation, in der es gilt, die Chancen zu nutzen, eine bessere Zukunft zu gestalten, aber eben auch auf Risiken und unerwartete Entwicklungen vorbereitet zu bleiben. Bevor ich auf diese Risiken eingehe, möchte ich unter den neuen Rahmenbedingungen die aufzeigen, die ich für Änderungen dauerhafter Art halte.

Was sich als **erste dauerhafte Änderung** abzuzeichnen beginnt, ist,

- daß die klassische Aufgabe von Streitkräften, nämlich den territorialen Schutz von Staaten wahrzunehmen, angesichts der Multidirektionalität der Risiken, zugunsten einer Vielfalt von Aufgaben weicht,
- daß man über den territorialen Ansatz hinaus zumindest einen regionalen Ansatz für die Rolle von Streitkräften finden muß, und
- daß das Kennzeichnen für den Einsatz von Streitkräften in der Zukunft wohl eher ein Handeln in Koalitionen sein wird, denn ein Handeln in Einzelstaaten. Das gilt für alle Staaten, auch für die Vereinigten Staaten von Amerika. Für uns Deutsche kommt die klare politische Zielsetzung hinzu, daß wir kein Handeln im Alleingang wollen.

Als **zweite dauerhafte Änderung** sehe ich, daß ein Teil der »Neuen Risiken«, nicht zuletzt durch die Vernetzung unserer Welt in wirklich weltweiter Kommunikation, globalen Charakter annimmt und wir deshalb auf eine interdependente Welt zusteuern, bei der die Regionalität, durch die Globalität eines Teiles der Risiken, aber eben auch durch die von Kommunikation bewirkte Interdependenz aufgehoben wird.

Dennoch bleibt es dabei, daß es für Nationen und deren Handeln wohl immer einen Vorrang eigener nationaler Interessen geben wird. Daraus ist abzuleiten, daß ein Vorrang der eigenen Region eine logische Konsequenz für die Politik der Staaten ist. Diesen Faktor ausgewogen neben das Interesse zu stellen, durch erwiesene Solidarität den Zusammenhalt von Bündnissen zu wahren, ist eine der Herausforderungen für die Politik in unserer Welt im Umbruch.

Ein **drittes Kennzeichen** ist die Änderung der bisher gültigen Richtlinie, daß Streitkräfte nur reaktiv einzusetzen sind. Gerade für die NATO als ein defensives Bündnis war das eine Maxime, letztlich allerdings auch Folge der nuklearen Fesselung in der bipolaren Welt des Kalten Krieges. Diese Konsequenz besteht nicht mehr, denn es wird zunehmend nötig werden zu agieren, gerade wenn man das Ziel der Konfliktverhinderung erreichen will.

Das bedeutet aber auch, daß man nun vorbeugendes Krisenmanagement ausformen muß. Selbstverständlich ist, daß der Einsatz der Streitkräfte die ultima ratio der Politik bleibt, aber man muß durchaus Möglichkeiten präventiven Handelns ins Auge fassen. Damit meine ich nicht etwa Präventiv-Schläge, sondern z.B. vorbeugende Stationierung von Friedenstruppen in Krisengebieten, wie es im Fall Mazedonien bislang erfolgreich praktiziert wird.

Ich meine aber auch als **vierte Folgerung** sagen zu können, daß die Monofunktion bisheriger Streitkräfte, nämlich Schutz von Territorium, der Multifunktionalität moderner Streitkräfte weicht, die auf eine Vielfalt von Aufgaben gleichzeitig vorbereitet sein müssen.

Ich halte das im übrigen für eine Folge des oft apostrophierten breiten Ansatzes der Sicherheitspolitik, der allerdings in der Wirklichkeit der Politik, z.B. im praktischen Handeln der Bündnisse, bisher noch wenig Ausdruck gefunden hat.

Schließlich kommt für uns Deutsche als **fünfter Faktor** die deutliche Veränderung unserer sicherheitspolitischen Lage hinzu.

Deutschland ist nicht mehr Kampfzone, sondern ist geostrategisch gesehen Verbindungszone geworden. Deutschland ist nicht mehr Frontstaat und ist damit nicht mehr in der unabänderlichen Zwangslage seine Verteidigung grenznah und künftig möglicherweise auch nicht mehr zwingend auf eigenem Territorium durchführen zu müssen. Das führt zu einer völligen Veränderung der operativen Konzepte, deren konkrete Ausarbeitung zum Teil eine noch zu lösende Aufgabe ist, denn auch hier sind wir über die Ebene der Strategie mit dem Begriff der Gegenkonzentration noch nicht wesentlich hinausgekommen.

Und schließlich nenne ich als **weitere Änderung**: Deutschland liegt nicht mehr in der Projektionsreichweite einer zur Landnahme befähigten Macht, was das Kennzeichen der Vergangenheit war. Daraus ergibt sich die Folgerung, daß die Warn- und Vorbereitungszeiten für deutsche Streitkräfte erheblich länger geworden sind.

Das sind einige vermutlich bleibende Kennzeichen einer für Deutschland deutlich verbesserten Lage.

Der breite Ansatz der Sicherheitspolitik ist aber auch aufgrund der **Neuen Risiken**, die auf uns zukommen, notwendig. Neben die klassischen, militärischen Risiken treten Risiken für unsere Gesellschaft und unsere Sicherheit, auf die Soldaten mit militärischen Mitteln keine Antwort geben können. Ich nenne hier nur als Stichworte: Das überregional organisierte Verbrechen, Geldwäsche, Staatsterrorismus oder die politische Nutzung von Migration. Für diese »Neuen Risiken« gibt es keine militärische Lösung. Sie müssen aber insgesamt in das Spektrum der Konfliktverhinderung aufgenommen werden, denn es gilt die Ursachen der Konflikte politisch zu beseitigen, nur dann kann man Konflikte verhindern.

Aber es gibt unverändert ein erhebliches Maß von **Risiken mit militärischen Implikationen**. Hier nenne ich an erster Stelle die Risiken, die aus Rußland auf uns einwirken können.

Die Entwicklung in Rußland ist wohl in keiner Weise irreversibel, aber die Entwicklung zur Demokratie in Rußland ist noch lange nicht abgeschlossen.

Die Situation in Rußland, ist dadurch gekennzeichnet, daß durchgreifende demokratische Kontrolle in nahezu allen Feldern der Politik fehlt, die Kontrolle über das riesige Land durch eine Zentralgewalt mehr als fraglich erscheint, die wirtschaftliche Lage Rußlands mit dem Wort »besorgniserregend« noch euphemistisch umschrieben ist und Rußland sich möglicherweise nicht hinentwickelt zu einer Präsidialdemokratie, wie der eine oder andere Beobachter schreibt, sondern eventuell zu einer Präsidialautokratie.

Das geschieht in einem Land, das ein beachtliches Streitkräftepotential besitzt und behalten will. Auch im Jahr 2003, wenn dann der START-II-Vertrag tatsächlich implementiert sein sollte, wird Rußland noch über mehr als 3.000 Nuklear-Sprengkörper globaler Reichweite verfügen, vorausgesetzt, es gelingt bis dahin die etwa 30.000 anderen Nuklearwaffen tatsächlich zu vernichten, was angesichts der technischen Fähigkeiten und der finanziellen Leistungskraft durchaus nicht gesichert erscheint. Von den rund 40.000 Tonnen chemischer Kampfstoffe, deren Besitz Rußland zugegeben hat, und von den biologischen Waffen soll in diesem Zusammenhang nicht weiter die Rede sein.

Weil aber diese globale Kapazität Rußlands verbleibt, ist schon hier eine erste Folgerung erlaubt: Das Bündnis mit den Vereinigten Staaten ist für Deutschland, ja für Europa, unverzichtbar. Dies muß eine Maxime deutscher Sicherheitspolitik bleiben.

Aber auch das konventionelle Potential gilt es zu beachten. Die Streitkräfte werden eine Stärke haben, die deutlich über einer Million Soldaten liegt. Das gegenwärtige Streitkräfteziel des russischen Verteidigungsministers liegt bei 1,9 Millionen Mann, es ist aber anzunehmen, daß eine Verringerung auf etwa 1,5 Millionen erfolgen wird.

Sicher ist auch, daß diese Streitkräfte weiterhin modern ausgestattet werden, wenngleich langsamer als bislang der Fall. Sicher ist allerdings auch, daß der Schwerpunkt der russischen strategischen Planung nicht der Westen ist, sondern eher der Osten und der Süden des russischen Staatsgebietes.

Man sollte sich allerdings auch nicht durch Augenblickseindrücke, wie die sicherlich unzureichende taktische Leistung in Tschetschenien, zu einem Gesamturteil über die Streitkräfte hinreißen lassen. Was wir dort beobachtet haben, war durchaus eine nicht unbeachtliche Fähigkeit Streitkräfte zu projizieren, d.h. Streitkräfte über das russische Gebiet hinweg rasch zu verlegen.

Wir haben auch mit gewissem Respekt die Führungsfähigkeit des russischen Generalstabs beobachtet und wir stellen fest, daß Rußland unverändert in der Lage ist, eine beachtliche Logistik auf die Beine zu stellen. Daß die taktische Leistung weniger imponierend war, ist die andere Seite dieses Bildes.

Ich komme zu dem Gesamtergebnis: Rußland ist nicht mehr in der Lage, gegenüber Europa eine Projektion in der ganzen Breite des europäischen Raumes durchzuführen, aber es ist mit dem entsprechenden politischen Willen durchaus möglich, in Europa Streitkräfte auch zu Offensiv-Operationen in einer Richtung, Nord, West oder Süd, anzusetzen, wenngleich sich zumindest im Fall West, d.h. für Mitteleuropa, die geographische Situation verändert hat, weil die Kräfte rund 1.500 km weiter ostwärts anzutreten hätten.

Aus all diesen Gründen halte ich gegenüber diesem Land in all seiner Unsicherheit unverändert eine Balance der militärstrategischen wie politischen Optionen für die Voraussetzung einer Politik der Kooperation, die wir aufrichtig wollen. Deswegen sollte sich der Westen auch durch die geschickte Nutzung der Position der Schwäche, die gegenwärtig durch verbale Drohgebärden der Herren Gratschow, Lebed und Kosyrew vorgeführt wird, in seinen strategischen Zielen nicht beirren lassen, parallel dazu aber echte Partnerschaft mit Rußland suchen.

Das strategische Ziel kann letztlich nur sein, – und damit komme ich zu dem **zweiten Bereich, den ich als risikobehaftet sehe** –, den entstehenden Demokratien Mittelost- und Südosteuropas Versicherung durch Projektion von Stabilität zu geben. Diese Staaten möchten in die wirtschaftlich und demokratisch stabile Zone der Europäischen Union. Wenn dies unser Ziel und das dieser Staaten ist, dann kann es natürlich auf Dauer keine Trennung der Politik geben, indem Wirtschafts- und vielleicht Finanz- und Sozialpolitik im Raum der Europäischen Union harmonisiert, aber der Bereich der Sicherheitspolitik ausgeklammert wird.

Von daher gesehen ist das Ziel einer Kongruenz der Mitgliedschaften richtig und logisch, wenngleich man über dem Schlagwort nicht vergessen darf, daß es eine lange Zeit des Übergangs geben wird, bis die Kongruenz der Mitgliedschaften erreicht ist.

Es wird im Europa des Übergangs voraussichtlich ein erhebliches Maß variabler Strukturen mit unterschiedlichen Mitgliedschaften geben. So dürfte es beispielsweise leichter sein, die Erweiterung der NATO um Polen durchzuführen als die Erweiterung der Europäischen Union um Polen zu erreichen. Andererseits dürfte es sehr viel schwerer sein, Finnland und Schweden in einen Sicherheitsverbund mit kollektiver Beistandsverpflichtung einzubringen als beispielsweise relativ weit entwickelte mittelosteuropäische Staaten. Es wird aber unvermeidbar sein dieses Thema – Projektion von Stabilität zur Verhinderung von Risiken, die in der unruhig gewordenen Welt Mittel- und Osteuropas bestehen – vertieft zu behandeln und es ist nicht auszuschließen, daß Erweiterung und Vertiefung nebeneinander erfolgen.

Vorrangig aber muß in Europa der gegenwärtig schwelende Konflikt im früheren Jugoslawien, der auch den Zusammenhalt unserer Atlantischen Allianz so tief berührt, einer politischen Lösung zugeführt werden. Gelingt uns das nicht, dann fürchte ich, werden wir nicht nur mit Gefahren konfrontiert werden, wie möglicherweise neue Flüchtlingswellen, die auf Europa zuströmen, wenn der Konflikt in Bosnien-Herzegowina und eventuell darüber hinaus ausgekämpft wird, sondern es könnten sogar Artikel V-Situationen für das NATO-Bündnis entstehen.

Für eine Lösung im früheren Jugoslawien jedoch gibt es gegenwärtig weder klar formulierte politische Ziele, noch den Willen der Konfliktparteien miteinander zu einer friedlichen Lösung zu kommen. In Jugoslawien steht aber auf dem Spiel, was 1990 als ein großes Ergebnis europäischer und deutscher Politik gefeiert wurde: Die Erklärung des KSZE-Gipfels von Paris, wonach sich alle verpflichtet haben, daß Grenzen in Europa nicht gewaltsam verändert werden dürfen. In Jugoslawien findet aber genau dies statt. Europa bleibt daher aufgefordert dafür zu sorgen, daß das Recht des Stärkeren nicht über die Stärke des Rechts obsiegt.

Ein **drittes militärisch relevantes Risikofeld** ist der Krisenbereich, der sich von Marokko bis an den Arabischen Golf erstreckt und der meiner Ansicht nach im Moment gerade akzentuiert wird, nicht so sehr durch Algerien, das in einer latenten Krise steckt, sondern vielmehr durch das Krisendreieck zwischen dem nach wie vor unruhigen Nahen Osten, der Türkei und dem Iran. Auch hier ist es geboten, durch vorbeugendes politisches Handeln zu verhindern, daß Krisen entstehen oder sich verschärfen. Aus diesem Bereich kann zwar keine unmittelbare und direkte militärische Bedrohung unseres Landes und der Europäischen Union als Ganzes entstehen, Gefahren könnten aber entstehen in Verbindung mit Proliferation moderner Waffen, insbesondere der Raketentechnologie, und Möglichkeiten, alle Instrumente, einschließlich des Staatsterrorismus, zu nutzen. Aus diesem Grunde ist Verhinderung der Proliferation oder notfalls Counterproliferation, sicherlich eine Aufgabe der sich die Staatengemeinschaft und die Bündnisse stellen müssen.

2. Folgerungen für eine europäische Sicherheitsordnung

Mit dem Blick auf diese Risikobereiche wird deutlich, daß es nach wie vor notwendig ist, Streitkräfte zur Abwehr von Gefahren bereitzuhalten. Staaten, die sich nicht schützen können, werden zum Spielball fremder Interessen.

Streitkräfte erzeugen jene abhaltende Wirkung, die in Frankreich »Dissuasion« genannt wird, ein, wie ich glaube, besseres Wort als »Deterrence« um das Wesen der Konfliktverhinderung und Friedenserhaltung zu beschreiben.

Aber der Blick auf die Europäische Union allein wäre noch zu kurz gesteckt. Wir müssen auch den Blick weiten und die Entwicklungen im asiatischen Raum im Auge behalten, nicht zuletzt auch wegen unseres Bündnispartners Amerika, der natürlich nicht nur nach Europa blickt, sondern als globale Macht mit pazifischen Interessen auch in den Raum Asiens sieht.

Wenn wir unserer Allianz, von der ich meine, daß sie unverändert **das** wesentliche Instrument europäischer Sicherheitspolitik ist, einen wirklich sicheren Weg in die Zukunft weisen wollen, dann müssen wir begreifen, daß diese Allianz nicht mehr eine Einbahnstraße sein kann, in der Sicherheit nur in eine Richtung transferiert wird, nämlich von West, von den USA, nach Ost, nach Europa, sondern dann müssen wir auch bereit sein, Interessen der amerikanischen Bündnispartner in ihrer Hemisphäre mit in unser Kalkül einzubeziehen.

Aus der Betrachtung der Risiken leite ich aber auch ab, daß Sicherheitspolitik in der Tat einen breiten Ansatz verfolgen muß, d.h. versuchen muß, Institutionen zu vernetzen, zu erweitern und auch zu verändern.

In Nationen wie in Bündnissen sollte gelten: Statt im Einzelressortdenken Politik mit Auswirkung auf Sicherheit zu machen, müßte in einem konzertierten Ansatz aller Mittel der Politik versucht werden, Krisenbewältigung und vorbeugende Konfliktverhinderung zu betreiben.

Wenn ich in diesem Kontext von Vernetzung und Verbund der Institutionen spreche, dann meine ich damit, daß eine Aufgabenteilung und –gestaltung zwischen den Vereinten Nationen und der OSZE als **den** Organisationen, die zur Mandaterteilung befugt sind, gefunden werden muß, wobei ich die Rolle der OSZE im Bereich präventiver Krisenbewältigung für unverändert hoch und wichtig einschätze.

Darüber hinaus ist ein Verbund der sicherheitsdurchführenden Organisationen wie NATO, G7, Europäische Union oder Westeuropäische Union erforderlich, der Regional-Organisationen einschließt, wie z.B. die Organisation für Afrikanische Einheit oder die Organisation Arabischer Staaten oder ASEAN. Im übrigen wäre es falsch, bei der Erweiterung von Organisationen wie Europäische Union und NATO an Geographie und nicht an die Aufgaben dieser Organisationen in der Zukunft zu denken.

Das Fernziel muß eine Kongruenz der Mitgliedschaften in Europa sein, aber das bedeutet eine lange Übergangsperiode mit variablen Formen, die sicherlich dann auch Änderungen im Aufgabenbereich der NATO einschließt. Eine NATO, die sich nur auf Artikel V beschränkt, d.h. auf kollektive Verteidigung, wäre ein Bündnis, das in meinen Augen in der Welt, in die wir hineingehen, keine Zukunft hätte. Deshalb muß die Aufgabe der NATO neben der kollektiven Verteidigung auch Krisenbewältigung in einem noch zu definierenden Interessenbereich der Allianz sein. Als drittes muß die Aufgabe »Projektion von Stabilität« hinzukommen sowie als viertes die Aufgabe einer tatsächlich strategischen Kooperation mit Rußland.

Das bedeutet, daß die Allianz sich zu einer auf zwei Pfeilern ruhenden Allianz entwickeln muß, mit einem echten europäischen Pfeiler und einem transatlantischen Widerlager. Beide Pfeiler müssen unverändert willens und fähig sein, das Vertragsgebiet gemeinsam zu verteidigen und im gemeinsamen Interessenbereich auch kollektiv zu handeln. Jeder der beiden Pfeiler sollte allerdings im Krisenspektrum darunter auch zu eigenem Handeln befähigt sein.

Europa sollte sich allerdings nicht auf eine europäische kollektive Verteidigung kaprizieren, das würde zu einer Duplizierung der Struktur und zu einer Überforderung Europas führen, letztlich vielleicht sogar zu einer Auflösung des transatlantischen Verbundes. Europa sollte allerdings eigenständig in der Krisenbewältigung dort handeln können, wo gemeinsames Handeln im NATO-Rahmen nicht möglich oder nicht zweckmäßig ist.

3. Auswirkungen der veränderten sicherheitspolitischen Rahmenbedingungen auf die Rolle der Streitkräfte

In diesem Sicherheitsumfeld gilt es Aufgaben und Rolle der Streitkräfte zu bestimmen. Für uns Deutsche bedeutet das eine neue Diskussion, denn das heißt, sich darüber klar zu werden, **welche Aufgaben haben Streitkräfte** in der Abwesenheit einer konkreten, für die Menschen begreifbaren, existenzgefährdenden Bedrohung. Das ist eine in Deutschland bislang nicht geführte Diskussion, denn alle sicherheitspolitischen Diskussionen der Vergangenheit waren bedrohungsorientiert.

Die **Hauptaufgabe von Streitkräften** ist und bleibt Schutz des Staatsgebietes und seiner Menschen. Mit dieser Leistung wird Verteidigungsfähigkeit zum Wesenskern staatlicher Souveränität und zur Voraussetzung für die Bündnisfähigkeit eines Landes. Das bedeutet, man besitzt die Fähigkeit, einen Gegner von Gewaltanwendung abzuhalten und man schafft damit eine Balance der Optionen. Dies wiederum ist Voraussetzung für wahre Kooperation unter Gleichen.

Die **zweite Aufgabe** der Streitkräfte ist, Beiträge zur Krisenbewältigung und zur Konfliktverhinderung zu leisten. Damit ist ein weiter Bogen gespannt von, wie Bill Perry sagt »Coercive Diplomacy« bis hin zum Peace Enforcement nach Kapitel VII der Charta der Vereinten Nationen.

Die **dritte Aufgabe** der Streitkräfte ist es schließlich, durch Kooperation mit Sicherheitspartnern und Nachbarn Vertrauen zu schaffen, letztlich durch Transparenz der eigenen Streitkräftepotentiale, vor allem aber durch das Zusammenwirken von Menschen, auch durch das Zusammenwirken von Menschen in Maßnahmen zur Unterstützung von friedenserhaltenden oder friedensschaffenden Maßnahmen nach der Charta der Vereinten Nationen.

Und **schließlich** müssen die Streitkräfte bereit und in der Lage sein, **helfende Missionen** durchzuführen. Auch das ist ein relativ weites Feld. Es reicht von klassischen humanitären Missionen, wobei ich hierunter solche verstehe, die des Schutzes durch bewaffnete Kräfte bedürfen, bis hin zur Evakuierung und zum Einsatz in Peace Building Operationen der Vereinten Nationen.

Aus all dem folgt, daß Streitkräfte nicht länger nur auf den Schutz ihres Territoriums ausgerichtet sein dürfen. Daraus folgt auch, was ich schon eingangs sagte: daß die Streitkräfte nicht länger nur auf **ein** Risikospektrum ausgerichtet werden können, sondern daß sie gleichzeitig auf Verteidigung und eine Vielzahl von Risiken auszurichten sind. Neben die klassische Landesverteidigung als bislang einzige Rolle der Streitkräfte tritt nun der Einsatz im gesamten Bündnisgebiet und, – wenn politisch so gewollt –, darüber hinaus.

Daraus folgt, daß die Streitkräfte in ihrem Bereitschaftszustand und in ihrem Einsatzprofil nicht nur auf die Rolle der Landesverteidigung nach Mobilmachung festzulegen sind, sondern daß sie auch nach relativ kurzer Zeit für ein breites Spektrum militärischer Aufgaben einsetzbar und parallel dazu in der Lage sein müssen, durch Mobilmachung zum Verteidigungsumfang aufzuwachsen.

4. Folgerungen für die Weiterentwicklung der Bundeswehr

Dementsprechend wird die Bundeswehr umgestaltet. Der neue Auftrag der Streitkräfte, der sich aus diesen neuen Rahmenbedingungen ableitet, ist in den Verteidigungspolitischen Richtlinien formuliert worden. Diesem Auftrag entsprechend ist die Grundgliederung der künftigen Bundeswehr mit Hauptverteidigungskräften, Krisenreaktionskräften und einer militärischen Grundorganisation entwickelt worden.

Im Ressortkonzept vom März 1995 ist dies veröffentlicht. Sein Schwerpunkt ist nicht die Standortfrage, sondern ist eine Planung für die Anpassung und die Umstrukturierung der Bundeswehr im Sinne des neuen Aufgabenspektrums. Planung geht immer vom Ist aus und muß Mängel in der Auftragserfüllung mit verfügbaren Ressourcen Personal und Finanzen so rasch wie möglich beheben.

Das Ist der Bundeswehr ist gekennzeichnet durch eine Optimierung auf eine kollektive, grenznah geführte Vorneverteidigung im Bündnisverbund. Es ist weiter gekennzeichnet durch die Fähigkeit, relativ rasch zur Fähigkeit Landesverteidigung durch Mobilmachung aufzuwachsen und diese in dem geographisch begrenzten Raum unseres Landes, seines Luftraumes und seiner angrenzenden Seegebiete durchzuführen.

Was uns heute fehlt, was wir aber nun brauchen, ist eine **angemessene Reaktionsfähigkeit** rasch verfügbarer Kräfte aller drei Teilstreitkräfte. Die besteht gegenwärtig im begrenzten Umfang bei der Marine und bei der Luftwaffe, wir haben sie kaum beim Heer. Was wir nun anstreben, ist eine Reaktionsfähigkeit, die erste Elemente der Streitkräfte nach einer politischen Entscheidung in 3-7 Tagen verfügbar machen kann und die Masse unserer Reaktionskräfte in einer Spanne von 15-30 Tagen in die Lage versetzt, auch außerhalb Deutschlands nach entsprechender politischer Entscheidung eingesetzt zu werden. Wir haben die Reaktionskräfte in ihrem Umfang allerdings so zugeschnitten, daß daraus auch aus der Sicht von Nachbarn, die noch immer Unruhe gegenüber diesem großen Deutschland empfinden könnten, **keinerlei Projektionsfähigkeit** entstehen kann. Es kann damit nicht hineininterpretiert werden, wir würden uns eine zur Landnahme geeignete Projektionsfähigkeit zulegen.

Die Struktur der Bundeswehr wird künftig in der Tat am besten durch das Wort »**Differenzierung**« charakterisiert. Es ist eine Struktur die auf das erweiterte Aufgabenspektrum ausgerichtet ist und die Elemente, die für einzelne Aufgaben besonders geeignet sind, zu einem Gesamtverbund miteinander verknüpft.

Deswegen kam es vor allem darauf an, Krisenreaktionskräfte und Hauptverteidigungskräfte organisch miteinander zu verbinden, was in allen drei Teilstreitkräften in unterschiedlicher Form durchgeführt wird. Durch diesen Verbund erzeugen wir eine relativ hohe Flexibilität, die es uns erlaubt, Streitkräfte für ein breites Spektrum von Kriseneinsätzen vorzubereiten aber auch eben gleichzeitig die Fähigkeit zu behalten, Landesverteidigung durchzuführen. Demzufolge ist die Aufgabe der Krisenreaktionskräfte dreigeteilt, nämlich:

- **Erstens** die Kräfte der ersten Stunde zu sein, die uns in der Landesverteidigung Zeit verschaffen für das Herstellen der vollen Verteidigungsbereitschaft,
- die uns **zweitens** in die Lage versetzen, im Bündnisgebiet rasch Partnern Beistand zu leisten und damit schnell Verstärkungskräfte für andere stellen zu können, und die uns
- **drittens** in die Lage versetzen, außerhalb des Bündnisgebiets in Krisenoperationen der Vereinten Nationen Beiträge leisten zu können.

Wir wollen diese Strukturänderung durch einen teilstreitkraftübergreifenden Planungsansatz erreichen. Wir wollen dabei auch Möglichkeiten offen halten, im Rahmen des Bündnisses ggf. doch noch zu mehr Aufgabenteilung zu kommen. Das Potential dafür ist allerdings relativ begrenzt, weil sehr schnell Grenzen erreicht werden, deren Überschreitung die Preisgabe staatlicher Souveränität bedeutet. Die Bereitschaft dazu ist aber, trotz gelegentlicher Euphorie über die Gestaltung der Europäischen Union, in der Praxis relativ gering, gerade im Kernbereich der Preisgabe nationaler Souveränität bei Verteidigungsinstrumenten. Wir müssen aber weiter in Richtung dieser Aufgabenteilung arbeiten, wir alle in Europa, nicht nur weil Handeln künftig wohl nur mit Partnern denkbar ist, sondern auch vor dem Hintergrund einer sehr begrenzten Ressourcenlage sowohl was das Personal, als auch was die Finanzen anbelangt.

Doch nicht nur dieses schwierige Feld europäischer Zusammenarbeit gilt es zu gestalten, wir müssen als Folge der Multinationalität nun auch gemeinsame Konzepte für die Weiterentwicklung unserer Streitkräfte erarbeiten. Wir müssen gemeinsame Vorstellungen entwickeln, wie der Verbund der Hauptverteidigungskräfte zum Schutz unserer Länder in Operationen des ersten Jahrzehnts im nächsten Jahrtausend und darüber hinaus denn tatsächlich vor dem Hintergrund rasanter Entwicklungen im Bereich der Informationstechnologie konzeptionell zu gestalten ist. Auch da gibt es viele Fragen zu beantworten. Wie wird das Gefechtsfeld aussehen? Was brauchen wir dafür, in welchen Größenordnungen? Welche Fähigkeiten kann man von Land- und Luftstreitkräften mit den Möglichkeiten der Technik der Jahre 2005–2010 voraussichtlich erwarten? Das einfache Fortschreiben der bisherigen Konzepte unter den Bedingungen einer rasant sich entwickelnden technologischen Welt wäre zu kurz gegriffen.

Der Kurs unserer Streitkräfte in das nächste Jahrhundert ist damit abgesteckt, ihre Rolle, ihre Aufgaben sind bestimmt.

Das Ziel ist der Politik ein verläßliches Instrument in die Hand zu geben und einen wesentlichen Beitrag unseres Landes zum Erhalt unserer Bündnisfähigkeit und damit auch unserer Politikfähigkeit zu leisten.

Dies allerdings setzt Konsens in der Gesellschaft zu Rolle und Aufgabe der Streitkräfte voraus und die Bereitschaft einer Mehrheit, die Streitkräfte in diesen Rollen auch nutzen zu wollen. Dieser Konsens ist möglich, wenn man ihn durch klare politische Führung will, doch dazu braucht unsere zusammenwachsende Gesellschaft Vorgaben.

5. Forderungen an unsere Gesellschaft

Wir haben in unserem Land noch keinen ausreichend haltbaren Konsens zur Rolle und Notwendigkeit von Streitkräften, nun da unser Land nicht mehr existenzgefährdend bedroht ist.

Die Ursachen hierfür sind vielfältig. Zum einen ist sicher die bei der Wiederbewaffnung ausschließlich herangezogene Begründung der sowjetischen Bedrohung zu nennen, zum anderen die schwierige Geschichte der Deutschen in diesem Jahrhundert, die kein unbelastetes, kontinuierliches Verhältnis von Armee und Gesellschaft entstehen ließ. Schließlich kommt hinzu, daß Deutschland historisch gesehen ohne Zweifel zu Recht die zu spät gekommene Nation Europas genannt werden kann. Eine der Folgen ist, daß ein über Jahrhunderte gewachsenes Verhältnis zwischen deutschem Staat und deutschen Streitkräften nicht bestand.

Hinzu kommt ein aus der Geschichte dieses Jahrhunderts entstandenes Mißtrauen gegenüber bewaffneter Macht, verstärkt durch Entwicklungen in unserer Gesellschaft, die Machtanwendung ebenso dämonisierten wie sie Egoismus und Hedonismus förderten. In diesem Umfeld war und ist zusätzlich das Zusammenwachsen der beiden Teile Deutschlands zu bewältigen. Wolfgang Schäuble faßte dies treffend mit wenigen Worten zusammen als er sagte: *»... so müssen wir uns doch des Gefühls nationaler Zusammengehörigkeit wieder sicherer und gewisser werden. Es geht darum, nicht nur im Verstand, sondern auch im Herzen der Menschen jene Gemeinschaft zu stiften, die notwendig ist, notfalls auch schwierige Zeiten zu meistern, und die notwendig ist, die Freiheit stabil zu halten.«*

Ich füge hinzu, Gemeinschaft bedeutet auch füreinander einzutreten und Pflichten zu übernehmen. Heute wird bei uns vom Staat fast alles verlangt, aber man ist vielfach nicht bereit, für den Staat einzutreten, geschweige denn ihm zu dienen. Dieser Haltung entspricht es auch Bundeswehr zu bejahen, aber nicht bereit zu sein, Wehrdienst zu leisten. Diesen so artikulierten Egoismus gilt es zu überwinden, eine Aufgabe der Politik, nicht der Streitkräfte.

Was heißt dies: Es gilt, ohne den konsensfördernden Druck einer äußeren Bedrohung gesellschaftliche Übereinstimmung darüber zu erzielen, ob bei uns, so wie in ganz Europa, Streitkräfte tatsächlich als Voraussetzung und Kern staatlicher Souveränität begriffen werden und ob wir mehrheitlich bereit sind, sie zur Wahrung des Friedens und zum Schutz des Rechtes auch einzusetzen, selbst wenn dies Risiko, ja sogar Opfer bedeutet.

Sicherheit nach außen zu gewährleisten, sich selbst verteidigen zu können, das ist nun einmal Voraussetzung und innerster Kern jeglicher Souveränität von Staaten.

Dieses Verständnis und die Bereitschaft, zur Ausübung von Verantwortung auch Macht zur Verhinderung von Konflikten berechenbar anzuwenden, das ist der Kern der zu führenden Diskussion.

Es geht dabei allerdings um viel mehr als Bundeswehr und Sicherheitspolitik, es geht um unsere Fähigkeit, Politik in Europa zu gestalten. Es geht um Erwartungen, die unsere Partner in Europa und in der Welt in uns setzen. Ohne Deutschland entsteht kein geeintes Europa und bei einem durch nichts zu rechtfertigenden Beharren auf einer deutschen Sonderrolle würde neue Unsicherheit über den Weg Deutschlands entstehen. Auch unsere Geschichte rechtfertigt keineswegs Passivität, sondern verlangt geradezu gemeinsam mit unseren Verbündeten Verantwortung zu übernehmen, um zu verhindern, daß Aggression, Völkermord und Mißachtung der Menschenrechte weiterhin stattfinden.

Wir haben weder das Recht noch die Gründe, von anderen zu verlangen, für uns die Kartoffeln aus dem Feuer zu holen. Bundeskanzler Helmut Kohl sagte gegen Ende des vergangenen Jahres, *es gäbe keine Entschuldigungen mehr, Deutschland müsse sich seiner größer gewordenen Verantwortung stellen.*

Alle Prozesse in Europa verlangen von uns Deutschen, uns zu unserer europäischen Zukunft zu bekennen und mit unseren Verbündeten Risiken solidarisch zu teilen. Das bedeutet für uns als Gesellschaft, sich bewußt zu werden, daß dies auch heißt, gegebenenfalls Opfer zu ertragen, so wie dies unsere Nachbarn tun.

Tun wir das nicht, beharren wir auf einer Sonderrolle, dann werden auch die ehrgeizigen Pläne einer Weiterentwicklung der Europäischen Union wohl kaum

Wirklichkeit werden. Die Europäische Union beruht wie die NATO auf Solidarität und geteilten Risiken und Lasten. Beide Organisationen bestehen in einer Welt, in der Menschen, so wie es uns die christliche Anthropologie lehrt, auch weiterhin zum Guten wie zum Bösen fähig sein werden. Es ist eine unruhige Welt, die wir zum Besseren verändern können, wenn wir gemeinsam mit unseren Bündnispartnern handeln und damit dafür sorgen, daß eintritt, was Blaise Pascal schon 1769 forderte:
»Das Recht ohne Macht ist machtlos. Die Macht ohne Recht ist tyrannisch. Also muß man dafür sorgen, daß das, was Recht ist, mächtig ist, und das, was mächtig ist, gerecht sei.«

III. Wirtschafts- und sozialpolitische Aspekte der Sicherheitspolitik

Illegal erworbenes Geld aus organisierter Kriminalität: wo liegt das sicherheitspolitische Problem?

– Theoretische Aspekte, Lagebildanalysen und ökonomische Schlussfolgerungen –

Kai Hirschmann/Martin Potthoff

1. Illegal erworbenes Geld aus Organisierter Kriminalität

In den letzten Jahren besitzt in zunehmendem Maße auch der »illegale« Bereich weltwirtschaftlichen Handelns durch seine erhebliche Ausweitung sicherheitspolitische Relevanz. Von besonderem ökonomischen Interesse sind dabei die »Früchte« der illegalen Tätigkeit weltweiter organisierter Kriminalität in Form »illegal erworbenen Geldes« und dessen Verwendung bzw. seine volkswirtschaftliche Bedeutung. Als staatlich-administrative Gegenmaßnahmen, die zur Bekämpfung derartiger illegaler Aktivitäten erforderlich sind, kann ein Bündel von Instrumenten – einschließlich operativer und präventiver Maßnahmen – angewendet werden.

Organisierte Kriminalität (OK) wird in Deutschland von Justiz und Polizei wie folgt definiert:[1)]

»Organisierte Kriminalität ist die von Gewinn und Machtstreben bestimmte planmäßige Begehung von Straftaten, die einzeln oder in ihrer Gesamtheit von erheblicher Bedeutung sind, wenn mehr als zwei Beteiligte auf längere oder unbestimmte Dauer arbeitsteilig zusammenwirken (profitabler Aspekt)
a) unter Verwendung gewerblicher oder geschäftsähnlicher Strukturen;
b) unter Anwendung von Gewalt oder anderer zur Einschüchterung geeigneter Mittel; oder
c) unter Einflußnahme auf Politik, Medien, öffentliche Verwaltung, Justiz oder Wirtschaft (strategischer Aspekt).«

Für die nachfolgenden Analysen wird allerdings der weite Bereich der Steuerhinterziehung und des Steuerbetrugs mit anschließender Kapitalflucht aus der Betrachtung ausgeschlossen.

Charakteristisch für die Organisierte Kriminalität sind ihre internationalen Bezüge. Auffällig ist, daß die ***Ausgangspunkte*** der hier betrachteten Organisierten Kriminalität bzw. die Produktion illegaler Waren zumeist in ***sich entwickelnden Staaten und Regionen*** zu finden sind, für die neben anderen folgende ***Merkmale typisch*** sind:

- relative Unterentwicklung;
- feudalistische, traditionelle oder gar diktatorische Gesellschaftsstrukturen;
- relative Armut der Mehrheit der Bevölkerung bzw. große Wohlstandsunterschiede zwischen wenigen Reichen und der Mehrheit der Armen;
- verschwommene Staats- bzw. Regionalstrukturen;
- Verflechtungen der Administration (Korrumpierbarkeit);
- normativ und exekutiv im Aufbau befindliche Rechtsstaaten;
- schwache Zentralgewalt und zentrale Exekutivorgane;
- Übergangsperioden sowie auftretende starke strukturelle Brüche (politisch, ökonomisch, gesellschaftlich und sozial); sowie
- traditionell stark ausgeprägte Regionalstrukturen, beherrscht durch Familienclans, ethnische Gruppen oder regionale Verwalter.

Diese Merkmale besitzen Gültigkeit für viele wichtige Ausgangs- oder Zwischenhandelsländer illegaler Waren und Organisierter Kriminalität in der heutigen Zeit, so z.B. für die in Frage kommenden Länder Südamerikas und Asiens, für Ostmittel- und Osteuropa, darunter insbesondere Rußland und die GUS, für

1) *Bromm* (1995), S. 55 f.

die Türkei und den Nahen Osten, für Afrika und China, aber auch für traditionell von Organisierter Kriminalität geprägte Regionen wie Sizilien.

Auffällig ist weiterhin, daß die Organisierte Kriminalität sich zunächst in diesen Staaten und Regionen ausbreitet und Strukturen schafft, dann aber relativ schnell einen wesentlichen Teil ihrer ***Hauptaktivitäten in die entwickelten Industriestaaten verlagert***.

Die Organisierte Kriminalität handelt nach marktwirtschaftlichen Gesichtspunkten mit dem Ziel, ihre persönliche Wohlfahrt sowie ihre ökonomische und politische Macht zu maximieren. Dies kann in größerem Umfang nur in den entwickelten Industriestaaten gelingen, die das hierzu und zum Aufbau illegaler, aber gut funktionierender und strukturierbarer Absatzmärkte erforderliche ökonomische und soziale Potential und Umfeld bieten.

Zachert benennt weitere ***acht Faktoren***, die für die Ausbreitung der Organisierten Kriminalität gerade in Deutschland (aber auch auf andere Industriestaaten ausdehnbar) von ausschlaggebender Bedeutung sind:[2)]

- die **günstigen Wirtschaftsstrukturen**, wobei insbesondere die Finanzzentren Anreize für Straftaten bilden;
- die **infrastrukturellen Gegebenheiten**, hier insbesondere die nationalen und internationalen Verkehrsanbindungen;
- die **technologische Entwicklung und Infrastruktur**, vor allem auf dem Informations- und Kommunikationssektor (z.B. Möglichkeit der Steuerung der Aktivitäten von ländlichen Gebieten mit wenig OK-sensibler Bevölkerung aus);
- die **gewachsenen »Milieus«** als Brutstätten der OK;
- die **Populationsdichte, hohe Fluktuation und Mobilität** der Bevölkerung verbunden mit gewisser Anonymität;
- **ethnische Bevölkerungsgruppen** gleicher Herkunft wie die Kriminellen als »Ruheräume« und Rekrutierungspotential;
- **ambivalente Einstellungen** der Bevölkerung zu bestimmten Formen der OK; sowie
- **Veränderungen in der Sozialstruktur** (z.B. eine zunehmende Kluft zwischen Arm und Reich kann das Rekrutierungspotential für OK vergrößern).

Solange die Organisierte Kriminalität vornehmlich auf Gebieten stattfand, die für den Durchschnittsbürger in den Industriestaaten verschlossen oder kaum erkennbar sind, fehlte es in der Bevölkerung an Sensibilität für die aus dieser Kri-

2) Vgl. *Zachert* (1995), S. 12 f.

minalität erwachsende Bedrohung.[3] Dies hat sich geändert, seitdem organisierte Straftäter in weite Bereiche der Massenkriminaltät eingedrungen und die Unterschiede zwischen Organisierter – und Allgemeinkriminalität verwischt sind[4], aber auch durch die erheblichen Wachstumsraten und die zunehmende Omnipräsenz des Organisierten Verbrechens in den Industriestaaten.

Die Erlöse der illegalen Tätigkeit, mithin illegal erwobenes Geld, sind enorm; zusammen erreichen sie nach Schätzungen im Vergleich zu den Sozialprodukten kleinerer und mittlerer Industriestaaten beträchtliche Werte[5], worauf anhand von Beispielen noch einzugehen sein wird. Ein vom Umsatzvolumen ***eher kleiner Appetizer***: So macht die »Prostitutionsbranche« in der Bundesrepublik einen Jahresumsatz von ca. 50 Milliarden DM, wohingegen die Daimler-Benz AG als großes deutsches Industrieunternehmen 1993 über 500.000 Automobile verkaufen mußte, um zehn Milliarden weniger umzusetzen.[6]

Hauptherkunfts- und Hauptzielgebiete sind zusammenfassend somit geographisch anhand der vorgestellten Merkmale und Faktoren relativ genau zu identifizieren und zu trennen. Dies gilt auch für den Fluß der erlösten Gewinne aus Organisierter Kriminalität. Nur ein geringer Teil dieser illegal erworbenen Gelder fließt zurück in die sich entwickelnden Herkunftsländer und -regionen, wogegen der Hauptteil der Gelder in den Industriestaaten gewaschen und investiert wird; häufig auch strategisch, um durch das legale Geschäft das illegale Hauptgeschäft zu konsolidieren und zu expandieren.

Bei der Geldwäsche illegal erworbenen Geldes sind ***folgende Aktivitäten typisch:***[7]
Wechsel von kleinen Banknoten in große Scheine; Umtausch von Geld in Devisen, Gold und Diamanten; Verteilen und Verschieben großer Bareinlagen auf verschiedene Banken; Gründung von Handelsfirmen als Geldverstecke; Überweisungen zwischen Tarnfirmen; Transfers zwischen legalen und illegalen Im- und Exportfirmen sowie Kompensationsgeschäfte mit Waffen und High-Tech-Rüstungsgütern.

Bernasconi unterscheidet dementsprechend im Zuge des »Waschens und Investierens« illegal erworbenen Geldes ***»Geldwäsche ersten und zweiten Gra-***

---

3) Vgl. *Wassermann* (1995), S. 4.
4) Vgl. *Wassermann* (1995), S. 4.
5) Vgl. auch *Hetzke/ Hirschmann/ Potthoff* (1994).
6) Vgl. *Der Spiegel*, 46/1994, S. 178, der aber süffisant feststellt, daß im Bereich der Prostitution die deutschen Nachfrager eher einen *»bescheidenen mittleren Platz im gesamteuropäischen Klassement«* einnehmen (S. 179).
7) *Wichmann* (1992), S. 28.

des«.[8] Während »Geldwäsche ersten Grades« – in der Interpretation – Umtauschaktionen (andere Währungen etc.) und Transaktionen direkt im Anschluß an das kriminelle Geschäft beschreibt, bezeichnet »Geldwäsche zweiten Grades« die Anlage bzw. die Investition des bereits im ersten Gang gewaschenen Geldes in Konten, Aktien und Wertpapieren sowie Immobilien.

»Betrifft die Wäscherei, wie das bei der organisierten Kriminalität der Fall ist, einen ***ständigen Geldfluß*** *(. . .), so erfordert dies natürlich besondere Vorsichtsmaßnahmen, die das Verstecktbleiben der Gelder sichern. In diesem Fall muß sich der Geldwäscher aufgrund des außerordentlichen Umfangs zur Wäsche anstehender Gelder faktisch an Firmen und Personen wenden, die (. . .) größere Güter zur Disposition haben, um den Gegenwert des schmutzigen Geldes in anderer Form zu Verfügung stellen zu können. Innerhalb unseres Wirtschaftssystems besitzen nur die Banken und Finanzgesellschaften o.ä. per definitionem eine derartige Disponibilität von Vermögenswerten (. . .). Daraus folgt, daß der Geldwäscher in der Praxis gezwungen ist, sich an die Banken – wenigstens als Endstation – zu wenden. (. . .) Zur Wahrung seiner Anonymität gegenüber der Bank muß sich der Geldwäscher* **Deckung verschaffen durch Gesellschaften**, *die als Schilder eingesetzt werden (. . .)«.*[9]

Das weite Feld der ökonomischen Wirkungen und sicherheitspolitischen Implikationen illegal erworbenen Geldes aus Organisierter Kriminalität ist ***noch relativ unerforscht***. Dies soll der vorliegende Aufsatz ansatzweise ändern, er versteht sich als Anstoß zu einer vertieften theoretischen und politischen Auseinandersetzung mit diesem so wichtigen Problemkreis.

Daher werden ***zunächst einige theoretische Betrachtungen*** zu Einflußgrößen des illegal erworbenen Geldes angestellt, seine Wirkungen auf das Bruttoinlandsprodukt im Rahmen einer dynamischen Betrachtung aufgezeigt sowie allgemein das Angebots- und Nachfrageverhalten auf illegalen Märkten bei strafrechtlichen Eingriffen des Staates kurz untersucht.

Die weiteren Ausführungen teilen sich in ***einen partiellen und einen regionalen*** Ansatz. Im Rahmen des partiellen Ansatzes wurde die Rauschgiftkriminalität ausgewählt, weil sie in den Industriestaaten, auch in Deutschland, in den hier untersuchten Bereichen den höchsten Anteil an der Organisierten Kriminalität hat. Im Rahmen des regionalen Ansatzes wurden Rußland und die GUS als Region aus analogen Gründen ausgewählt, da es sich derzeit um die bedeutenste, relativ umfassend von Organisiertem Verbrechen in allen Betätigungsfeldern

8) Vgl. *Bernasconi* (1989), S. 29 ff.

9) *Bernasconi* (1989), S. 31 f., eigene Hervorhebungen.

durchsetzte Region mit relativer geographischer Nähe zu den entwickelten Industriestaaten Westeuropas und mit den wesentlichsten Auswirkungen auf die gesamteuropäische Sicherheit handelt.

Im Anschluß daran wird detailliert erläutert, worin bei ***Investitionen*** des illegalen Geldes in den »legalen Sektor« ***das ökonomische und sicherheitspolitische Problem*** zu sehen ist, um dann staatliche Gegenmaßnahmen, ***Bekämpfungs- und Präventionsstrategien*** gegenüber illegal erworbenem Geld und Geldwäsche kritisch zu untersuchen.

Die genannten Länder und Regionen wurden beispielhaft ausgewählt. Daraus ist ***weder*** zu schließen, daß die Autoren bestimmte Länder und Regionen besonders intensiv beschuldigen wollten, ***noch*** daß ähnliche Formen Organisierter Kriminalität in anderen Ländern und Regionen nicht auch auftreten.

2. Fragmente zu einer »ökonomischen Theorie illegal erworbenen Geldes«

Der Bereich der volkswirtschaftlichen Wirkungen des durch illegale Aktivitäten erworbenen Geldes ist noch relativ unerforscht. Sicher ist, daß diese Beträge oder große Teile davon auch legal investiert werden, um ihre illegale Herkunft zu verschleiern, oder solange im Bankensektor »gewaschen« werden, bis ihre illegale Herkunft nicht mehr feststellbar ist, um sie dann in legalen Folgetransaktionen zu verwenden.

Kriminelle handeln nach marktwirtschaftlichen Gesetzen!

Dementsprechend werden sie stets versuchen, ihre Einkommen und persönliche Wohlfahrt zu vergrößern. Tatsächlich scheinen im Bereich des durch illegale Aktivitäten erworbenen Geldes erhebliche Wachstumsraten realisiert werden zu können, zumal dieses Wachstum durch seinen illegalen Charakter staatlicherseits weder genau zu erfassen ist noch institutionell innerhalb der staatlich gesetzten Rahmenbedingungen zu überwachen und zu kontrollieren ist.

Da die Märkte für illegale Waren gerade vom Staat offiziell unterbunden und Marktteilnehmer mit dem Strafrecht bedroht werden, die Märkte aber dadurch nicht verschwinden, sondern illegal fortexistieren, ist von wirtschaftspolitisch nicht oder allenfalls schwach regulierten Märkten, mithin von »reiner Marktwirtschaft« jenseits staatlicher Rahmenbedingungen, auszugehen.

Ökonomisch interessant ist nun, wie sich das durch illegale Aktivitäten erworbene Geld und das durch Geldwäsche bzw. Investitionen »legalisierte« Geld im Verhältnis zur gesamten umlaufenden Geldmenge entwickelt und wie dessen Beitrag zum Bruttoinlandsprodukt in einer dynamischen Betrachtung variiert. Zur formalen Systematisierung dieser einleitenden und darauf aufbauender Fragestellungen wird hier erstmals der Versuch unternommen, Basisfragmente zu einer »ökonomischen Theorie illegal erworbenen Geldes« beizusteuern.

2.1 Ein makroökonomisches Modell zur Einbringung illegal erworbenen Geldes in den legalen Wirtschaftskreislauf

Nachfolgend wird davon ausgegangen, daß für die zum Zeitpunkt t insgesamt offiziell ausgewiesene Geldmenge M_t^{OFF} drei – isoliert nicht beobachtbare – Komponenten von Bedeutung sind:

- durch legale Aktivitäten in t erworbenes und für legale Transaktionen verwendetes Geld;
- durch Geldwäsche bzw. Investitionen »legalisiertes Geld« (ursprünglich in der Periode t-1 illegal erworbenes Geld); sowie
- durch illegale Aktivitäten erworbenes Geld.

Verzeichnis der Symbole

$\mathbf{M^{OFF}}$	offiziell ausgewiesene Geldmenge.
$\mathbf{M^{L}}$	für legale Geschäfte/ Transaktionen benutzte Geldmenge; legal erworbenes Geld.
$\mathbf{M^{ILL}}$	für illegale Geschäfte/ Transaktionen benutzte Geldmenge; illegal erworbenes Geld.
$\mathbf{M^{LEG}}$	ursprünglich (in t-1) illegal erworbenes Geld, das durch Einbringen/ Investieren in den legalen Wirtschaftskreislauf »legalisiert« wurde.
BIP	Bruttoinlandsprodukt zu Marktpreisen.
P	durchschnittliches Preisniveau.
$\mathbf{Y^{r}}$	reales Transaktionsvolumen der Volkswirtschaft.
V	Umlaufgeschwindigkeit der offiziell ausgewiesenen Geldmenge.
$\mathbf{V^{L}}$	Umlaufgeschwindigkeit des legal erworbenen Geldes.
$\mathbf{V^{LEG}}$	Umlaufgeschwindigkeit der »legalisiert umlaufenden Geldmenge«.
b	Parameter.

Die zum Zeitpunkt t offiziell ausgewiesene Geldmenge M_t^{OFF} sei dann zusammengesetzt aus legal erworbenem Geld M_t^L sowie aus durch Geldwäsche bzw. Investitionen legalisiertem Geld M_t^{LEG}:

$$M_t^{OFF} = M_t^L + M_t^{LEG}. \qquad (1)$$

Bezüglich der Komponente der legalisiert umlaufenden Geldmenge wird angenommen, daß von jeder in der Vorperiode illegal erworbenen D-Mark – nach erfolgten Geldwäscheaktivitäten in t-1 – in der aktuellen Periode ein Anteil b erfolgreich in den offiziellen Geldkreislauf eingebracht werden kann:

$$M_t^{LEG} = b \cdot M_{t-1}^{ILL} \qquad \text{mit } 0<b<1. \qquad (2)$$

Hierbei wird davon ausgegangen, daß innerhalb der Periode t-1 illegal erworbenes Geld nur innerhalb dieser Periode auch als illegal identifiziert werden kann, daß aber nach erfolgter Einbringung des gewaschenen Geldes in den legalen Wirtschaftskreislauf eine solche Identfikation nicht mehr möglich ist (Stichwort: Nutzung der Anonymität internationaler Finanzmärkte, insbesondere der »Offshore«-Finanzmärkte zur Verschleierung der Herkunft). Dem Umstand, daß ein Teil des in t-1 illegal erworbenen Geldes identifiziert wird, soll im Modell damit Rechnung getragen werden, daß der Parameter b in Gleichung (2) in jedem Fall geringer als Eins ist.

Die offiziell ausgewiesene Geldmenge rekrutiert sich somit wie folgt:

$$M_t^{OFF} = M_t^L + b \cdot M_{t-1}^{ILL}. \qquad (3)$$

Unter Berücksichtigung der Verkehrsgleichung aus der »älteren Quantitätstheorie«[10] erhält man:

$$M_t^{OFF} \cdot V = P_t \cdot Y_t^r \qquad \text{mit } V = \text{konst}, \qquad (4)$$

wobei der rechte Term in Gleichung (4) näherungsweise dem Bruttoinlandsprodukt zu Marktpreisen entspricht:

$$M_t^{OFF} \cdot V = P_t \cdot Y_t^r = BIP_t, \qquad (5)$$

bzw. bei Verwendung der beiden Geldmengenkomponenten aus Gleichung (3) ausgedrückt werden kann als:

$$(M_t^L + b \cdot M_{t-1}^{ILL}) \cdot V = BIP_t. \qquad (6)$$

10) Vgl. hierzu *Duwendag u.a.* (1985), S. 73f.

Unter Berücksichtigung dessen, daß sich das Produkt aus offiziell ausgewiesener Geldmenge und ihrer Umlaufgeschwindigkeit zusammensetzt aus den jeweiligen Produkten aus Geldmengenkomponente und zugehöriger Umlaufgeschwindigkeit:

$$M_t^{OFF} \cdot V = M_t^L \cdot V^L + b \cdot M_{t-1}^{ILL} \cdot V^{LEG} \qquad \text{mit } V^L, V^{LEG} = \text{konst}, \quad (7)$$

gilt für das Bruttoinlandsprodukt (zu Marktpreisen) in der Periode t:

$$BIP_t = M_t^L \cdot V^L + b \cdot M_{t-1}^{ILL} \cdot V^{LEG} \quad (8)$$

Entsprechend erhält man, indem die zeitliche Indizierung in Gleichung (8) um Eins heraufgesetzt wird, für das Bruttoinlandsprodukt bezogen auf die Periode t+1:

$$BIP_{t+1} = M_{t+1}^L \cdot V^L + b \cdot M_t^{ILL} \cdot V^{LEG} \quad (9)$$

Werden die Differenzen zeitlich aufeinanderfolgender Werte des Bruttoinlandsprodukts gebildet:

$$\Delta BIP_{t+1} = BIP_{t+1} - BIP_t, \quad (10)$$

wobei eine Subtraktion der Gleichung (8) von der Gleichung (9) erfolgt, so erhält man:

$$\Delta BIP_{t+1} = (M_{t+1}^L \cdot V^L + b \cdot M_t^{ILL} \cdot V^{LEG}) - (M_t^L \cdot V^L + b \cdot M_{t-1}^{ILL} \cdot V^{LEG}) \quad (11)$$

sowie nach erfolgter Umstellung

$$\Delta BIP_{t+1} = (M_{t+1}^L - M_t^L) \cdot V^L + b \cdot (M_t^{ILL} - M_{t-1}^{ILL}) \cdot V^{LEG}, \quad (12)$$

wobei die Klammerausdrücke in Gleichung (12) nun die Differenzen zeitlich aufeinanderfolgender Werte der legalen Geldmenge bzw. der für illegale Transaktionen verwendeten Geldmenge sind:

$$\Delta M_{t+1}^L = (M_{t+1}^L - M_t^L) \; ; \; \Delta M_t^{ILL} = M_t^{ILL} - M_{t-1}^{ILL}). \quad (13)$$

Für die Differenzwerte des Bruttoinlandsprodukts erhält man folglich:

$$\Delta BIP_{t+1} = \Delta M_{t+1}^L \cdot V^L + b \cdot \Delta M_t^{ILL} \cdot V^{LEG}. \quad (14)$$

Der Differenzwert des Bruttoinlandsprodukts in der Periode t+1 wird demnach, da die beiden Umlaufgeschwindigkeiten als konstant angenommen werden, determiniert durch die Differenz der legalen Geldmengenkomponente der Periode t+1 sowie durch die Differenz der legalisierten Geldmengenkomponente der Periode t+1 – letztere ausgedrückt durch den für die Periode t ermittelten Differenzwert des illegal erworbenen Geldes.

Entscheidend für die Veränderung der Zusammensetzung des Bruttoinlandsprodukts über die Zeit ist nun, bei welcher der Geldmengenkomponenten M^L_{t+1} oder M^{ILL}_t die erste Ableitung der Differenzwerte größer ausfällt:

$$\frac{d\,\Delta\, M^L_{t+1}}{dt} \gtreqless \frac{d\,\Delta M^{ILL}_t}{dt}\,. \tag{15}$$

Es stellt sich also die Frage, ob im Zeitablauf der Einfluß der legalisiert umlaufenden, aber auf illegale Transaktionen der Vorperiode zurückgehenden Geldmenge auf das Bruttoinlandsprodukt zunimmt oder abnimmt.

Für den Fall, daß der Einfluß zunehmend ist, daß also

$$\frac{d\,\Delta\, M^L_{t+1}}{dt} < \frac{d\,\Delta M^{ILL}_t}{dt} \tag{16}$$

sein sollte, ergeben sich bei dynamischer Betrachtungsweise erhebliche Konsequenzen für die Zusammensetzung des Bruttoinlandsprodukts. Denn in diesem Fall würde ein ständig zunehmender Anteil des Bruttoinlandsprodukts mit zwar legalisiertem Geld, ursprünglich jedoch mit durch illegale Transaktionen erworbenem Geld, erwirtschaftet werden. Das als legal bezeichnete volkswirtschaftliche Produktionsergebnis würde zu einem abnehmenden Anteil aus originär legalen Transaktionen zustande kommen, hingegen in wachsendem Ausmaß durch die reinvestierten Gewinne aus ursprünglich illegalen Transaktionen monetär alimentiert werden. Unmerklich würde die Volkswirtschaft mehr und mehr aus dem illegalen Wirtschaftssektor gespeist werden, wobei ökonomische und damit auch politische Macht in gleichem Maße den Akteuren des illegalen Wirtschaftssektors zufließen würde.

2.2 Einflußgrößen des illegal erworbenen Geldes/ der Gewinne aus Organisierter Kriminalität

Auf den verschiedenen Märkten für illegale Waren und Dienstleistungen sind bei einer Analyse der Gewinnaussichten – wie bei einem Markt für legale Güter – die verschiedenen Umsatz- und Kosteneinflußgrößen herauszuarbeiten. Dabei ist zu unterscheiden zwischen entsprechenden Einflußgrößen, die im Inland wirksam sind, sowie zwischen solchen, die im Ausland von Bedeutung für die Gewinne aus Organisierter Kriminalität sind.

Bezüglich der umsatzrelevanten Einflußgrößen reicht eine Betrachtung der im Inland wirksamen Faktoren aus, da das Inland in unserer Betrachtung den Absatzmarkt für illegale Güter darstellt. Von Bedeutung für die Entwicklung des Umsatzes aus Organisierter Kriminalität sind hier:

- die Marktstruktur,
- das Nachfrageverhalten,
- der normative Rahmen und seine Ausführung,
- die Integrationsgrade involvierter Märkte und Länder sowie
- die Marktgröße.

Auf dem Markt für illegale Güter und Dienstleistungen bestehen aufgrund einer unverzichtbaren Mindestausstattung an finanzieller und logistischer Infrastruktur erhebliche Markteintrittsbarrieren für potentielle neue Anbieter von illegalen Produkten.[11)] Eine weitere Marktzutrittsschranke ist in dem Umstand zu sehen, daß auf dem Markt für illegale Güter die im jeweiligen Segment angebotenen Produkte sich in der Regel durch einen hohen Homogenitätgrad auszeichnen, der potentiellen 'Newcomern' keinerlei Möglichkeiten zur Produktinnovation und damit zum Marktzutritt läßt. Als Folge daraus ergibt sich für die Struktur des hier betrachteten Marktes, daß der Markt beherrscht wird von einer geringen Anzahl sehr großer, kriminell operierender Unternehmen. In aller Regel wird beim Markt für illegale Produkte – von dem extremen Fall eines einzelnen Anbieters, also eines Monopolisten abgesehen – die Wettbewerbsform des Oligopols vorliegen.

Auf einem oligopolistisch strukturierten Markt sind die Anbieter in iher Absatzpolitik nicht unabhängig voneinander.[12)] Das für einen Oligopolisten optimale Angebotsverhalten ist abhängig von den Verhaltensweisen der anderen Oligopolisten, die ihrerseits bei Angebotsentscheidungen die möglichen Aktionen ihrer Konkurrenten ins Entscheidungskalkül einbeziehen. Im Unterschied zu anderen Marktformen können sich Oligopolisten in der Weise strategisch verhalten, daß sie die vorhandene Marktstruktur nicht als gegeben betrachten müssen, sondern durch ihr Verhalten diese Strukur selbst ändern können. Die zur Verfügung stehenden Optionen reichen vom friedlichen Verhalten, das die Existenz der Konkurrenten unangetastet läßt, über die Möglichkeit, konkurrierende Unternehmen

11) Zu den hier gemachten wettbewerbstheoretischen Ausführungen siehe *Berg* (1985), S. 238–243.

12) Vgl. *Siebke* (1985), S. 94.

zu einem bestimmten Verhalten zu zwingen oder gar auszuschalten, bis hin zu stillschweigendem Übereinkommen über eine gemeinsame Angebotspolitik.

Beim hier betrachteten Markt für illegale Produkte ist die Wahl der von den Oligopolisten gewählten Strategie nicht unabhängig von den staatlicherseits gesetzten Rahmenbedingungen ihrer Aktivitäten. Hat sich bei gegebenem gesetzlichen Rahmen eine bestimmte Verteilung der Marktanteile unter den Oligopolisten eingespielt, so ist die Wahrscheinlichkeit groß, daß ein mehr oder weniger »friedliches« Verhalten der Anbieter von illegalen Gütern vorherrscht, bei dem jeder Oligopolist den Marktanteil seiner Konkurrenten akzeptiert.

Sofern der Gesetzgeber den Rahmen für Transaktionen der Organisierten Kriminalität restriktiver setzt, wird es mit der Reduktion der Menge absetzbarer illegaler Produkte zu einem Verdrängungswettbewerb unter den Oligopolisten kommen, da jeder einzelne Anbieter die bisher von ihm abgesetzten Mengen illegaler Produkte aufrechtzuerhalten sucht. Da dieses Ziel jedoch nicht für alle Oligopolisten gleichzeitig erreichbar ist, wird unter den Anbietern ein Kampf zur Vergrößerung ihrer bisherigen Marktanteile entbrennen[13)], an dessen Ende nur die finanzstarken und ökonomisch mächtigsten Oligopolisten als Anbieter übrig bleiben. Die Macht der ohnehin stärksten Oligopolisten wird mithin zementiert. Darüber hinaus kommt es zur Bildung »Strategischer Allianzen« unter den Anbietern.

Der oligopolistisch geprägten Angebotsstruktur steht auf der Marktgegenseite eine Vielzahl von Nachfragern gegenüber, die keinen Einfluß auf die Preisbildung nehmen können, da für sie der Marktpreis ein Datum darstellt. Die Nachfrage auf dem Markt für illegale Güter ist somit polypolistisch strukturiert.

Eine umsatzrelevante Einflußgröße im Zusammenhang mit Geldwäscheaktivitäten der Organisierten Kriminalität sind die Integrationsgrade internationaler Märkte. Vor allem die hoch integrierten internationalen Finanzmärkte reichen schon sehr nahe an den wettbewerbstheoretischen Idealfall vollkommener Märkte heran, sowohl in Hinsicht auf die Markttransparenz und die Homogenität der gehandelten Güter als auch im Hinblick auf nahezu nicht vorhandene Transaktionskosten.[14)] Da davon auszugehen ist, daß durch technischen Fortschritt in-

---

13) Bei einer verminderten Gesamtmenge absetzbarer Produkte kann die von einem Oligopolisten angebotene Menge nur konstant bleiben, wenn es ihm gelingt, einen Teil seiner Konkurrenten dazu zu bringen bzw. zu zwingen, weniger als die bisher von ihnen abgesetzten Mengen anzubieten. Ein Erfolg dieser Strategie des Oligopolisten wird im Ergebnis zu einer Erhöhung seines Marktanteils führen.

14) Vgl. *Hetzke/ Hirschmann/ Potthoff* (1994), S. 139 f.

nerhalb des Telekommunikationsbereichs – nicht nur in den Industrieländern, sondern auch in den Entwicklungsländern – die weltweite Vernetzung der internationalen Finanzmärkte weiter zunehmen wird, werden Geldwäscheaktivitäten rund um den Globus zunehmend erleichtert.

Ebenso von Bedeutung für das Einschleusen illegal erworbenen Geldes in den legalen Wirtschaftskreislauf ist der realwirtschaftlich hohe Integrationsgrad unter den Mitgliedstaaten der Europäischen Union. Indem innerhalb des »Binnenmarktes« die vier ökonomischen Freiheiten der freien Beweglichkeit von Gütern, Dienstleistungen, Kapital und Personen garantiert wird, profitiert auch die Organisierte Kriminalität bei solchen realwirtschaftlichen und monetären Transaktionen, die innerhalb des Binnenmarkts grenzüberschreitend sind.

Ein weiterer nicht zu unterschätzender Einflußfaktor für den Umsatz aus illegal angebotenen Produkten ist die Marktgröße. Die Bundesrepublik als größte Volkswirtschaft Europas mit einer darüber hinaus im Ländervergleich überdurchschnittlichen Kaufkraft des einelnen Wirtschaftssubjekts ist aus Sicht der Organisierten Kriminalität daher einer der bevorzugten Aktionsräume für ihre Absatzgeschäfte.

Nach den umsatzrelevanten Einflußfaktoren sei nun auf im Inland bzw. Ausland wirksame Kosteneinflußgrößen für den Gewinn aus illegal angebotenen Gütern und Dienstleistungen eingegangen. Dazu soll beispielhaft der Rauschgiftmarkt als größter illegaler Teilmarkt betrachtet werden.

Bezüglich des Produzentenlandes[15)] des Rauschgifts (bzw. seiner verschiedenen Erscheinungsformen) fallen für ein Rauschgiftsyndikat auf den diversen Handelsstufen folgende Kosten an:[16)]

- Entlohnung der Rohstoffproduzenten;
- Entlohnung der Laborbetreiber für die Weiterverarbeitung des Rohstoffs inklusive dem Kauf von Chemikalien;
- Provision für den Großexporteur im Anbauland sowie
- «Abschreibungen« für das von den Strafverfolgungsbehörden des Produzentenlandes konfiszierte Rauschgift.

Demgegenüber sind im Konsumentenland die folgenden Kosteneinflußgrößen zu berücksichtigen:

---

15) Beim Beispiel des Rauschgiftmarkts ist unter »Ausland« das Produzentenland, unter »Inland« das Konsumentenland zu verstehen.

16) Siehe hierzu *Wichmann* (1992), S. 20–23.

- Markterschließungskosten;
- Marktsicherungskosten, insbesondere bei der Verteidigung der eigenen Marktposition gegenüber konkurrierenden Rauschgiftsyndikaten;
- «Abschreibungen« für das von den Strafverfolgungsbehörden des Konsumentenlandes konfiszierte Rauschgift.[17)]

Darüber hinaus sind im Produzenten- wie im Konsumentenland noch folgende Kosten zu berücksichtigen:

- Distributionskosten im Zusammenhang mit Logistik und Transport;
- Kosten im Zuammenhang mit Bestechung (Schmiergelder) und Korruption;
- Kosten für Leibwächter, Berater und Juristen sowie
- Prozeßkosten.

2.3 Eine theoretische Analyse des Marktes für illegale Güter am Beispiel des Rauschgiftmarkts

Im folgenden soll das Angebots- und Nachfrageverhalten auf dem Markt für illegale Produkte am Beispiel des Rauschgiftmarkts illustriert werden.

In Abbildung 1 sind dazu verschiedene Angebots- und Nachfragekurven dargestellt, wobei im Ausgangspunkt der Betrachtungen die Angebotskurve A sowie die Nachfragekurve N gelten mögen.[18)]

Im Schnittpunkt der beiden Funktionen, also im Punkt M, liegt dann der auf dem Markt geltende Gleichgewichtspreis P. Bei diesem Preis gelangt eine Menge M des illegalen Gutes zum Verkauf. Je stärker nun die Nachfrage vom Preis abhängt, um so flacher verläuft die Nachfragekurve. In diesem Fall bewirkt bereits eine geringfügige Preiserhöhung einen erheblichen Rückgang der Nachfrage: die Preiselastizität der Nachfrage ist hoch.[19)]

Wissenschaftliche Untersuchungen kommen zu dem Schluß, daß die Preiselastizität von Drogen um so geringer ausfällt, je größer das Suchtpotential der Drogen ist. Insbesondere die Preiselastizität von harten Drogen scheint sehr gering

---

17) Im Vergleich zu den entsprechenden Abschreibungen im Produzentenland dürften im Konsumentenland die für solche Abschreibungen anzusetzenden Beträge um ein Vielfaches höher ausfallen, da die Strafverfolgung wesentlich härter und die Gefahr ertappt zu werden, erheblich größer ist.

18) Siehe hierzu *Wichmann* (1992), S. 141–145.

19) Die Preiselastizität der Nachfrage ist für jedes Produkt bzw. jede Produktgruppe unterschiedlich und läßt sich im Rahmen der Marktforschung schätzen.

zu sein und nur knapp unter Null zu liegen. (Jüngste Studien nennen einen Wert von minus 0,2.)

Der Grund für die geringe Preiselastizität liegt darin, daß sich der Süchtige in jedem Fall die entsprechende Droge besorgen muß. Hingegen verzichten neugierige Probierer oder Gelegenheitskonsumenten bei exorbitant hohen Preisen gleich auf den Konsum harter Drogen und fragen stattdessen weichere Drogen mit geringerem Suchtpotential nach.[20)]

Durch das staatliche Verbot einiger Drogen beeinflußt der Staat den Rauschgiftmarkt erheblich. Da Rauschgifte legal nicht gehandelt werden dürfen, kommt es zur Bildung eines illegalen Marktes, eines Schwarzmarkts für Drogen. Welche Folgen das Drogenverbot auf das Anbieter- und Nachfragerverhalten hat, ist wiederum Abbildung 1 zu entnehmen: Da bei der Konsumierung illegal angebotener Drogen repressive Maßnahmen drohen, geht die Bereitschaft zum Erwerb dieser Drogen zurück, die Nachfragekurve N verschiebt sich nach unten; es gilt nunmehr die Nachfragekurve N*. Gleichzeitig steigen für die Anbieter illegaler Drogen die Kosten durch nun anfallende Ausgaben für Bestechungsgelder, Leibwächter und Juristen. Zusätzlich geht in die Kosten eine Risikoprämie ein, die von den Anbietern für das Eingehen des aus der Strafandrohung resultierenden Risikos verlangt wird. Dabei steigt die Bereitschaft der einzelnen Anbieter, ein höheres Risiko einzugehen, wenn sich auf dem Markt ein hoher Risikoaufschlag durchsetzen läßt. Die Möglichkeit des Einstreichens einer Risikoprämie läßt zudem die Anzahl der illegalen Anbieter zunehmen. Im Ergebnis resultiert aus diesen Effekten eine steilere und nach oben verschobene Angebotskurve, also eine Bewegung von A nach A*.

Bei diesem neuen Marktgleichgewicht gilt der nun auf P* erhöhte Gleichgewichtspreis bei einer gleichzeitig auf M* reduzierten Absatzmenge illegaler Drogen. Für die veränderte Marktsituation ist nun festzuhalten:

- Durch die Prohibition sinkt theoretisch zunächst der Konsum illegaler Drogen. Dabei fällt der Rückgang der konsumierten Menge um so geringer aus, je preisunelastischer die Nachfrage nach dem illegalen Produkt reagiert, je steiler also die Nachfragekurven N bzw. N* sind.
- Gleichzeitig steigt der zu entrichtende Preis. Dabei ist die Preissteigerung um so ausgeprägter, je geringer die Preiselastizität der Nachfrage ist, d.h., je steiler die Nachfragefunktionen N bzw. N* verlaufen.

20) Bei weichen Drogen wie Haschisch oder Marihuana scheint denn auch die Nachfrage wesentlich stärker auf Preisänderungen zu reagieren: Wer nicht abhängig ist, kann bei einer Preiserhöhung leicht auf andere Drogen umsteigen. Entsprechend dürfte die Nachfrage nach weichen Drogen bei fallendem Preis relativ stark zunehmen.

- Potentielle Verbraucher der illegalen Drogen werden von ihrem Konsum abgehalten, wobei für das Ausmaß des nicht realisierten Konsums wiederum die für eine illegale Droge geltende Nachfrageelastizität entscheidend ist.

In einer dynamischen Betrachtung des o.a. Sachverhaltes ist allerdings davon auszugehen, daß – wie den letzten Jahren geschehen – von einem im Zeitablauf steigenden Angebot an Drogen (Verschiebung von A nach A') auszugehen ist, was selbst durch eine Prohibition (A'') nicht kompensiert werden kann. Durch die Verschiebung der Angebotskurve, hinter der analytisch betrachtet eine Verringerung der Grenzkosten der Anbieter steht, wird die mit der staatlichen Prohibition tendenziell erfolgende Einschränkung der Nachfrage weitgehend ausgehebelt.

3. Fallstudien zur »Organisierten Kriminalität«

3.1 Die Rauschgiftkriminalität (partieller Ansatz)

Der Problematik der ***Rauschgiftproduktion*** und des –handels kommt weltweit die ***größte (finanzielle) Bedeutung*** zu.[21)]

So beziffert das Bundesministerium für wirtschaftliche Zusammenarbeit und Entwicklung (BMZ) allein den weltweiten Jahresumsatz bei illegalen Drogen auf ca. 800 Mrd. DM[22)], nach anderen Quellen werden jährlich weltweit 1000 Mrd. DM für Drogen ausgegeben.[23)] Nach Schätzungen des Bundesamtes für Verfassungsschutz wird jährlich durch Drogengeschäfte, aber auch u.a. durch illegale Technologiegeschäfte ein ähnlich hohes Volumen (ca. 800 Mrd. DM) in die Volkswirtschaften der Europäischen Union transferiert.[24)] Das Bundeskriminalamt geht darüber hinaus davon aus, daß in der Bundesrepublik Deutschland jährlich ca. 170 Mrd. DM mit Drogenhandel, Schutzgelderpressung und anderen Delikten aus dem Bereich des organisierten Verbrechens umgesetzt werden, was 1993 ca. 6 % des BSP entsprach.[25)]

Darüber hinaus liegt in Deutschland der Rauschgifthandel nach Informationen des *Bundeskriminalamtes* an der Spitze der Zuordnung der OK-Verfahren zu den Kriminalitätsbereichen (vgl. Tab. 1).

---

21) Vgl. *Hetzke/ Hirschmann/ Potthoff* (1994), S. 136.
22) Vgl. *Bundesministerium für wirtschaftliche Zusammenarbeit und Entwicklung* (1994), S. 217.
23) Vgl. *Die Woche*, 28. Juli 1994, (Extra) S. I.
24) Vgl. *Capital* Nr. 3, 1994, S. 44.
25) Vgl. *Werner* (1993), S. 72.

Das ***prinzipielle Dilemma der Anbauländer*** von Rauschgift kann am Beisiel der Region Afghanistan/Pakistan als größter heroinproduzierender Region der Welt dargestellt werden:[26)]

Schon immer wurde in der Region Pakistan, Afghanistan und Iran neben Hanf zur Arzneimittelproduktion auch Mohn angebaut. Während das iranische Regime nach 1979 mit Härte gegen diese Produktion vorging, ohne diese ganz zu unterbinden, wurde in Pakistan und Afghanistan die Opium- und die damit verbundene Heroinproduktion auch zur Waffe der »Befreiungskämpfe«. So finanzierten die Mudjahedin ihren Kampf gegen die sowjetische Okkupation per Drogenhandel. Sie kontrollieren die landwirtschaftlichen Zonen, die politische Lage garantierte ihnen freien Zugang über die Grenze nach Pakistan. So konnten selbständige Strukturen entstehen, die bis heute fortdauern. Das Rauschgift gelangt dann z.B. in der einen Richtung über den Seeweg in die Türkei und wird von dort nach Westeuropa weiterverteilt.

Die Drogenindustrie in Pakistan setzt über 32,5 Mrd. US-$ jährlich um, was rund der Hälfte des pakistanischen Bruttosozialproduktes entspricht. Die Macht der Zentralregierung reicht in den nordwestlichen Provinzen nicht über die Kontrolle der Durchgangsstraßen hinaus. Die Bauern haben ökonomisch kaum eine Alternative zur Drogenproduktion. Neben der Kontrolle und den Repressionen der Banden verdient man auf 4000 Quadratmetern Ackerland ca. 600 US-$ mit der Opiumproduktion, hingegen mit Weizen nur 10 US-$. Mit dem Opiumanbau kann man daher seine Familie ernähren, mit Weizenanbau nicht.

Weitere Regionen intensiven Mohnanbaus sind im weiteren zentralasiatischen Raum, in letzter Zeit zunehmend auch in den zentralasiatischen Nachfolgerepubliken der GUS anzutreffen.

Analog zum Beispiel der Region Afghanistan/Pakistan können Strukturen und Probleme auch für einige Länder im Nordwesten Südamerikas als Kokainproduzenten angeführt werden. Auch hier sind z.B. ähnliche Faktoren ausschlaggebend:

- sich entwickelnde Staaten mit z.T. im Aufbau befindlichen Strukturen;
- die politische und ökonomische Macht der Banden;
- schwache Exekutionsmöglichkeiten und -effizienz staatlicher Organe;
- intensive Verflechtungen zwischen der Administration und den Banden;
- ökonomischer Anreiz für Bauern zur Drogenproduktion; sowie

---

26) Vgl. *Poelchau* (1994), S. II.

- ein umfassender Repressions-, Macht- und Gewaltapparat der kriminellen Organisationen.

Im Zuge eines ernergischeren Vorgehens kolumbianischer Behörden gegen das »Kali-Kartell« konnten in jüngster Zeit Dokumente beschlagnahmt werden, die Listen von Auslandsinvestitionen in den USA, Asien und Europa enthalten und Aufschluß über den Aufbau zahlreicher Fassadenfirmen geben, die zur Geldwäsche und zur Zahlung von Bestechungsgeldern dienen.[27)] Darüber hinaus sind auch verschiedene Politiker dadurch kompromittiert worden.

Allerdings gehören auch Länder zu den Produzenten von Rauschgift, die man zunächst weniger in Verdacht hat: In Kalifornien z.B. wird mit dem Marihuana-Anbau doppelt soviel Geld verdient wie mit Weintrauben, in Florida mehr als mit Orangen und Grapefruit zusammen[28)], eine sehr merkwürdige Tatsache angesichts des politischen und ökonomischen Drucks, den die USA z.B. auf Länder Südamerikas ausüben[29)], um diese zu einer konsequenteren Drogenpolitik zu bewegen. Darüber hinaus soll Gerüchten zufolge zumindest in den achtziger Jahren auch die CIA intensiv in den Drogenhandel verstrickt gewesen sein.[30)]

Im Bereich des Zwischenhandels und der Einschleusung von Rauschgift nach Westeuropa ist schwerpunktmäßig von folgendem Lagebild auszugehen:[31)]

Im Bereich der Heroindistribution spielen zumeist Türken und Kurden als Zwischenhändler eine dominante Rolle. Mehr als zwei Drittel des im ersten Halbjahr 1994 sichergestellten Heroins beschlagnahmte die Polizei bei Kurden und Türken. Im Bereich des Kokainhandels in Deutschland belegen Türken und Kurden hinter südamerikanischen Organisationen inzwischen den zweiten Platz. In der Türkei haben sich die Kriminellen feste Strukturen aufgebaut; die türkische Polizei geht in keiner Weise energisch gegen Heroinhändler vor. In der Türkei kostet ein Kilo Heroin im Einkauf 5000 DM, beim Straßenverkauf in Deutschland bringt es 120.000 DM.

Bei der Organisierten Kriminalität insgesamt stellten Türken und Kurden 1994 mit 14,2 % den weitaus größten Teil nicht-deutscher Tatverdächtiger[32)], wobei

27) Vgl. *Neue Zürcher Zeitung*, 22. Juni 1995, S. 7.
28) Vgl. *Die Woche*, 28. Juli 1994, (Extra), S. I.
29) Vgl. *Neue Zürcher Zeitung*, 22. Juni 1995, S. 7.
30) *Schmidt-Eenboom/ Angerer* (1994).
31) Vgl. *Odendörfer* (1994), S. 114 f.
32) Der Anteil deutscher Tatverdächtiger im Bereich der Organisierten Kriminalität insgesamt betrug 1994 41,3 %, der der nicht-deutschen Tatverdächtigen 58,7 % (zum Vergleich 1993 45,5 % deutsche und 54,5 % nicht-deutsche Tatverdächtige, wobei der türkische Anteil hieran 15 % betrug); vgl. *Bundeskriminalamt* (1995), Anhang Tabelle.

Türken und Kurden sich im Bereich des Drogenhandels konzentrieren bzw. hier eine relative Dominanz haben dürften.

Beunruhigend ist allerdings, daß sich auch ostmittel- und osteuropäische Kriminelle zunehmend auf die Produktion von Rauschgift für Westeuropa verlegen:[33)]

- Polen[34)] ist derzeit mit 15–20 % drittgrößter Produzent von Amphetaminen in Europa;
- Ungarische Kriminelle haben 1994 bedeutende Mengen von Amphetamin-Derivaten (MDEA) hergestellt, in Riga ist 1993 eine große Fabrik zur Herstellung dieser Drogen entdeckt worden;
- eine südamerikanische Gruppe hat 1993 zusammen mit Ungarn versucht, in Budapest ein Kokain-Labor aufzubauen.
- Besondere Gefahren gehen von den ehemaligen Republiken der UdSSR aus (insbesondere Kasachstan, Kirgisien, Usbekistan, Tadschikistan und Rußland; vgl. auch 3.2.), wo große Mengen Opium, Cannabis und Ephedrin angebaut und veredelt werden.

Nur ein Zehntel der enormen Gewinnspannen (vgl. Tab. 2) erzielt die Organisierte Kriminalität allerdings in den Produzentenländern. 90 % der Wertschöpfung hingegen entfallen auf die Konsumentenländer[35)]; überwiegend die USA und Westeuropa (vgl. auch Tab. 3). Dies kann mit den in den Gewinnen enthaltenen erheblichen Risikoprämien, dem »Strecken« der Ware durch die Zwischenhändler, niedrigen Ankaufpreisen für Bauern und Zulieferer in den Produzentenländern sowie den aufgrund des Wohlstandsniveaus in den USA und Westeuropa zu realisierenden Preisen, Umsätzen und damit Gewinnen begründet werden.[36)]

»Drogengeschäfte sind eine nie versiegende Geldquelle. Die Profite aus dem Handel (...) dienen als Grundkapital für Investitionen in andere legale und illegale Erwerbszweige. Supermarktketten, Baufirmen, Hotels, Restaurants oder Feriensiedlungen werden als Geldwaschanlagen benutzt. Über Börsen kaufen die Kartelle Anteile von Aktiengesellschaften. (...) Kaum eine andere Branche ist so liquide wie die Rauschgiftindustrie. Drogenmultis kontrollieren und manipulieren einen Großteil des Cash-flows auf den weltweiten Finanzmärkten. (...) Bei Hunderten von Milliarden Mark Jahresumsatz fallen Gewinne in kaum faßbarer Größenordnung an (...) Nur ein kleiner Teil der Drogeneinnahmen fließt

33) Vgl. *Storbeck* (1995), S. 21.

34) Zur Entwicklung der Organisierten Kriminalität in Polen vgl. *Holyst* (1993), im Bereich Rauschgiftdelikte insbesondere S. 150 ff.

35) Vgl. *Wichmann* (1992), S. 19.

36) Vgl. *Wichmann* (1992), S. 19 f.

anschließend in die Ökonomien der Anbauländer zurück (...) Unter dem Strich, schätzt man, kommen beispielsweise nur 15 % der Kokaineinnahmen der Wirtschaft in den Kokaländern (...) zugute«.[37)]

3.2 Rußland und die GUS (regionaler Ansatz)

Die Organisierte Kriminalität in Rußland und der GUS sowie deren im Aufbau befindliche Netzwerke in Gesamteuropa und die aus illegalen Aktivitäten gewonnenen Gelder stellen heutzutage eine der empfindlichsten Bedrohungen der Sicherheit dar.

Hierbei beschreibt *Bromm* einen wesentlichen ***Unterschied*** zu Organisierter Kriminalität im Westen:[38)]

Während sich im Westen die Organisierte Kriminalität auf der Grundlage verbotener Dienstleistungen (Prostitution, Glücksspiel etc.) hin zur Wirtschaftskriminalität entwickelte, entwickelte sie sich im Osten im Bereich der Wirtschaft und über Verflechtungen mit Kriminellen hin zu Delikten der »klassischen Kriminalität«.

Allerdings bestanden einige der Netzwerke der Organisierten Kriminalität, wenn auch nicht im heutigen, der Periode der Systemtransformation geschuldeten Ausmaß, bereits zu sozialistischen Zeiten, wo sie als Güterverteiler in der Schattenwirtschaft durch Umleitung staatlicher Güter von Versorgungsengpässen profitierten.[39)]

Die russische Mafia scheint derzeit die einzige stabile Macht im Staatswesen zu sein. Sie hat nicht nur Politik und Wirtschaft unterwandert, sondern auch Polizei und Justiz korrumpiert.[40)] Die Korruption ist in allen Bereichen der Staatsmacht und der Staatsverwaltung verbreitet. Die Korruption und die Organisierte Kriminalität haben in enger Verbindung alle Bereiche des staatlichen Machtapparates durchdrungen. Davon sind auch die Staatsduma sowie die Rechtsprechungs- und Rechtsschutzorgane nicht verschont geblieben.[41)]

---

37) *Wichmann* (1992), S. 24 f.
38) Vgl. *Bromm* (1995), S. 58.
39) Vgl. *Handelman* (1994), S. 86.
40) Vgl. zu diesen Problematiken detailliert auch *Watschnadse* (1994).
41) Vgl. *Korupaeva* (1994), die weiterhin anführt, daß sich die Polizei allein 1993 von mehr als 500 operativen Mitarbeitern befreit hat, die mit kriminellen Gruppen zusammengearbeitet haben.

Seriöse offizielle und inoffizielle Quellen gehen von folgendem Lagebild der Organisierten Kriminalität in Rußland aus:

Die russische Mafia setzt sich aus 5600 kriminellen Vereinigungen[42] zusammen, von denen ca. 160 als groß (mehr als 1500 Mitglieder) einzustufen sind. Ihre Aktivitäten sind in mehr als 30 Staaten nachweisbar; es existieren Kontakte und Querverbindungen zu anderen kriminellen Vereinigungen im Ausland.[43] Der geschätzte Profit der russischen Mafia betrug im ersten Halbjahr 1994 1,2 Milliarden Mark, ihr geschätztes Guthaben bei westlichen Geschäftsbanken beträgt fünf Milliarden US-$.

Als traditionelle Geschäftsbereiche gelten Schutzgelderpressung, Menschenhandel, Autoschiebereien, Schmuggel von Kunstgegenständen und Waffenhandel, relativ neu sind Falschgeld, Drogenproduktion und -handel, Prostitution[44], Glücksspiel sowie das Verschieben von Rohstoffen[45]; insgesamt mit einem geschätzten volkswirtschaftlichen Schaden von ca. 40 Milliarden US-$ 1992.

40 % der russischen Wirtschaft[46], mithin ca. 40.000 private und 2000 staatliche Unternehmen, werden mehr oder weniger stark von der Mafia kontrolliert[47], 80 % der stimmberechtigten Aktien werden ihr zugerechnet. Nicht zuletzt aufgrund der verschwommenen Abgrenzungen zwischen kriminellen und legalen Geschäftsaktivitäten war es den kriminellen Organisationen möglich, viele Bereiche der Wirtschaft zu infiltrieren und einen überproportionalen Einfluß zu gewinnen.[48]

---

42) Vgl. *Hennes* (1995), S. 41, der sich auf Angaben des russischen Innenministeriums beruft; *Handelman* (1994), S. 83 schätzt die Zahl der aktiven Mitglieder in kriminellen Organisationen auf ca. 100.000.

43) Etwa ein Fünftel der Banden unterhält Verbindungen mit dem organisierten Verbrechen im Ausland; vgl. *Hennes* (1995), S. 41.

44) Der Export von Prostitution, oft auch in Verbindung mit Menschenhandel, aus Rußland und der GUS nach Westeuropa, hat in den letzten Jahren hohe Zuwachsraten zu verzeichnen; vgl. *Der Spiegel*, 46/1994, S. 178ff. sowie *Nobbe* (1994), S. 129ff. Hierbei führen die Routen des Menschenhandels über Lettland, die Ukraine, Polen und Ungarn nach Westeuropa; vgl. *Nobbe* (1994), S. 131.

45) Vgl. zu diesen Geschäftsbereichen auch *Pavlova* (1994); nach *Hennes* (1995), S. 41 wurden 1992 russische Rohstoffe im Wert von 20 Milliarden US-$ außer Landes geschmuggelt.

46) Andere Quellen wie etwa das Russische Innenministerium sprechen von einer Kontrolle des Organisierten Verbrechens über 40 % des Umsatzes im Güter- und Dienstleistungshandel; vgl. *Handelman* (1994), S. 84.

47) *Pavlowa* (1994) stellt hierzu fest: »*Es gibt (...) Korruption nicht nur in der Hauptstadt, sondern auch in den mittelgroßen und kleineren Ortschaften, in denen die kriminellen Gruppierungen das kommunale Eigentum, vor allem die Produktionsbetriebe sowie die Handels- und Dienstleistungsbetriebe aufkaufen (...)*«.

48) *Handelman* (1994), S. 83.

Als Ursache für die Entwicklungen im Bereich der Organisierten Kriminalität und ihrer Bekämpfung konstatiert *Handelman* **in Rußland bereits zu Beginn des Transformationsprozesses ein massives Politikversagen:**

»Russia's new leaders have failed to adopt any significant measures to curb organized crime. What's more, the reformers' most substantial achievements – demolishing the last vestiges of the police state and lifting most restrictions on private ownership – have had the perverse effect of creating the perfect environment for mafiya growth. Russian policymakers committed a fundamental mistake: they tried to develop a free market before constructing a civil society in which such a market could safely operate«.[49)]

Hierzu muß allerdings angemerkt werden, daß die parallel stattfindende Umgestaltung der politischen, ökonomischen, sozialen und gesellschaftlichen Ebenen konstituierend für eine Systemtransformation sind und eine gradualistische Abfolge von Reformschritten leicht zu kontraproduktiven Ergebnissen führen kann, wenn zudem die Programme nicht eingehalten werden. Darüber hinaus gab es in Rußland zwar sinnvolle ökonomische Einzelschritte wie die angeführten Vorschriften über Privateigentum, kaum aber eine konsistente Gesamtstrategie der Systemtransformation.[50)]

Gromov[51)] befürchtet zudem, daß der Höhepunkt der Kriminalität in Rußland und der GUS noch keinesfalls erreicht oder überschritten ist.

Zur Richtung der Geldströme aus Organisierter Kriminalität in Rußland und der GUS ist festzustellen:

»There are clearly large amounts of criminal proceeds coming out of Russia and Eastern Europe for laundering and investment in the West. However, Russian organized crime is active in many countries in various parts of the world. The resulting proceeds of these operations need to be laundered in the West and/or returned to Russia. Thus, although the evidence indicates that most of the funds flow from East to West, money is also being moved back to Russia. (...)
In terms of the outflow of money from Russia, a significant amount is still being exported in cash and taken for deposit by individuals at banks in major financial centres. (...) In addition, Russian groups are making extensive investments in real estate, hotels, restaurants anf tourist businesses in a number of countries«.[52)]

---

49) *Handelman* (1994), S. 88 f.
50) Vgl. hierzu auch *Hirschmann* (1995), S. 45 ff.
51) Vgl. *Gromov* (1994), S. 13.
52) *Financial Action Task Force* (1995), S. 16.

In jüngster Zeit entwickelt sich, z.T. auch aufgrund schärferer Kontrollen in Westeuropa, Israel als Drehscheibe für Mafia-Gelder. Bewiesen wird dies nach *Handelsblatt*-Recherchen durch die Statistik:

»In den ersten vier Monaten 1995 stiegen Israels Devisenreserven, trotz des ausufernden Handelsbilanzdefizits, um 2,6 Mrd. US-$ auf 9,5 Mrd. US-$. Die Hochzinspolitik der Notenbank lockt heißes Kapital an, darunter Mafiagelder aus Rußland, der Ukraine und anderen GUS-Republiken. Im Vorjahr erhöhten sich die Ausländereinlagen bei israelischen Banken und ihren Dependenzen um 25,9 % auf 23,4 Mrd. US-$, nachdem sie 1992 und 1993 stagnierten«.[53)]

Auch in den Republiken der GUS fällt die Lagebeurteilung der Organisierten Kriminalität nicht weniger dramatisch aus. So floriert neben anderen Delikten insbesondere auch der Rauschgifthandel[54)] mit den gewinnträchtigen Anbaugebieten z.B. in Aserbaidschan, Kasachstan und Usbekistan sowie die Prostitution, innerstaatlich und durch deren Export.[55)]

Die Entwicklungen in Rußland und der GUS stellen die zentrale Bedrohung für Demokratie und Marktwirtschaft, aber auch staatlicher Strukturen in Rußland und der GUS dar. Die politische Ebene in Rußland ist z.T. eng mit der Mafia verbunden. So sind in den letzten Jahren z.B. auch zahlreiche Parteien entstanden und Politiker aufgetaucht, die sich aus überwiegend unbekannten privaten Quellen finanzieren.[56)] Zudem erlangen die Instabilitäten in dieser Region zusammen mit dem Export von Kriminalität und Gewinnen daraus in westliche Staaten zunehmend eine zentrale, gesamteuropäische Bedeutung im Bereich der Sicherheitspolitik.

Zusammenfassend erscheint für Rußland folgendes Fazit angemessen:

»Nationalismus mit undurchsichtigen Auseinandersetzungen, die Drohung mit dem Polizeistaat und die Gefahren seitens der Mafia setzen die Wegmarken für Rußlands Zukunft«.[57)]

---

53) *Handelsblatt*, 26. Mai 1995, S. 39.
54) Vgl. *Bromm* (1995), S. 59.
55) Vgl. *Nobbe* (1994), S. 131 f. sowie *Der Spiegel*, 46/1994.
56) *Hennes* (1995), S. 44.
57) *Hennes* (1995), S. 44.

4. Investitionen in den »legalen Wirtschaftsbereich«: Wo liegt das Problem?

Häufig wird die Frage gestellt, wo denn eigentlich das Problem liege, wenn illegal erworbenes Geld in den legalen Wirtschaftskreislauf investiert und ab diesem Zeitpunkt dann legal verfahren wird? Eine kleine Auswahl aus der Vielzahl der ökonomischen und sicherheitspolitischen Bedrohungen soll nachfolgend vorgestellt werden.

Hierzu noch ***zwei Vorbemerkungen:***

a) Es wäre realitätsfern, davon auszugehen, daß von der Organisierten Kriminalität illegal erworbenes Geld legal investiert wird, um die Früchte dieser Investition und Folgeinvestitionen fortan nur noch für legale Geschäfte zu nutzen.
b) Es ist von einem ***dauerhaften zirkulären Prozeß*** auszugehen (vgl. Abb. 2), bei dem die Strukturen und Ergebnisse des legalen »Komplementärgeschäfts« auch zum Ausbau des illegalen Hauptgeschäfts genutzt werden.

Folgende Bedrohungen ergeben sich u.a. **für Deutschland**:

1. Sofern im Zeitablauf der Einfluß der durch Geldwäscheaktivitäten legalisierten Geldemengenkomponente auf das Bruttoinlandsprodukt zunehmen sollte, würde ein ständig wachsender Anteil des Bruttoinlandsproduktes mit zwar legalisiertem Geld erwirtschaftet werden, originär jedoch von den mit illegalen Transaktionen erzielten Gewinnen stammen.[58] Eingebettet in einen schleichenden Prozeß würde die deutsche Volkswirtschaft Zug um Zug durch Transaktionen innerhalb des illegalen Wirtschaftssektors monetär gespeist werden. Den mit illegalen Transaktionen operierenden Akteuren würde somit entsprechende ökonomische und politische Macht zuwachsen, die zum einen anonym bliebe und zum anderen zur Einbringung in weitere illegale Aktivitäten dienen könnte.

Bei staatlichen Maßnahmen zur Bekämpfung der Organisierten Kriminalität, welche den »Wettbewerbsrahmen« der illegalen Anbieter beeinflussen, ist zu berücksichtigen, daß die staatlicherseits ergriffenen Maßnahmen Rückwirkungen auf die von den Anbietern gewählten Strategien zur bewußten Veränderung der Anbieterstruktur haben.[59] Unter bestimmten Konstellationen können dann vom Staat gesetzte restriktivere Maßnahmen machtverstärkend für die ohnehin schon potentesten illegalen Anbieter wirken.

58) Siehe hierzu die Ausführungen innerhalb des Gliederungspunktes 2.1.
59) Siehe hierzu die Ausführungen innerhalb des Gliederungspunktes 2.2.

1. Angesichts des hohen Integrationsgrades der internationalen Finanzmärkte und des daneben auch realwirtschaftlich hohen Integrationsniveaus innerhalb der Europäischen Union sowie unter Berücksichtigung der enormen Marktgröße der Bundesrepublik kann davon ausgegangen werden, daß Deutschland zu einem der bevorzugten Aktionsräume für organisierte illegale Transaktionen und für die Geldwäsche der daraus erzielten Gewinne gehört.[60)]

   Durch die staatliche Prohibition sinkt bei statischer Betrachtung der Konsum illegaler Drogen, wobei die Mengenreduktion um so geringer und die Preiserhöhung um so stärker ausfallen, je preisunelastischer die Nachfrage nach dem illegalen Produkt reagiert.[61)] Hingegen gibt eine dynamische Betrachtungsweise des Rauschgiftmarktes Anlaß zu der Vermutung, daß durch ein im Zeitablauf zunehmendes Angebot illegaler Drogen das staatliche Drogenverbot fast vollständig ausgehebelt wird.

2. Das *Bundeskriminalamt* stellt in seiner ***Lagebeurteilung der Organisierten Kriminalität*** in Deutschland 1994 fest:[62)]

   »Ungefähr zwei Drittel der analysierten Ermittlungsverfahren sind durch eine internationale Tatbegehung gekennzeichet. (. . .)
   Von den 569 Ermittlungsverfahren mit Angaben zur OK-Relevanz weisen
   - *(. . .) 75,4 %* ***die Verwendung gewerblicher oder geschäftsähnlicher Strukturen****;*
   - *(. . .) 57,5 %* ***die Anwendung von Gewalt oder anderer zur Einschüchterung geeigneter Mittel,*** *und*
   - *(. . .) 17,9 %* ***Einflußnahmen auf die Politik, Medien, öffentliche Verwaltung, Justiz oder die Wirtschaft*** *auf. (. . .)*

   In 37 Ermittlungsverfahren liegen Hinweise auf 115 Geldwäschehandlungen vor (. . .),
   Die Anzahl der gemeldeten Einzeldelikte ist im Vergleich zum Vorjahr wieder deutlich angestiegen. (. . .)
   Die seit 1991 ermittelten 32.641 OK-Tatverdächtigen verursachten in den letzten Jahren einen bekanntgewordenen Schaden von über 9,8 Milliarden DM und verdeutlichen u.a. das Bedrohungspotential durch die Organisierte Kriminalität. (. . .) Darüber hinaus entsteht jährlich ein ernormer, nicht quantifizierbarer, materieller und immaterieller Schaden durch einzelne Erscheinungsformen der Organisierten Kriminalität (z.B. durch die Rauschgift-, Umwelt-, Waffenkriminalität oder den Menschenhandel). Die hohen illegalen

60) Siehe hierzu die Ausführungen innerhalb des Gliederungspunktes 2.2.
61) Siehe hierzu die Ausführungen innerhalb des Gliederungspunktes 2.3.
62) *Bundeskriminalamt* (1995), S. 4 ff.

Gewinne bilden zudem das Investitionskapital für weitere kriminelle Aktivitäten.«

Problematisch ist insbesondere folgende Tatsache:
Gewinne aus Organisierter Kriminalität werden gezielt in Anlageobjekte investiert, die bei der Verknüpfung mit dem Kerngeschäft Synergieeffekte versprechen:[63)]

- Mit dem Kauf von Immobilien wird eine Standort-Infrastruktur aufgebaut;
- eigene Transportfirmen (Fluglinien, Speditionen etc.) erleichtern den Schmuggel;
- Investitionen in Chemieunternehmen oder Drogerien verschaffen den Zugang zu Chemikalien;
- »bargeldumlaufintensive« Objekte (Spielcasinos, Restaurants etc.) dienen der Geldwäsche; und
- Touristikfirmen fungieren als logistische Stütze für Vertrieb und Absatz.

Mithin werden die durch Investitionen in den legalen Wirtschaftskreislauf aufgebauten Strukturen sowie die daraus gewonnene ökonomische und politische Macht zum weiteren Ausbau der illegalen Geschäftstätigkeit genutzt (vgl. auch Abb. 2).

3. Die ***Störungen*** der Devisen-, Geld- und Kapitalmärkte können erheblich sein:[64)]

   Auch auf den Kapitalmärken ist von illegaler Konkurrenz auszugehen. Immer wieder gelingt es organisierten Kriminellen, mit Projekten auch Kapitalanleger zu betrügen. Die Palette der betrügerischen Kapitalanlagen reicht von stillen Beteiligungen über Wertpapiere bis hin zu Waren- oder Devisentermingeschäften. Darüber hinaus wachsen auch die kriminellen Aktionen in dem komplementär zum Hauptgeschäft für die Geldwäsche wichtigen unbaren Zahlungsverkehr, darunter insbesondere die Scheck- und Kreditkartenkriminalität. Auf diese Weise werden hohe Kapitalströme umgelenkt.

4. Es ist von erheblichen ***Wettbewerbsverzerrungen*** aufgrund von ***Verdrängungseffekten im regulären Wirtschaftskreislauf*** auszugehen:[65)]

---

63) *Wichmann* (1992), S 26.
64) Vgl. *Zachert* (1994), S. 24 f.
65) Vgl. *Bromm* (1995), S. 60.

Die hohen Gewinne aus Organisierter Kriminalität, die in den regulären Wirtschaftskreislauf fließen, führen zu erheblichen Wettbewerbsverzerrungen beim Angebot von Waren und Dienstleistungen, denn seriöse Unternehmen müssen im Gegensatz zur Organisierten Kriminalität (mit ihren legalen Schein- und »Synergie«-unternehmen) ihren Kapitalbedarf und die Produktion am Markt orientieren. Verdrängungseffekte lassen sich ebenfalls zurückführen auf ***Kostenvorteile***, die auf kriminellem Verhalten basieren, wie z.B. Beschäftigung illegaler Arbeitsnehmer und Prostituierter (besonders aus Ostmittel- und Osteuropa), Schmuggel und Subventionsbetrug.[66)]

Bundesminister Kanther stellt hierzu fest:
»Kein noch so knapp kalkuliertes Angebot kann im Wettbewerb bestehen, wenn der Mitbewerber illegal erwirtschaftete Gelder investiert und dazu noch Entscheidungsträger »schmiert«. Mit der Geldwäsche findet das organisierte Verbrechen zugleich Tarnungs- und Fortentwicklungsmöglichkeiten in einem Bereich, in dem polizeiliche Verdachtsschöpfung in einem liberalen Rechtsstaat immer auf besondere Sensibilitäten stößt«.[67)]

5. Eng mit der Organisierten Kriminalität verbunden ist das ***Phänomen der Korruption***, daß zunehmend staatliche Funktionen und Strukturen aushöhlt. *Köhler* stellt hierzu beispielhaft für das Rhein-Main-Gebiet, das sicherlich keinen Einzelfall darstellt, fest:

»Das jahrzehntelang verharmloste, nicht wahrgenommene und nur unzureichend strafrechtlich ermittelte Feld der Korruption kann heute als Schmiermittel für OK bezeichnet werden. Es gibt in Frankfurt am Main kaum ein OK-Verfahren, in das nicht ein Beamter oder Angehöriger des öffentlichen Dienstes als Beschuldigter verstrickt ist. Bei Bestechung und Bestechlichkeit handelt es sich nicht mehr nur um Einzelfälle abweichenden Verhaltens. Vielmehr ist die Korruption in der öffentlichen Verwaltung ein Kriminalitätsphänomen, das sich bereits seit Jahren zu festgefügten Beziehungsstrukturen verdichtet hat und – bildlich gesprochen – in den gesamten Staatskörper metastasenartig eindringt. Wir mußten im Rhein-Main-Ballungsgebiet feststellen, daß Korruption flächendeckend anzutreffen ist. Sie durchzieht die Amtsstuben ganzer Behörden und Verwaltungen«.[68)]

66) Vgl. hierzu auch *Zachert* (1994), S. 24.
67) *Kanther* (1994), S. 13.
68) *Köhler* (1994), S. 31 f.

6. Hinzu kommt, daß Instabilitäten und die Unterwanderung durch Organisierte Kriminalität in Ostmittel- und Osteuropa, insbesondere in Rußland, erhebliche Auswirkungen auf die gesamteuropäische Sicherheit haben können;

und schießlich

7. stellen die Vereinten Nationen darüber hinaus allgemein fest:[69] *»Die Verbindung zwischen dem illegalen Handel mit Drogen und anderen Formen der Organisierten Kriminalität unterminiert die legale Wirtschaft und bedroht die Stabilität, Sicherheit und Souveränität ganzer Staaten; dieses illegale Geld dringt in die Regierungsstrukturen ein und vergiftet und korrumpiert diese ebenso wie den erlaubten Handel und die Finanzgeschäfte. Diese Form des Verbrechens gefährdet und vernichtet schließlich das soziale Leben auf allen Stufen«*, und dies nicht nur in den sich entwickelnden Ländern, sondern besonders auch in den entwickelten Industriestaaten.

5. Staatliche Präventions- und Bekämpfungsmaßnahmen

Die theoretischen Möglichkeiten, von Seiten des Staates gegen Organisierte Kriminalität und illegal erworbenes Geld vorzugehen, sind vielfältig.

Hierbei sind ***zwei Ansätze*** zu unterscheiden:

Maßnahmen des Staates konzentrieren sich zunächst auf sein Hoheitsgebiet, wobei weitreichende normative Regelungen und Verhaltensweisen zur Prävention und Bekämpfung möglich sind ***(nationaler Ansatz)***. Da aber wie ausgeführt die Ermittlungsverfahren in Deutschland und anderen Staaten überwiegend durch eine internationale Tatbegehung gekennzeichnet sind, sind auch internationale Ansätze der Prävention und Bekämpfung kritisch zu diskutieren ***(internationaler Ansatz)***.

Darüber hinaus muß nach *Holst* der Bekämpfungsansatz gegen die Organisierte Kriminalität auf drei Ebenen abzielen:[70]

- auf den Täter;
- auf Informations- und Kommunikationssysteme; sowie
- auf die kriminellen Gewinne.

69) Zitiert nach *Bromm* (1995), S. 60.
70) *Holst* (1994), S. 266.

5.1 Internationale Ansätze

Auf internationaler Ebene ist im Jahre 1989 während des G-7-Treffens von Paris die »Financial Action Task Force« (FATF) gegründet worden, um geeignete Maßnahmen zu prüfen, die zur Bekämpfung von Geldwäscheaktivitäten geeignet erscheinen. Im April 1990 erstellte die FATF dazu einen Bericht mit einem Programm von 40 Empfehlungen. Zur Zeit umfaßt die FATF 28 Mitgliedsstaaten und Regionalorganisationen, darunter alle OECD-Länder sowie die großen Finanzzentren der Welt.

Die FATF bringt auf ihren Sitzungen disziplinübergreifend Experten zusammen, die aus den Finanz-, den Justiz-, den Innen- und den Außenministerien sowie von den Strafverfolgungsbehörden und den Finanzaufsichtsbehörden stammen. Die Treffen der FATF werden darüber hinaus auf Ad-hoc-Basis besucht von Repräsentanten des Zollkooperationsrates, des Internationalen Währungsfonds, der Weltbank, des Internationalen Drogenkontrollprogramms der Vereinten Nationen sowie von Interpol.

Auf **drei große Arbeitsgebiete** konzentriert sich die Arbeit der FATF:

- Bewertung des von den FATF-Mitgliedern erreichten Fortschritts bei der Implementierung der 40 Empfehlungen zur Geldwäschebekämpfung;
- Überwachung der Entwicklung bei den Geldwäschetechniken und Verfolgung geeigneter Verfeinerungen in den Gegenmaßnahmen;
- Ausführung eines Programms externer Beziehungen zur Förderung der weitest möglichen internationalen Aktionen gegen Geldwäsche.

In ihrem soeben erschienenen sechsten Jahresbericht 1994-1995 stellt die Arbeitsgruppe fest[71)], daß, obwohl in den letzten Jahren international erhebliche Verbesserungen hinsichtlich der Maßnahmen zur Einschränkung der Geldwäsche erreicht worden sind, nach wie vor eine Vielzahl von teilweise gravierenden strukturellen Defiziten und gesetzlichen Schlupflöchern festzustellen ist. Ausdrücklich zeigt sich die FATF besorgt darüber, daß in Österreich und in der Türkei weiterhin anonyme Nummernkonten zugelassen sind.

Gemäß dem Bericht haben mittlerweile nahezu alle FATF-Mitglieder für die Kreditinstitute Richtlinien zur Geldwäschebekämpfung vorgegeben, jedoch nur wenige der Mitglieder haben bisher entsprechende Richtlinien für alle Katego-

---

71) Siehe hierzu *Financial Action Task Force* (1995).

rien der im Nicht-Bank-Bereich angesiedelten Finanzinstitutionen entwickelt.[72] In ähnlicher Weise haben alle FATF-Mitglieder zwischenzeitlich Schritte unternommen, um die Kreditinstitute vor ihrer Kontrolle oder ihrem Erwerb durch Kriminelle zu schützen, gleichwohl bleibt vieles zu tun, um ein entsprechendes Überwachungselement bei allen Typen von Finanzinstitutionen, wie z.B. Immobiliengesellschaften, Wechselstuben, Spielkasinos oder Reiseveranstaltern, zu etablieren; dies um so mehr, als generell eine zunehmende Professionalität der Geldwäscher mit einer Ausdehnung der Geldwäscheaktivitäten auf stets neue Wirtschaftszweige zu konstatieren ist.

Innerhalb der nun zu Ende gegangenen sechsten Runde der FATF wurden im Rahmen des von den FATF-Mitgliedern praktizierten Prozesses der sogenannten »gegenseitigen Bewertungen« weitere sieben Überprüfungen vorgenommen: Neuseeland, Portugal, Island, Singapur, die Türkei, Aruba und die Niederländischen Antillen waren Gegenstand der Bewertung.[73] Damit sind nun sämtliche Mitglieder der FATF *einmal* im Rahmen des Prozesses der gegenseitigen Bewertung geprüft worden. Eine zweite Inspektionsrunde, die sich damit beschäftigt, wie effektiv die von den Mitgliedern ergriffenen Maßnahmen zur Geldwäschebekämpfung in der Praxis sind, wird 1996 anlaufen.

Die FATF muß als ein ***erster Schritt*** zu einer globalen Bekämpfung »illegal erworbenen Geldes« gesehen werden und ist somit zu begrüßen. Allerdings reichen die getroffenen Kooperationen nicht aus: Der stetig wachsenden globalen Vernetzung von Finanzmärkten muß eine effiziente, international einheitliche Bekämpfung der illegalen finanziellen Aktivitäten gegenüberstehen. Hierbei ist u.a. zu beachten:

- ***Gesetzliche Normen*** und deren Exekution müssen weltweit (nicht nur im G-7- oder im FATF-Bereich) so vereinheitlicht werden, daß sie eine gleichmäßig hohe Entdeckungswahrscheinlichkeit und Strafverfolgung gewährleisten. Darüber hinaus ist bei der Ausgestaltung darauf hinzuwirken, daß die kalkulierbaren Kosten illegaler Handlungen (Strafen etc.) durch die Hierarchie krimineller Organisationen möglichst gleichverteilt sind. Das heißt, auch die oberen Hierarchiestufen müssen sich durch gesetzliche Regelungen und konsequente Strafverfolgung ebenso bedroht fühlen (können) wie andere.
- Insbesondere im ***Umbruch befindliche Staaten*** (z.B. in Ostmittel- und Osteuropa und der Dritten Welt) müssen in der Lage sein bzw. in die Lage ver-

72) Vgl. *Financial Action Task Force* (1995), S. 7.
73) Vgl. *Financial Action Task Force* (1995), S. 3.

setzt werden, Organisierte Kriminalität wirksam bekämpfen zu können. Dies gilt insbesondere im Hinblick auf den Exekutivbereich gesetzlicher Normen, den rechtsstaatlichen Aufbau und im Hinblick auf funktionierende, effiziente Strukturen der inneren Sicherheit (Polizei usw.). Die Industriestaaten können hier Know-how, Experten und finanzielle Mittel zur Verfügung stellen.

- Eine ***wirtschaftliche Kompensation*** für solche Staaten, die einen wesentlichen Anteil an »illegaler Produktion« aufweisen, kann durch Entwicklungshilfe und geeignete Projekte geleistet werden.
- ***Aufstrebende und etablierte Finanzplätze*** außerhalb der Industriestaaten sind in das zu schaffende Präventions- und Operationssystem miteinzubeziehen (»Schlupflochverhinderung«). Die Bereitschaft zur Vereinheitlichung steigt dabei in diesen Staaten ebenfalls mit dem Ausmaß an Kompensation für wirtschaftliche Verluste.

Als weitere Institution der internationalen Zusammenarbeit hat am 1. Januar 1994 EUROPOL in Form der Europol-Drogeneinheit in Den Haag seine Arbeit aufgenommen.[74)] Die Gründung von Europol geht zurück auf die im Vertrag von Maastricht vereinbarte gemeinsamen Innen- und Rechtspolitik der EU-Staaten (Art. K des EU-Vertrags). In deren Rahmen ist u.a. eine polizeiliche Zusammenarbeit der Vertragspartner bei der Verhütung und Bekämpfung des illegalen Drogenhandels vereinbart worden (Art. K.1 Nr. 9).

»Europol kommen in dieser ersten Form zwei Funktionen zu: Zum einen dient Europol der Übermittlung personenbezogener Daten zur Unterstützung konkreter polizeilicher Ermittlungen. Zum anderen sollen auf der Grundlage allgemeiner, nicht personenbezogener Daten Lagebilder erstellt und Kriminalitätsanalysen vorgenommen werden.«[75)]

Ein schwerwiegendes Defizit der Arbeit von Europol liegt darin, daß bisher noch keine Europol-Konvention beschlossen worden ist, sondern vielmehr allein aufgrund eines Ministerbeschlusses gearbeitet wird, der allerdings der Einrichtung Europol keinerlei Kompetenzen zubilligt. Deren Erteilung verbleibt bis zum Abschluß einer Europol-Konvention in der jeweils nationalen Souveränität.

5.2 Nationale Ansätze

Mittlerweile ist in Deutschland ein Gesetz über das Aufspüren von Gewinnen aus schweren Straftaten, kurz Geldwäschegesetz genannt, verabschiedet worden.

---

74) Vgl. *Storbeck* (1995), S. 24.
75) *Storbeck* (1995), S. 24.

Es verpflichtet Bankkunden, sich bei Bareinzahlungen von mehr als 20.000 DM auszuweisen, wobei als Treuhänder fungierende Rechtsanwälte und Notare die Namen ihrer Mandanten deklarieren müssen. Um die Kreditinstitute in die Lage zu versetzen, Geschäftsabwicklungen und Kundenverhaltensweisen als verdächtig identifizieren zu können, ist den Geschäftsbanken ein Katalog von Anhaltspunkten an die Hand gegeben worden, der der Sensibilisierung der Bankbeschäftigten dienen soll.

Das »Geldwäschegesetz« widmet sich erstmals in geeigneter Form der Geldwäscheproblematik. Dennoch wird es häufig zu Recht in Teilbereichen inhaltlich kritisiert.[76] So moniert *Friedlein* z.B. die Verteilung der Beweislast bei Geldwäscheverdacht und die wenigen Hindernisse bei der Eröffnung von Wechselstuben, die auch dem »Geldwäschegesetz« unterliegen.[77] *Opitz* konzentriert ihre Kritik auf die Schwierigkeiten bei der Strafverfolgung. So könne nach § 261 StGB nur derjenige bestraft werden, der Geldbeträge oder Vermögensgegenstände aus der tauglichen Vortat eines anderen wäscht; die Geldwäsche bliebe ohne eigene Strafe, wenn der Vortäter seine eigenen Verbrechensgewinne wäscht.[78] Darüber hinaus argumentiert sie zutreffend, daß international operierende Geldwäschergruppierungen sich nur dann sachgerecht ermitteln lassen, wenn im Einzelfall verdachtsbefangene Transaktionen zur Aufdeckung des gesamten Tätergeflechts durchgeführt werden dürfen, was gegenwärtig noch nicht der Fall ist.[79]

Die konsequente Stopfung von bekannten Schlupflöchern bleibt weiterhin auf der politischen Tagesordnung. Momentan funktioniert nach Aussagen von Banken und Verbänden die Organisierte Kriminalität immer noch mit einfachsten Mitteln, wobei die Geldwäscher dem Gesetzgeber und den Ermittlungsbehörden immer einen Schritt voraus seien.[80]

Allerdings können solche Gesetze immer nur an den Symptomen ansetzen, nie aber die Ursachen des illegal erworbenen Geldes kurieren. Hierzu muß bei der kriminellen Ersttätigkeit angesetzt werden.

Die Handlungen der Organisierten Kriminalität müssen auch weiterhin mit dem Strafrecht bedroht bleiben und die Strafverfolgung aufrechterhalten werden. ***Dennoch ist die bisher gängige Praxis, die eine Ausweitung der Organi-***

76) So von *Friedlein* (1994) und *Opitz* (1995).
77) Vgl. *Friedlein* (1994), S. 24.
78) *Opitz* (1995), S. 43.
79) Vgl. *Opitz* (1995), S. 45.
80) Vgl. *Friedlein* (1994), S. 24.

sierten Kriminalität in Deutschland nicht verhindern konnte, um weitere Präventions- und Bekämpfungsstrategien anzureichern.

Kriminelle handeln nach ökonomischen (marktwirtschaftlichen) Gesetzen. Durch die Strafandrohung werden die Märkte für die nun illegalen Güter zu illegalen, von der Organisierten Kriminalität bedienten Märkten und entziehen sich der Supervision und der Erfassung durch den Staat. Daher muß eine Konsequenz lauten:

Der Staat wird zum Wohle der Gesellschaft mehr Erfolg bei der Bekämpfung und Prävention der Organisierten Kriminalität haben, wenn er sich selbst dort marktwirtschaftlich verhält, wo dies sinnvoll möglich ist.

Märkte, auch illegale, gehorchen den Gesetzen von Angebot und Nachfrage. ***Denkbar ist, daß der Staat im weitesten Sinne als Anbieter von jetzt illegalen Waren auftritt.*** *Das ist nur in wenigen Bereichen sinnvoll, die aber einen bedeutenden Teil der Organisierten Kriminalität und ihrer Gewinne ausmachen*, so z.B. im ***Bereich Rauschgift***. Das wäre inhaltlich allerdings etwas anderes als eine Liberalisierungspolitik im häufig diskutierten Sinn.

Nicht nur *Juhnke* bezeichnet die Drogenpolitik in Deutschland als wenig effizient, da es immer mehr Neueinsteiger und Süchtige gäbe und immer größere Mengen Drogen ins Land kämen.[81] Die Konsequenz hieraus lautet für *Juhnke*: ***Verstaatlichung des Drogenhandels***.[82] Die Erkenntnisse dieses Aufsatzes bestätigen seine Haltung. Soll die Gesellschaft effizienter vor den Konsequenzen der Organisierten Kriminalität geschützt werden, muß auch noch konsequenter marktwirtschaftlich vorgegangen werden.[83]

Die ***Vorteile einer solchen Regelung*** sind vielfältig:

- ***es handelt sich um eine ausgesprochen verantwortungsvolle Politik***, denn es werden im Ergebnis nicht mehr, sondern weniger Rauschgiftkonsumenten. Auch die ***Hemmschwelle des Konsums wird nicht herabgesetzt***. So sehr man sich auch moralisch wehrt, muß folgende Frage gestattet sein:

81) Vgl. *Juhnke* (1994), S. III.
82) Vgl. *Juhnke* (1994), S. III.
83) Denkbar ist z.B. ***folgender Modellansatz:***
Ein Rauschgiftsüchtiger läßt seine Sucht und deren Ausmaß durch ein ärztliches Attest feststellen. Im Rahmen dieser Diagnose ist er zur Befriedigung seiner Sucht berechtigt, z.B. in Apotheken Drogen zum Selbstkostenpreis des Staates, der weit unter dem Straßenpreis liegt, zu kaufen. Gleichzeitig werden umfangreiche Drogenersatzprogramme angeboten.

Schreckt die Strafandrohung des Staates wirklich vom Konsum ab, wenn man zusätzlich bedenkt, daß die ersten Drogen zum Probieren von Kriminellen meist an unsere Schüler und Minderjährigen verschenkt werden?

- ***die Abgabe ist nicht frei, sondern staatlich (scharf) zu reglementieren***. Daher handelt es sich nicht um eine generelle Freigabe von Drogen;
- der ***komplette illegale Rauschgiftmarkt*** mit seinen kriminellen Nebengeschäften wie Schmuggel, Bestechung etc. ***wird mit einem Schlag ausgetrocknet***, da der Süchtige keinerlei Motivation mehr hat, seinen Bedarf überteuert bei der Organisierten Kriminalität zu decken;
- dadurch ***entfallen die exorbitanten Gewinne*** aus der Rauschgiftkriminalität als größtem Bereich der Organisierten Kriminalität und den Kriminellen werden schlagartig die Fundamente ihrer Geschäftstätigkeit zerstört;
- die ***Beschaffungskriminalität der Süchtigen sinkt*** drastisch und damit auch die Kosten, die diese ökonomisch verursacht (Schäden, Strafverfolgung etc.);
- die ***Kosten der Strafverfolgung*** entfallen, ***der Erlaß und die Exekution von Komplementärgesetzen*** wird teilweise überflüssig;
- da in diesem Bereich kein illegal erworbenes Geld durch Organisierte Kriminalität anfällt, ***entfallen auch die Konsequenzen*** Geldwäsche und Investitionen in den legalen Wirtschaftskreislauf;
- der ***Rauschgiftmarkt wird transparent und kontrollierbar***;
- die ***Innere Sicherheit verbessert sich***, da sich Aktivitäten Krimineller zumindest in diesem Bereich, aber auch in Komplementärbereichen, ökonomisch nicht auszahlen; und schließlich
- handelt der Staat aktiv, nicht wie bisher reaktiv.

Sicherlich wird das Rauschgiftproblem hierdurch nicht vollständig gelöst, aber eine Verbesserung gegenüber dem Status-quo ist sehr wahrscheinlich. Derartige Maßnahmen erfordern aber, soll seriös darüber diskutiert werden, einen ***gesellschaftlichen Umdenkungsprozeß***, der aber zur Bekämpfung von Kriminellen verlangt werden muß. Darüber hinaus:
Wo liegen wirklich die Nachteile eines solchen Modells, läßt man vordergründige moralische und emotionale Bedenken nicht zu?
Seriöse Kritiker[84)] müßten auch aufzeigen, wie man alternativ zu besseren Ergebnissen kommt.

Denkansätze in eine derartige Richtung gibt es schon länger, in jüngster Zeit in der Form von Partialansätzen, die das Problem aber kaum zu lösen vermögen,

84) Hierbei kommt der Berichterstattung in den Medien eine besondere Verantwortung zu. Inhaltsleere Polemik in Kommentaren ist nicht dazu angetan, zu einer seriösen Auseinandersetzung mit der Problematik beizutragen.

aber in die richtige Richtung gehen.[85] Eine marktwirtschaftlich-universelle Lösung, die noch weiter geht als unser Modell, wird von führenden amerikanischen Ökonomen wie dem Nobelpreisträger für Wirtschaftswissenschaften, *Milton Friedman*, vertreten.[86]

Lisken stellt als Polizeipräsident in Düsseldorf ergänzend in bezug auf die Strafverfolgung als Extremposition fest:
»Das Problem der Drogenabhängigkeit (...) bedürfte eines Lösungsversuchs durch Therapieangebote. Die Bestrafung von Konsumenten wegen des Erwerbs von Rauschgiften zum Eigenverbrauch ist kontraindiziert und nutzlos, weil sie die Abhängigkeit nicht behebt und den Schutz der Dealer fördert, auf den die Abhängigen ohne Hilfe angewiesen sind. Es wird allenfalls lokal ein Verdrängungseffekt bewirkt.«.[87]

Literatur

Bender, D. u.a., Hrsg. (1985): Vahlens Kompendium der Wirtschaftstheorie und Wirtschaftspolitik, München.

Berg, H. (1985): Wettbewerbspolitik, in: Vahlens Kompendium der Wirtschaftstheorie und Wirtschaftspolitik, Bender, D. u.a., Hrsg. (1985), S. 231-291.

Bernasconi, P. (1989): Finanzunterwelt – gegen Wirtschaftskriminalität und organisiertes Verbrechen, Zürich u.a.

Bromm, R. (1995): Wie gefährlich sind die kriminellen Aktivitäten im östlichen Europa? Welchen Einfluß haben Verbrechersyndikate auf Wirtschaft und Politik?; in: Haus Rissen, Rissener Rundbrief, 2/Februar–3/März 1995, S. 55–62.

Bundeskriminalamt (1995): Lagebild Organisierte Kriminalität Bundesrepublik Deutschland 1994 (Kurzfassung), Wiesbaden.

Bundesministerium für wirtschaftliche Zusammenarbeit und Entwicklung (1994): Journalisten-Handbuch Entwicklungspolitik 1994, Bonn.

DIHT, Hrsg. (1994): Bekämpfung der Organisierten Kriminalität – Sicherheit in der Wirtschaft, Deutscher Industrie- und Handelstag (DIHT), Bonn.

Duwendag, D. u.a. (1985): Geldtheorie und Geldpolitik. Dritte, überarbeitete und erweiterte Auflage, Köln.

85) Vgl. hierzu *Süddeutsche Zeitung*, 4. Juli 1995, S. 5; *Frankfurter Allgemeine Zeitung*, 4. Juli 1995, S. 5 sowie *Die Welt*, 4. Juli 1995, S.1; hierbei wird eine Trennung der Märkte für »weiche« und »harte« Drogen und eine kontrollierte Abgabe »weicher Drogen« als Diskussionsgrundlage angeboten.

86) Vgl. hierzu die Aussage *Friedmans* in: *Die Woche*, 28. Juli 1994, (Extra) S. IV.

87) *Lisken* (1994), S. 129.

Financial Action Task Force (1995): Financial Action Task Force on Money Laundering – Annual Report 1994–1995, 8. June 1995.

Friedlein, R. (1994): Immer einen Schritt voraus; in: *DIE ZEIT*, Nr. 46, 11.11.1994, S. 24.

Friedrich-Ebert-Stiftung, Hrsg. (1994): Nachrichtendienste, Polizei und Verbrechensbekämpfung im demokratischen Rechtsstaat, Berlin.

Gromov, S. (1994): Organizovannaja prestupnost' v dezorganizovannomm gosudarstve (Organisierte Kriminalität im desorganisierten Staat); in: *Argumenty i Fakty*, Nr. 8, Februar 1994, S. 13.

Handelman, St. (1994): The Russian 'Mafiya'; in: *Foreign Affairs*, March/April 1994, S. 83–96.

Holyst, B. (1993): Organized Crime in Poland; in: *EuroCriminology*, Vols. 5–6/1993, S. 145–177.

Hennes, M. (1995): Die Mafia und die russische Politik; in: *Europäische Sicherheit*, **5/1995, S. 41–44.**

Hetzke, E./K. Hirschmann/M. Potthoff (1994): Die volkswirtschaftliche und politische Bedeutung »illegal erworbenen Geldes« durch global operierende organisierte Kriminalität; in: Hetzke, E./K. Hirschmann/M. Potthoff, Hrsg. (1994), S. 135–144.

Hetzke, E./K. Hirschmann/M. Potthoff, Hrsg. (1994): Weltwirtschaft und Sicherheit, Bundesakademie für Sicherheitspolitik, Schriftenreihe zur neuen Sicherheitspolitik Bd. 8, Berlin u.a.

Hirschmann, K. (1995): The Transition Process in Eastern Europe: European Security Policy Redefined; in: *Intereconomics*, January/February 1995, S. 44–52.

Holst, W. (1994): Sind wir machtlos gegenüber der Organisierten Kriminalität?; in: Haus Rissen, *Rissener Rundbrief*, 8/August – 9/September 1994, S. 263–266.

Holyst, B. (1993): Organized Crime in Poland; in: *EuroCriminology*, Vols. 5–6, 1993, S. 145–177.

Juhnke, A. (1994): . . . in die Blutbahn; in: *Die Woche*, Nr. 31, Beilage-Extra »Rauschgift«, 28.7.1994, S. III.

Kanther, M. (1994): Kriminalität in Deutschland und in der EU; in: DIHT, Hrsg. (1994), S. 10–20.

Koehler, P. (1994): Korruption im Vormarsch; in: DIHT, Hrsg. (1994), S. 30–34.

Korupaeva, T. (1994): Sumeem li ostanovit' prestupnyj val? (Wird es uns gelingen, der Kriminalität Einhalt zu gebieten?); in: Rossijskaja Gazeta, 25.6.1994.

Lisken, H. (1994): Vorfeldeingriffe im Bereich der »Organisierten Kriminalität« – Gemeinsame Aufgabe von Verfassungsschutz und Polizei; in: Friedrich-Ebert-Stiftung, Hrsg. (1994), S. 119–130.

Müller, R./ H.-B. Wabnitz (1995): Wirtschaftskriminalität – Eine Bedrohung für Staat und Gesellschaft; in: Aus Politik und Zeitgeschichte, Beilage zur Wochenzeitung »Das Parlament«, B 23/95, 2.6.1995, S. 28–35.

Nobbe, H.-R. (1994): Menschenhandel – Die nackte Angst ist immer dabei; in: Focus, 40/1994, S. 128–134.

Odendörfer, H. (1994): Rauschgifthandel – Milliardengeschäft mit dem Fixer-Elend; in: Focus, 41/1994, S. 112–118.

Opitz, E. (1995): Defizite bei der Bekämpfung der Geldwäsche; in: *Internationale Politik*, 2/1995, S. 41–46.

Pavlova, E. (1994): Ugolovnyj bespredel dostig opasnogo predela (Die kriminelle Grenzenlosigkeit erreicht einen gefährlichen Stand); in: *Rossijskaja Gazeta*, 17.6.1994.

Poelchau, W. (1994): Von der Blüte ...; in: *Die Woche*, Nr. 31, Beilage-Extra »Rauschgift«, 28.7.1994, S. II.

Schmidt-Eenboom, E./ J. Angerer (1994): Die schmutzigen Geschäfte der Wirtschaftsspione, Düsseldorf.

Siebke, J. (1985): Preistheorie, in: Vahlens Kompendium der Wirtschaftstheorie und Wirtschaftspolitik, Bender, D. u.a., Hrsg. (1985), S. 57–117.

Storbeck, J. (1995): Europol: Chance für eine Verbesserung der gemeinsamen Verbrechensbekämpfung in der Europäischen Union; in: Aus Politik und Zeitgeschichte, Beilage zur Wochenzeitung »Das Parlament«, B 23/95, 2.6.1995, S. 20–27.

Wassermann, R. (1995): Kriminalität und Sicherheitsbedürfnis. Zur Bedrohung durch Gewalt und Kriminalität in Deutschland; in: Aus Politik und Zeitgeschichte, Beilage zur Wochenzeitung »Das Parlament«, B 23/95, 2.6.1995, S. 3–10.

Watschnadse, G. (1994): Zeitbombe Rußland – Militär, Mafia, Industrie, Frankfurt a.M.

Werner, P. (1993): Geldwäsche – teurer Schwindel; in: *Wirtschaftswoche*, 47. Jg., Nr. 15, 1993, S. 72–80.

Wichmann, St. (1992): Wirtschaftsmacht Rauschgift, Frankfurt a.M.

Zachert, H.-L. (1994): Wirtschaft durch Organisierte Kriminalität bedroht; in: DIHT, Hrsg. (1994), S. 21–26.

Zachert, H.-L. (1995): Die Entwicklung der Organisierten Kriminalität in Deutschland; in: Aus Politik und Zeitgeschichte, Beilage zur Wochenzeitung »Das Parlament«, B 23/95, 2.6.1995, S. 11–19.

Anhang

Tab. 1 Zuordnung der OK-Verfahren zu den Kriminalitätsbereichen in Deutschland 1994
(Anzahl; Mehrfachzuordnung möglich)

Kriminalitätsbereich	**OK-Verfahren**
Rauschgifthandel	202
Eigentumskriminalität	188
Gewaltkriminalität	160
Fälschungskriminalität	135
Wirtschaftsleben	130
Nachtleben	100
Schleuserkriminalität	58
Waffenhandel	51
Umweltkriminalität	6
Sonstige Bereiche	36

(Quelle: *Bundeskriminalamt*, 1995, S. 2)

Tab. 2 – Gewinnspannen im Rauschgifthandel

Sorte (in Gramm)	**Herstellerländer** (Preise in DM)	**Niederlande** (Preise in DM)	**Deutschland*** (Preise in DM)
Heroin**	0,60 – 10,00	35,00 – 44,00	60,00 – 120,00
Kokain**	1,50 – 5,00	44,00	85,00
Cannabisharz	0,34 – 1,00	2,70	6,00
Amphetamin	6,70 – 11,00	6,70 – 11,00	21,00 – 45,00

* Durchschnittspreise.

** Die Gifte werden auf jeder Zwischenstufe mit Füllstoffen gestreckt. Dabei vermindert sich der durchschnittliche Reinheitsgrad bei Heroin von 80 % bis auf 13 %, beim Kokain von 95 % auf 35–40 %. Auf diese Weise vergrößert sich der Gewinn der Rauschgifthändler um den Faktor 2–3.

(Quelle: *Odendörfer*, 1994, S. 114).

Tab. 3: Einnahmen und Bruttogewinne aus dem Kokainhandel (1990)

Land	**Einnahmen/Bruttogewinne** (in Mrd. US-$)
USA	
Straßenverkauf	83
Einfuhrkosten	7
Bruttogewinn	76
Kolumbien	
Exporterlöse	11
Herstellungskosten	4
Bruttogewinn	7
Peru	
Exporterlöse	1,3
Beschaffungskosten Kokablätter	0,1
Bruttogewinn	1,2
Bolivien	
Exporterlöse	1,4
Beschaffungskosten Kokablätter	0,2
Bruttogewinn	1,2

(Quelle: *Wichmann*, 1992, S. 22).

Abb. 1: Der Rauschgiftmarkt

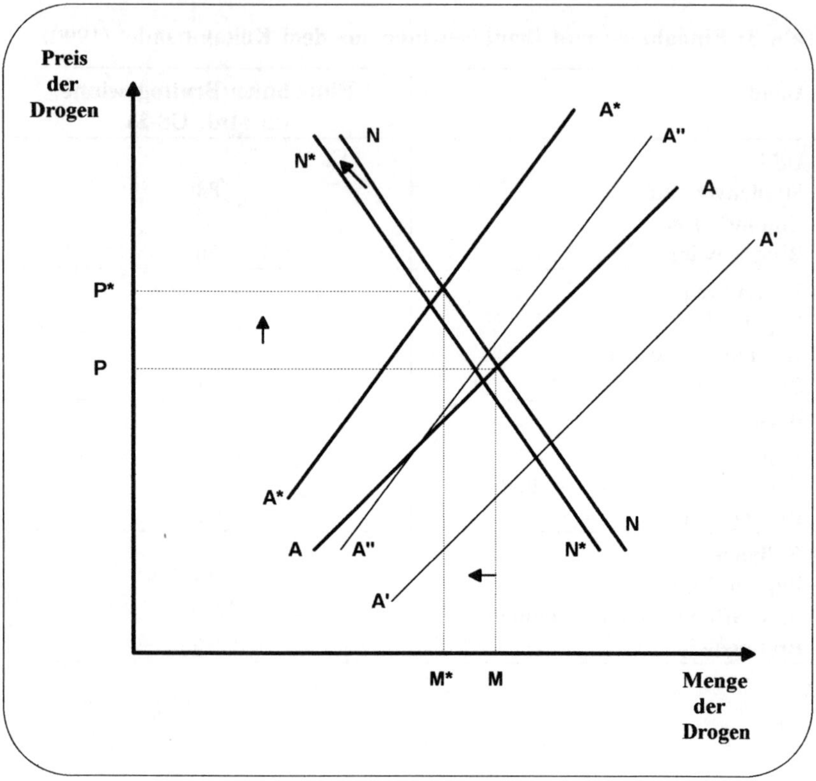

Abb. 2: Kreislauf legaler und illegaler Aktivitäten

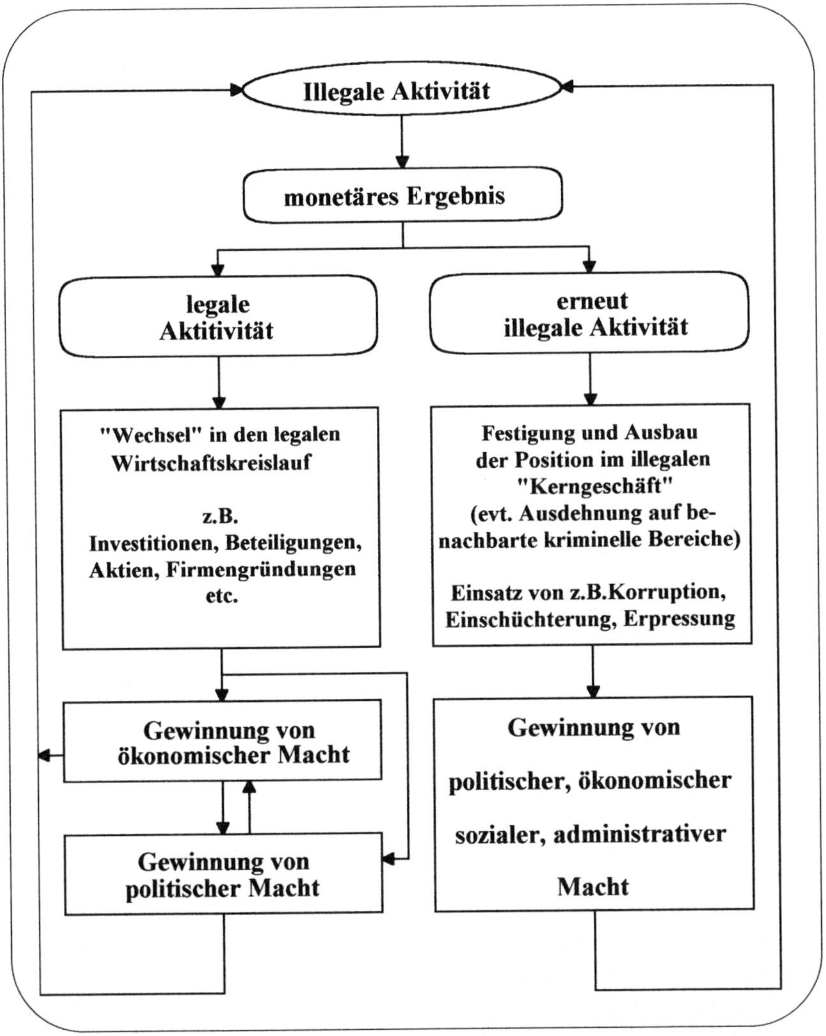

Die Standortprobleme und Wettbewerbsfähigkeit der deutschen Unternehmen

Günter Albrecht

1. Einführung

Wettbewerbsfähige Unternehmen am Standort Deutschland sind ein wesentliches Element für Wachstum, Beschäftigung und Wohlstand in der Europäischen Union. Sie sind zugleich diejenigen, die auf die Sicherung der Standortbedingungen durch die Politik besonders vertrauen, bei erkannten Defiziten aber letztlich mit Standortverlagerung reagieren. Sie nutzen dann die Möglichkeiten, die sich aus der zunehmenden Globalisierung von Produktion und Handel ergeben. Daß die Unternehmen dabei auch Sicherheitsrisiken bewerten müssen, ist ein wichtiger Aspekt, bleibt aber außer Betracht.

Vor kurzem erschien im Wirtschaftsteil einer großen deutschen Tageszeitung ein Kommentar mit dem Titel »Klagen, ohne zu leiden«.[1] Warum, so fragte der Verfasser, lamentieren deutsche Unternehmensvertreter über den Standort Deutschland, sein hohes Kosten- und Abgabenniveau und über nachlassende Wettbewerbsfähigkeit beim Export? Zeigt nicht die starke D-Mark, daß das Ausland großes Vertrauen in den Standort Deutschland hat, zeigen üppig wachsende Exportaufträge nicht, daß deutsche Produkte international wettbewerbsfähig sind? Deutsche Unternehmer, so resümierte der Verfasser, geben nicht eine Zustandsbeschreibung der deutschen Wirtschaft, sie wollen im Streit über die hohe Abgabenlast argumentativ vorankommen – deshalb also klagen sie, ohne zu leiden.

Ein anderes Beispiel: Im Bundestag wurde kürzlich der Antrag einer Oppositionspartei für ein »Aktionsprogramm Arbeitspolitik« mit der nicht näher be-

1) *Süddeutsche Zeitung* vom 3.4.1995.

gründeten Feststellung unterlegt: Die Standortdebatte – falsche Fragen, falsche Antworten. *»Die Behauptung, zu hohe Löhne, zu kurze Arbeitszeiten und ein zu hohes Sozialbudget seien für die Massenerwerbslosigkeit verantwortlich, zeugt von Ignoranz (. . .)«.*[2)]

Sind beide Beispiele ein Hinweis darauf, daß die Frage nach Standortqualität und Wettbewerbsfähigkeit in eine Scheindebatte führt? Befindet sich die deutsche Wirtschaft mit dieser Diskussion vielleicht in der Lage des nur eingebildeten Kranken?

Die Antwort auf diese Frage möchte ich am Ende dieser Abhandlung dem Leser selbst überlassen. Zuvor möchte ich allerdings die Thematik nach drei Seiten hin ausleuchten:

Zunächst soll

1. mit wenigen Strichen aufgezeigt werden, wo der Ursprung unserer Diskussion um Wettbewerbsfähigkeit und Standortqualität liegt – zugleich auch, ob und wie beide Begriffe zusammengehören.

Sodann wird

2. anhand einiger Entwicklungslinien aufgezeigt, wie die internationale Wettbewerbsfähigkeit der deutschen Wirtschaft zu beurteilen ist; und

3. wird nach Hinweisen gesucht, wie deutsche Unternehmen Standortqualität und Standortpolitik in Deutschland bewerten.

2. Zum Ursprung der Diskussion um Wettbewerbsfähigkeit und Standortqualität

Wer eine Reihe von Jahren zurückschaut, wird erkennen, daß die Diskussion um die internationale Wettbewerbsfähigkeit in unserem Land Ende der siebziger, Anfang der achtziger Jahre ihren Anfang nahm. Nach dem zweiten Ölpreisschock erfuhr die deutsche Wirtschaft bis dahin nicht erlebte Strukturverwerfungen. Vor allem aber: Die Bundesrepublik geriet 1980 in ein tiefes Leistungsbilanzdefizit. Die deutschen Exporte reichten nicht mehr aus, die steigenden Importe von Waren und Dienstleistungen auszugleichen. Viele traditionelle Produkte der deutschen Industrie gerieten auf dem Weltmarkt und zu Hause ins

2) *Deutscher Bundestag*, Drucksache 13/578 vom 15.2.1995.

Hintertreffen. Unaufhaltsam – so schien es – schoben sich Anbieter aus Fernost nach vorn: bei Autos, bei Maschinen und bei Produkten der Unterhaltungselektronik. Sorge und Zweifel an der bisher unangefochtenen Leistungsfähigkeit der deutschen Wirtschaft breiteten sich aus.

Seit dieser Zeit ist das Thema »Internationale Wettbewerbsfähigkeit« nicht mehr wegzudenken – nicht aus den Branchen und auch nicht aus der Wirtschaftspolitik. Allerdings, schon Mitte der achtziger Jahre zeichnete sich ab, daß die Unternehmen verstärkt darauf hinwiesen, sie sähen sich in der Entwicklung ihrer Wettbewerbsfähigkeit zunehmend behindert durch Produktionsbedingungen, die nicht sie, sondern die Politik zu verantworten habe. Die Standortdiskussion nahm damit ihren Anfang.

Die schwere Rezession zusammen mit einer ausgeprägten Exportschwäche zwischen 1991 und 1993 hat dann erneut Zweifel aufkommen lassen, ob die deutsche Wirtschaft noch in der Lage ist, ihre Wettbewerbsposition zu halten. Es waren nicht mehr nur die Unternehmen, die sich um die deutsche Wettbewerbsfähigkeit sorgten. Auch die Politik nahm inzwischen solche Sorgen und Zweifel ernst. Das macht der Standortbericht der Bundesregierung, das macht aber auch die Große Anfrage der Opposition zur deutschen Wettbewerbsfähigkeit deutlich. Und der *Sachverständigenrat zur Begutachtung der gesamtwirtschaftlichen Entwicklung* warnte in seinem letzten Jahresgutachten: Die Erholung des deutschen Exports darf den Blick auf die Probleme hinsichtlich der Wettbewerbsfähigkeit deutscher Unternehmen auf wichtigen Zukunftsmärkten nicht verstellen.

Beide Stichworte – Wettbewerbsfähigkeit und Standortproblematik – begleiten Wirtschaft und Wirtschaftspolitik seit Jahren, mit wechselnden Akzenten und mit wechselnder Intensität. Offenbar gibt es einen Gleichlauf zwischen den Meinungsschwankungen dazu und dem Auf und Ab der Konjunktur. Ich meine aber, daß eine solche Sicht zu oberflächlich ist. Ein Urteil über Standortqualität und Wettbewerbsfähigkeit der deutschen Wirtschaft verlangt vielmehr grundlegende und langfristig orientierte Aussagen. Denn Wettbewerbsfähigkeit und Standortqualität einer Volkswirtschaft sind Langzeitphänomene, die zwar Konjunktur haben, selbst aber nicht von der Konjunktur abhängig sind.

Beide Begriffe sind nicht gleichbedeutend, sie gehören aber thematisch eng zusammen. Wettbewerbsfähigkeit zu erlangen ist zu allererst Aufgabe der Unternehmen. Denn Wettbewerbsfähigkeit hilft den Unternehmen, so viel wie möglich Nachfrage auf sich zu ziehen – zu Hause und auf den Auslandsmärkten. Unternehmen sind wettbewerbsfähig, wenn es ihnen gelingt, im Wettlauf mit ihren Konkurrenten bessere oder billigere Produkte auf den Weltmärkten anzubieten. Deshalb ist Wettbewerbsfähigkeit zunächst ein Merkmal für Unternehmen.

Wettbewerbsfähigkeit ist im übertragenen Sinn aber auch ein Merkmal für Länder; denn sie müssen mit ihren wirtschaftspolitischen Rahmenbedingungen die Voraussetzungen dafür schaffen, daß Unternehmen wettbewerbsstark werden können. Es geht mit anderen Worten um die von der Wirtschaftspolitik zu gestaltenden Standortbedingungen für Unternehmen. Hohe Standortqualität hilft, daß ein Land so viel wie möglich vom Angebot an mobilen Produktionsfaktoren, vor allem von Kapital, auf sich zieht. Wenn also von der Wettbewerbsfähigkeit eines Landes die Rede ist, dann ist damit die Fähigkeit eines Landes angesprochen, im Standortwettbewerb zwischen den Ländern an Attraktivität zumindest nicht zu verlieren.

Als wichtiger Hinweis auf die sich verschlechternde Wettbewerbsfähigkeit eines Landes gilt immer wieder dessen Ungleichgewicht im Leistungsverkehr mit dem Ausland, genauer gesagt, dessen Defizit in der Leistungsbilanz. Das galt Anfang der achtziger Jahre für Deutschland, das gilt schon seit längerem z.B. für die USA. Langfristig wird der Markt einen Ausgleich erzwingen. Für das betreffende Land entscheidend ist die Frage, wie dieser Defizitausgleich zustande kommt.

Naheliegend wäre zunächst die Antwort: durch mehr Exporte – etwa dadurch, daß Exportpreise unmittelbar gesenkt werden oder, daß durch Abwertung der eigenen Währung mittelbar Anreize zu vermehrtem Export geschaffen werden. Auch wäre ein Weg denkbar, wonach an die Stelle der Exportsteigerung eine Importdrosselung träte – eine von Ländern z.B. in Südamerika, aber auch von den früheren COMECON-Ländern häufig praktizierte Politik. Doch in all diesen Fällen käme es zu Einbußen an Einkommen, an Wohlstand im Inland. Solche Wege sind in der politischen Wirklichkeit chancenlos. Sie würden zu enormen gesellschaftlichen Spannungen führen, weil sie Wirtschaft, Bevölkerung und Politik schmerzhaften Anpassungsprozessen aussetzen würden.

An diesem Punkt setzt die wirtschaftspolitische Forderung nach Verbesserung der internationalen Wettbewerbsfähigkeit an. Danach soll der notwendige Leistungsbilanzausgleich nicht durch eine Verringerung von Einkommen und Wohlstand erreicht werden, sondern durch eine Erhöhung der Produktivität mit Aussicht auf höheres Einkommen. Dazu braucht eine Volkswirtschaft vermehrt Kapital; denn eine erhöhte Kapitalausstattung erhöht die Produktivität der anderen dort eingesetzten Produktionsfaktoren wie z.B. der Arbeit.

Aus diesem Grunde stehen denn auch im Mittelpunkt dieses Konzepts all jene Maßnahmen, die die Produktivität erhöhen, ohne daß sich das Einkommen mindert – Zielpunkte sind also z.B. die Qualität und die Technologie der Produkte, die Organisation und das Marketing oder, ganz umfassend gesagt, die Innovations-, die Investitions- und die Leistungsfähigkeit einer Volkswirtschaft.

Gelingt es, diese Wettbewerbskräfte langfristig zu mobilisieren, dann wird ein Ausgleich im Leistungsverkehr mit dem Ausland möglich, ohne daß Einkommen bzw. Wohlstand längerfristig sinken müssen. Es wird von vornherein verhindert, daß ein Defizit mit all seinen nachteiligen Folgen überhaupt entsteht.

Zusammenfassend kann festgestellt werden, daß die Wirtschaft eines Landes international so lange wettbewerbsfähig ist, wie es diesem Land gelingt, seine wirtschaftspolitischen Ziele, letztlich also sein Wohlstandsziel, zu verfolgen, ohne dadurch außenwirtschaftliche Störungen – also ein Ungleichgewicht – hervorzurufen. Die Wettbewerbsfähigkeit wäre indes gefährdet, wenn das Land sein außenwirtschaftliches Gleichgewicht nur dadurch wahren könnte, daß es bei seinen anderen wirtschaftspolitischen Zielen zurückstecken müßte. Daraus wird deutlich: Die Verbesserung der internationalen Wettbewerbsfähigkeit eines Landes ist unerläßlich, damit der Wohlstand dieses Landes steigt, zumindest aber, damit er erhalten bleibt, wenn andere Länder an Wettbewerbsfähigkeit gewinnen.

3. Zur internationalen Wettbewerbsfähigkeit der deutschen Wirtschaft

Einen ersten Hinweis auf die internationale Wettbewerbsfähigkeit der deutschen Wirtschaft ergibt der längerfristige Vergleich des deutschen Weltexportanteils mit den entsprechenden Anteilen anderer Länder (Tab. 1). Dabei befindet sich die Bundesrepublik in einem relativ konstanten Verlauf, in einer Mittellage zwischen USA und Japan.

Die im oberen Teil der Tab. 1 dargestellten Marktanteilswerte ergeben sich, indem man die Exporte aller Länder addiert und dazu den Export des zu untersuchenden Landes in Beziehung setzt (Weltmarktanteile auf Exportbasis; traditionelle Berechnung). So ergibt sich beispielsweise für die USA ein Weltmarktanteil zwischen 12% und 10%.

Von den Meldungen unserer Auslandshandelskammern wissen wir aber, daß der Anteil Amerikas am Import der einzelnen Länder meist größer ist als jener durchschnittliche Exportwert, nämlich zwischen 14% und 15%. Dieser Prozentsatz besagt, daß die USA fähig waren, auf ihren Auslandsmärkten den dort stattfindenden Import zu über 12% aus Amerika kommen zu lassen – ein zweifellos direkter Hinweis auf Wettbewerbsfähigkeit.

Der DIHT hat solche Berechnungen auf Importbasis durchgeführt (Tab. 1, unterer Teil).[3] Hier zeigt sich denn auch viel deutlicher das immer noch beachtliche Wettbewerbsgewicht der USA. Gleichzeitig relativiert sich das Gewicht der Bundesrepublik im Vergleich zu dem der Vereinigten Staaten und zu dem Japans.

Auch die Betrachtung solcher Marktanteile ist noch recht unscharf. Denn sie läßt wichtige Einzelfaktoren außer acht – so z.B. die Tatsache, daß die Märkte dieser Welt recht unterschiedlich wachsen, und daß der Export eines Landes im Vergleich zu dem anderer Länder durchaus verschieden davon profitieren kann. Es geht mit anderen Worten um den Einfluß der sogenannten Regionalstruktur des Exports. Und noch ein Gesichtspunkt ist zu berücksichtigen: Auch das von Exportland zu Exportland verschieden zusammengesetzte Produktsortiment kann die Entwicklung der Weltexportquote eines Landes beeinflussen.

Beide Gesichtspunkte – Regionalstruktur und Produktsortiment – haben für die deutsche Wirtschaft Gewicht. Die wichtigsten Märkte für den deutschen Export liegen seit jeher in den Industrieländern, allen voran in den Ländern der EU. Seit Jahren nehmen die Industrieländer fast vier Fünftel der deutschen Ausfuhren auf, die EU-Länder inzwischen mit gut 54% mehr als die Hälfte. Alle übrigen Regionen dieser Welt – seien es die Schwellenländer oder die Entwicklungsländer – sind am deutschen Export mit nur relativ bescheidenen Quoten beteiligt – so etwa die Entwicklungsländer mit noch nicht 8%.

Ganz anders ist der japanische Export ausgerichtet. Dazu nur zwei Stichworte: Einen gegenüber dem deutschen doppelt so hohen Anteil des Exports nehmen die Entwicklungsländer auf. In der Reihe der Regionen mit hoher Exportpriorität stehen Nordamerika und der – nur aus unserer Sicht so zu nennende – Ferne Osten. Erst auf Rang vier folgt Europa. Diese Akzente verschieben sich in den letzten Jahren – nicht zuletzt als Folge der großen Veränderungen in Europa.

Die USA hingegen unterscheiden sich von beiden Konkurrenten deutlich: Der amerikanische Exportanteil in die Industrieländer liegt zwischen der hohen deutschen und der niedrigeren japanischen Quote. Der Exportanteil in die Entwicklungsländer dagegen liegt sehr viel höher als der deutsche und noch höher als der japanische.

Dieser Vergleich offenbart, daß der deutsche Export tendenziell mehr auf traditionelle, bereits hoch entwickelte Märkte in der Nähe als auf die Märkte in Fernost, denen doch langfristig Wachstumschancen zugesprochen werden, ausgerichtet ist. Hier dominieren seit langem neben Japan auch die USA. In den letzten

3) *Deutscher Industrie- und Handelstag* (1994a), S. 46 ff.

Jahren jedoch zeigt sich ein zunehmendes Interesse deutscher Unternehmen am Südostasienmarkt. Darauf weist die Aktivität des jüngst gegründeten Asien-Pazifik-Ausschusses der deutschen Wirtschaft (APA) hin; darauf machen seit längerem auch unsere Auslandshandelskammern in dieser Region aufmerksam. Südostasien nahm 1984 4,9% aller deutschen Exporte auf, 1989 waren es fast 6% und 1993 sogar 10,8%.

Interessant ist ein Vergleich speziell der beiden Exportländer Deutschland und Japan nach Weltregionen: Danach zeigt sich, daß Japan in Amerika, Australien und in Asien sehr viel höhere Importmarktanteile aufweist als Deutschland, nämlich Marktanteile zwischen 17% und 20%, Deutschland hingegen nur zwischen 4% und 7%. Umgekehrt aber gilt für Europa, daß hier Deutschland gegenüber Japan dominiert – mir rund 20% deutschem Marktanteil gegenüber noch nicht 5% der japanischen Konkurrenten.

Dieser Vergleich macht deutlich: es sind die ihnen unmittelbar benachbarten Märkte, auf denen beide Länder eine beherrschende Stellung einnehmen. Doch das ist ein nur vermeintliches Gleichgewicht. Wenn wir bedenken, welche große Bedeutung der amerikanische Markt und das hohe Entwicklungspotential in Südostasien haben – Regionen, in denen die deutsche Wirtschaft nur relativ schwach vertreten ist – dann deutet dieses Ergebnis der Regionalbetrachtung darauf hin, daß die deutsche Wettbewerbsposition gegenüber der japanischen schwächer erscheint.

Neben der Regionalstruktur hilft noch eine weitere Blickrichtung, den deutschen Weltmarktanteil und seine Veränderungen zu erklären: das Produktsortiment. Schwerpunkte des deutschen Exports sind verarbeitete Erzeugnisse und chemische Produkte. Diese breite Produktpalette ist im internationalen Vergleich einzigartig. Sie erklärt auch, warum gerade in Deutschland der »Exportmotor« bisher immer dann ansprang, wenn sich weltweit – wie wieder in jüngster Zeit – die Nachfrage nach Ausrüstungs- und Investitionsgütern belebt.

Von diesem breiten Produktsortiment gehen stabilisierende Wirkungen auf den eigenen Weltmarktanteil aus. Das zeigt das Beispiel Maschinenbau. Wie in Abb. 1 zu sehen[4)], liegen zwar die Weltmarktanteile der USA, Japans und der Bundesrepublik für Maschinenbauprodukte in den Jahren 1985 und 1990 insgesamt dicht beisammen. Aber es gibt deutliche Unterschiede beim Blick auf die einzelnen Gruppen.

4) *Donges/ Gundlach* u.a. (1987), S. 63 sowie VDMA (1992), S. 292 ff.

Veränderungen in der deutschen Wettbewerbsposition lassen sich nicht nur anhand exportbezogener Indikatoren messen. Hatten sich nämlich auf diesem Weg Schwachstellen in der eigenen Wettbewerbsfähigkeit herausgestellt, so ergibt sich dieser Eindruck auch beim Blick auf die Importseite. Das geradezu unaufhaltsame Vordringen ausländischer Konkurrenten auf den deutschen Inlandsmärkten wird sichtbar an dort erheblich steigenden Marktanteilen.

1970 wurde die Inlandsnachfrage in der Bundesrepublik erst zu 19,5% durch Importe gedeckt, 1980 dagegen schon zu 26,8% und 1990 zu 27,9%. Im Verarbeitenden Gewerbe versorgte das Ausland den inländischen Markt 1970 erst zu 15,1%, 1980 zu 22,7% und gegenwärtig bereits zu 30%. In diesen Zahlen spiegeln sich eine wachsende internationale Arbeitsteilung, aber eben auch nachhaltige Verschiebungen der Wettbewerbsposition.

Bei Produkten, die – unabhängig von der Konjunktur – besonders stark nachgefragt werden – z.B. elektrotechnische Erzeugnisse, Datenverarbeitungsgeräte, Büromaschinen, Produkte der Feinmechanik, Chemie und Pharmazie – importierte die Bundesrepublik 1972 etwa 18% zur Deckung der Inlandsnachfrage, 1982 aber schon fast 30%. Bis zum Ende des Jahrzehnts blieb die Einfuhrsteigerung ungebrochen. Hauptrenner waren Investitionsgüter, ganz besonders Büromaschinen, elektrotechnische Ausrüstungen und Stahlbauerzeugnisse.

Die Importentwicklung in einer Reihe von Wirtschaftszweigen zeigt, daß die deutsche Wirtschaft ehemals hier günstig erfolgende Produktionen im Zuge der internationalen Arbeitsteilung und des weltweiten Strukturwandels an andere Länder hat abgeben müssen – vor allem an aufstrebende Schwellenländer. Den hinter dieser Entwicklung ablaufenden Prozeß hat die sogenannten Produktzyklus-Theorie einleuchtend beschrieben. Danach durchlaufen neu entwickelte Industrieprodukte drei wesentliche Phasen, nämlich die Innovations-, die Ausreifungs- und die Standardisierungsphase. Die Innovationsphase ist hierbei von besonderer Bedeutung. Sie findet typischerweise in den hochentwickelten Industrieländern statt; denn hier erfolgen Entwicklung und Innovation, diese Länder sind der Ursprung für neue Produkte.

Aus dieser Sicht heraus ist der *Sachverständigenrat zur Begutachtung der gesamtwirtschaftlichen Entwicklung* erstmals 1988[5)] und dann erneut im Jahr 1992[6)] der Frage nachgegangen, ob die Bundesrepublik ihre Weltmarktposition

5) *Sachverständigenrat zur Begutachtung der gesamtwirtschaftlichen Entwicklung*, (1988/89), S. 104 ff.

6) *Sachverständigenrat zur Begutachtung der gesamtwirtschaftlichen Entwicklung* (1992/93), S. 73 ff.

bei innovativen Gütern, also bei solchen mit überdurchschnittlichem Wachstum des Welthandels, hat verteidigen oder ausbauen können. Der Rat kommt zu folgendem Ergebnis:

Auf den wachstumsstärksten Exportmärkten hat die Bundesrepublik ihre Position nicht ausbauen können. Eine solche Feststellung gilt auch für die anderen großen Industrienationen mit Ausnahme Japans, das deutliche Marktanteilsgewinne aufweist. Bemerkenswert aber ist, daß Deutschland Marktanteile sogar verloren hat, und zwar in hohem Maße auf den Exportmärkten für Datenverarbeitungsgeräten, Bekleidung und Schuhe, optische Instrumente, aber auch bei Geräten für Nachrichtentechnik. Außer bei Bekleidung und Schuhen handelt es sich hier um höherwertige Produkte. Andererseits haben auf den Märkten für Datenverarbeitungsmaschinen sowie für Güter der Nachrichtentechnik japanische Hersteller ihre Stellung außerordentlich verbessern können. Bei optischen Instrumenten haben Frankreich, Japan und die USA an Wettbewerbsfähigkeit gewonnen. Die deutsche Wirtschaft verzeichnet dagegen Marktanteilsgewinne bei Produkten wie Maschinen und Maschinenteilen, bei medizinischen Instrumenten sowie bei Personenkraftwagen und Kfz-Zubehör – Produktgruppen, die beim überdurchschnittlichen Exportwachstum eher nachrangig notieren.

1992 greift der Sachverständigenrat diese Analyse wieder auf und stellt fest, daß sich die 1988 konstatierte Entwicklung in wichtigen Bereichen der deutschen Industrie – nämlich Verschlechterung der Wettbewerbsstellung gerade bei technologisch hochwertigen Gütern – zu Beginn der 90er Jahre fortgesetzt hat.

Für die Wettbewerbsfähigkeit von Bedeutung ist der High-Tech-Bereich deshalb, weil davon ausgegangen werden kann, daß mit steigender Technologieintensität der Exportgüter die Bedeutung des Preises als Wettbewerbsfaktor nachläßt. Denn Nicht-Preisfaktoren wie z.B. technologischer Stand, Qualität der Produkte und die Leistungsfähigkeit des Service-Netzes dürften für diese Gütergruppen am Markt höher bewertet werden – solange wenigstens, wie Konkurrenzländer nicht vergleichbaren Standard zu niedrigeren Preisen anbieten.

Die deutsche Wirtschaft hat mit Aufmerksamkeit, ja mit gewisser Besorgnis beobachtet, daß sich dieser Vorbehalt zu bestätigen scheint. Untersuchungen im Rahmen der Strukturberichterstattung haben nämlich ergeben, daß die Nachfrage im Ausland in letzter Zeit durchaus auf Verteuerungen des deutschen technologieintensiven Güterangebotes reagiert hat. Kostensteigerungen zusammen mit DM-Aufwertungen, vor allem gegenüber dem US-Dollar, haben das deutsche Angebot verteuert. Dadurch hatte sich die Position der deutschen Industrie im Preiswettbewerb gegenüber den technologisch potenten Konkurrenten aus Japan und aus den USA verschlechtert, zum Teil sogar deutlich. Das haben hauptsächlich Unternehmen aus den Bereichen Maschinenbau, Straßenfahrzeugbau, Elektrotechnik und Chemie beobachtet, und zwar besonders gegenüber den Hauptkonkurrenten in den USA und Japan sowie deren Töchtern und Kooperationspartnern aus Ostasien. Allerdings sind es auch der Maschinenbau und der Straßenfahrzeugbau – zu nennen ist gleichfalls der Bereich der Umweltschutztechnologien –, die dieser Entwicklung zur Zeit mit hohen Innovationsanstrengungen entgegenwirken.

Eine Erklärung für die so bedenkliche Verschlechterung der deutschen Wettbewerbsposition, gerade bei technologisch hochwertigen Produkten, findet sich im Bundesbericht Forschung 1993. Darin heißt es wörtlich: *»Die fehlende Dynamik der FuE-Aufwendungen der Wirtschaft ist besorgniserregend«.*[7] In diesem Bericht werden gleichzeitig Anzeichen dafür ausgemacht, daß die Innovationsdynamik in Deutschland insgesamt nachlasse. Und noch einmal wörtlich: *»Auf einer Reihe von Spitzentechnologiegebieten ist es nicht gelungen, hervorragende wissenschaftliche Leistungen in innovative Produkte auf Märkten umzusetzen. Die Bundesrepublik Deutschland ist auf den technologischen Gebieten mit den höchsten Zuwachsraten an Patenten und der höchsten Anbindung an wissenschaftliche Ergebnisse im internationalen Bereich unterdurchschnittlich vertreten«.*[8]

Im letzten Jahr hat die Bundesregierung in ihrer Antwort auf die Große Anfrage der SPD-Bundestagsfraktion zur deutschen Wettbewerbsfähigkeit ausdrücklich auf diesen Forschungsbericht Bezug genommen und dabei herausgestellt, daß sie die relativ rückläufige Entwicklung der Forschungsausgaben »mit Sorge« beobachtet.

Diese Sorge findet im Außenhandel mit technologieintensiven Produkten des verarbeitenden Gewerbes ihren Niederschlag. Wie Tab. 2 zeigt, sind die Ausfuhr-Einfuhr-Relationen für Deutschland kleiner geworden, auch wenn Deutschland nach wie vor zweitgrößter Anbieter von verarbeiteten Industriewaren auf dem Weltmarkt ist.[9] Japan ist als deutlicher Netto-Exporteur die Nr. 1. Die USA zeigen zwar einen kontinuierlichen Anstieg, liegen aber als Netto-Importeur erkennbar hinter Deutschland zurück. Neben Japan und Deutschland konnten 1991 nur noch Italien und die Niederlande eine positive Handelsbilanz in diesem Bereich aufweisen.

Für die deutsche Entwicklung ist bemerkenswert, daß Rückgänge in allen drei Warengruppen festzustellen sind: Im Bereich der Spitzentechnik (Produktgrup-

7) *Bundesministerium für Forschung und Technologie* (1993), Vorwort.
8) ebenda
9) *Deutscher Bundestag*, Drucksache 12/7476 vom 3.5.1994.

pen mit einer FuE-Intensität von mehr als 8,5%), im Bereich der höherwertigen Technik (zwischen 3,5% und 8,5%) und im nicht-FuE-intensiven Sektor (weniger als 3,5%).

Für diese Entwicklung gibt es zwei Erklärungen: Weil sich der deutsche Export von FuE-intensiven Waren sehr stark auf Investitionsgüter höherwertiger Technik konzentriert, hat sich die weltweite Wachstumsschwäche zu Anfang der 90er Jahre bremsend auf die deutschen Ausfuhren niedergeschlagen. Gleichzeitig hat sich der große Nachholbedarf in den neuen Bundesländern nach hochwertigen Erzeugnissen, die ebenfalls technologieintensiv sind, über stark steigende Einfuhren verringernd auf die Ausfuhr-Einfuhr-Relation ausgewirkt.

Doch die Bundesregierung konstatiert bei diesen Zahlen auch negative strukturelle Einflüsse. Deutsche Unternehmen, so stellt sie fest, sind noch zu wenig auf neuen wachstumsstarken Zukunftsmärkten präsent, und sie konzentrieren sich vielfach zu lange auf ihre traditionellen Stärken.

Ein aufschlußreicher Hintergrund für diese Entwicklung ist die Patentstatistik. Sie vereinigt in sich zwei besondere Aspekte: Einmal jene Informationen, die das »High-Tech-Element« mit Innovationsfähigkeit verbindet. Sie ist also Ausdruck für die Position im Innovationswettbewerb. Sie ist zum anderen aber auch ein Wettbewerbsindikator, der – mit Blick auf die künftige Nutzung – in die Zukunft weist.

Es ist vor allem das Ifo-Institut, das der internationalen Patententwicklung im Rahmen der Strukturberichterstattung große Aufmerksamkeit widmet.[10)] Betrachtet man die Erfindungen mit internationaler Patentanmeldung über einen Zeitraum von rund 20 Jahren, so ist ein seit 1980 rückläufiger deutscher Anteil im Gegensatz zum amerikanischen und japanischen erkennbar. Er fiel von einst über 20% auf nunmehr 16,2% im Jahr 1990.

Werden ergänzend dazu die Branchen nach der Größe der Veränderungsrate betrachtet, die bei den jeweiligen Erfindungsanteilen weltweit zu beobachten ist[11)], so zeigt sich, daß die dynamische Entwicklung der internationalen Patentaktivität offensichtlich in besonderem Maße von den beiden Branchen Computer und Elektrotechnik getragen wird, gefolgt von Pharmazie sowie Luft- und Raumfahrt. Alle übrigen Branchen dagegen verlieren nach dieser Übersicht relativ an Gewicht für die marktnahe Produktion von neuem technischen Wissen.

10) *ifo*-Patentstatistik, *ifo-Schnelldienst*, 31/1993 vom 5. November 1993, S. 1.
11) ebenda, S. 17.

Bei der Entwicklung des deutschen Branchen-Technologie-Profils verzeichnen die elektronikrelevanten Branchen auch Anteilsgewinne, jedoch war die Veränderungsrate der relativ kleinen Anteile geringer als im Weltdurchschnitt. Das Ifo-Institut resümiert daraus: Die »Elektroniklücke« der deutschen Forschung vergrößerte sich im Beobachtungszeitraum. Die anderen beiden Branchen mit weltweiten Anteilsgewinnen gehören im deutschen Technologieprofil sogar zu den Anteilsverlierern.

Es zeigt sich aber auch, daß die deutsche Position in jenen Branchen konstant oder sogar verstärkt worden ist, die durch eine eher geringe technologische Dynamik gekennzeichnet sind. Das betrifft die Kraftfahrzeugtechnik, den Maschinen- und Anlagenbau sowie, wenn auch in geringerem Maße, die Chemie.

Weiterer Schwachpunkt bei der Zahl der Erfindungen ist die Pharma-Forschung. Dieses Ergebnis hängt mit der deutschen Position im Bereich der Bio- und Gentechnik zusammen, ein Bereich, der weltweit das höchste Wachstum des Forschungs- und Entwicklungsoutputs verzeichnet. Wechselt man allerdings den Blick von der Zahl der Erfindungen zur Zahl der Unternehmen mit den meisten Erfindungen mit überregionaler Bedeutung im Bereich Bio- und Gen-Technik, so ergibt sich überraschenderweise eine international starke Position der großen deutschen Unternehmen.

Für diesen Unterschied zur schwachen Position in der Forschung insgesamt lassen sich drei Gründe nennen: Die deutschen Pharma- und Chemie-Unternehmen nutzen Forschungskapazitäten auch im Ausland – sowohl in den USA als auch in Japan. Sie sind in den USA – anders als in Deutschland – von einer Vielzahl solcher Unternehmen umgeben, die ebenfalls in der Bio- und Gen-Technik aktiv sind. Und schließlich: Die »industrieferne« Forschung und Entwicklung in Deutschland ist, ebenfalls anders als in den USA, weniger patentaktiv.

Zusammenfassend zeigt die deutsche Wettbewerbsposition – das machen die einzelnen Indikatoren mehr oder weniger deutlich – an verschiedenen Stellen Zeichen der Schwäche. Das wurde sichtbar für den Inlandsmarkt. Darauf weist die seit vielen Jahren kontinuierlich steigende Fertigwareneinfuhr hin. Freundlicher ist das Bild für den Export. Das könnte die Entwicklung auf dem Inlandsmarkt relativieren. Doch an zwei Stellen, so zeigt sich, ist die Wettbewerbsposition im Auslandsgeschäft – langfristig betrachtet – nicht mehr so unangefochten wie in früheren Jahren: Das ist einmal der Bereich »Hochtechnologie«, der die größten Produktivitäts- und Wohlfahrtsgewinne verspricht. Hier scheint die deutsche Wettbewerbsposition nicht sehr stabil. Das ist zum anderen die Tatsache, daß die deutsche Wirtschaft in jenen Weltregionen, die sich als die wichtigsten Testmärkte für die internationale Wettbewerbsfähigkeit herausgestellt haben, in Nordamerika und in Südostasien, insbesondere gegenüber Japan nur schwach vertreten ist.

4. Standortqualität und Standortpolitik aus Sicht der Unternehmen

Unser Befund über die Wettbewerbsfähigkeit der deutschen Wirtschaft ist bemerkenswert: Er führt, pointiert formuliert, zu einer Asymmetrie zwischen Export und Importseite. Im Auslandsgeschäft ist die deutsche Wirtschaft insgesamt gesehen offensichtlich wettbewerbsfähiger als auf den Inlandsmärkten. Das verwundert, handelt es sich doch in beiden Fällen um dieselbe Wirtschaft.

Doch diese scheinbare Asymmetrie findet sehr schnell ihre Erklärung. Sie wird von ganz bestimmten deutschen Standortvor- bzw. Standortnachteilen verursacht. So erweisen sich als wettbewerbsfähig und exportstark solche Unternehmen und Branchen, die gegen den Nachteil eines zu hohen Preises den Vorteil einer hohen Qualität und eines guten Produktsortiments setzen, indem sie intensive Forschung und gut ausgebildete Fachkräfte verstärkt zu Produkt- und Prozeßinnovationen nutzen.

Wettbewerbsschwach und gegen Importe zunehmend anfälliger aber sind offenbar alle jene Branchen, die weiterhin sehr arbeitsintensiv produzieren und in relativ geschützten regulierten Märkten verkaufen.

Viele Unternehmen zeigen nach der tiefgreifenden Umstrukturierung im Anschluß an die zurückliegende Rezession heute wieder Selbstvertrauen in die eigene Wettbewerbsfähigkeit. Trotzdem sind es zum Teil dieselben Unternehmen, die sich gleichzeitig um die künftige Wettbewerbsfähigkeit Sorge machen. Sie verweisen dazu auf die nachlassende Standortqualität der Bundesrepublik, insbesondere im internationalen Vergleich. Das ist, so glaube ich, doch etwas anderes, als lediglich ein »Klagen ohne zu leiden«! Es ist richtig, beide Gesichtspunkte – die aktuelle Marktposition und die künftigen Standortprobleme – nebeneinander zu sehen. Denn die Wettbewerbsfähigkeit einer Volkswirtschaft wird mit Marktanteilen nur für die Vergangenheit bis zum Augenblick und vordergründig beschrieben. Tiefgreifender und für die künftige Wettbewerbsfähigkeit entscheidend dagegen ist, ob eine Volkswirtschaft für Sach- und für Humankapital langfristig attraktiv bleibt. Es kommt damit auf die wirtschaftlichen Grundstrukturen und ihre Veränderung im internationalen Vergleich an.

Der deutsche Produktionsstandort hat sehr wohl wichtige positive Seiten – die Qualifikation der Mitarbeiter, die Infrastruktur, die Kundennähe, Geldwertstabilität und politische Stabilität, alles Faktoren von außerordentlich grundlegendem Gewicht.

Doch die Liste der Standortnachteile ist größer.[12] Hier besetzen die Kosten rund um den Produktionsfaktor Arbeit den ersten Rang (Tab. 3). Die Unternehmensbesteuerung steht an nächster Stelle. Eine im Jahr 1991 durchgeführte Unternehmensbefragung ergab, daß die Unternehmen heute die Reduzierung der Steuerbelastung an die erste Stelle setzen, direkt gefolgt von der Reduzierung der Sozialabgaben.

Als einen Spiegel der Standortqualität wird häufig die Bilanz der Direktinvestitionen angesehen. Denn Sachkapital wandert in der Regel dorthin, wo die erwartete Rentabilität nach Steuern am höchsten ist. Festzustellen ist ein enormer Anstieg deutscher Investitionen im Ausland, ohne daß die ausländischen Direktinvestitionen in Deutschland vergleichbar anstiegen.[13]

Hinter den deutschen Investitionsentscheidungen steht eine Vielzahl von Motiven – angefangen von der Verbesserung der Marktpräsenz, die Kundennähe und Distributionswege einschließt, bis hin zur Umgehung von Handelsbarrieren. Überraschend ist indes – und das haben Unternehmensbefragungen des *DIHT* in letzter Zeit offengelegt –, daß sich viele Unternehmen wegen des zunehmenden Kosten- und Abgabendrucks im Inland veranlaßt sehen, ihre Rationalisierungsmaßnahmen durch Produktionsverlagerung und Auslandsinvestitionen abzustützen.[14] Ein ganz wesentlicher Gesichtspunkt sind dabei die deutlich geringeren Lohn- und Lohnzusatzkosten in vielen anderen Ländern – in Übersee, aber seit einigen Jahren besonders auch in Mittel- und Osteuropa. Wegen der räumlichen Nähe gerade dieser Region wird es zunehmend auch für kleinere Unternehmen interessant, rationalisierungsbedingte Produktionsverlagerungen ins Ausland vorzunehmen.

Ergänzend dazu ist im Rahmen der Strukturberichterstattung jüngst darauf hingewiesen worden, daß im Verlauf der achtziger Jahre das Sparvolumen in Deutschland deutlich schneller zugenommen habe als in anderen OECD-Ländern, das Investitionsvolumen dagegen langsamer. Diese beiden Beobachtungen zusammengenommen, so resümiert das Institut für Weltwirtschaft in

12) *Institut der deutschen Wirtschaft,* Köln, iw-trends 1/1992.

13) *Sachverständigenrat* (1988/89), S. 108.

14) *Deutscher Industrie- und Handelstag* (1993) sowie ders. (1994b).

Kiel, lassen sich nur mit einer verringerten Attraktivität des Standortes Deutschland für international mobile Investitionen erklären.[15]

5. Folgerungen

Was folgt aus dem Befund zu Wettbewerbsfähigkeit und Standortqualität? Die deutsche Wettbewerbsposition zeigt sich, gemessen an der langfristigen Entwicklung von Weltmarktanteilen und insgesamt betrachtet, als relativ widerstandsfähig. Wir haben allerdings festgestellt, daß es hinter dieser Gesamtaussage wichtige Einzelentwicklungen gibt, die auf Schwachstellen in der deutschen Wettbewerbsfähigkeit hinweisen. Ob diese Schwachstellen für die Zukunft von zunehmendem Gewicht sein werden, liegt an unseren Standortbedingungen und damit letztlich in der Hand unserer Wirtschaftspolitik. Und hier zeigt sich – vergleicht man die internationale Entwicklung grundlegender Standortbedingungen –, daß sich die deutsche Position in letzter Zeit verschlechtert hat.

Auch in der Vergangenheit hat es Zeiten gegeben, in denen die deutsche Wettbewerbsfähigkeit Schwächen zeigte und die Standortbedingungen nicht durchweg günstig waren. Unternehmerische Tatkraft und wirtschaftspolitische Einsicht haben es indes meist geschafft, die deutsche Wettbewerbsposition dann wieder zu verbessern.

Was der aktuellen Diskussion so besonderes Gewicht verleiht, was auch die sie begleitende Sorge der deutschen Wirtschaft verständlich macht, sind zwei neue Entwicklungstendenzen:

Einmal hatte sich bei weltweit offener gewordenen Märkten und Produktionsstandorten, vor allem aber bei freizügigem grenzüberschreitenden Kapital- und Dienstleistungsverkehr die Möglichkeit für Unternehmen global verbessert, ihre Standortentscheidungen über nationale Grenzen hinweg treffen zu können. Neuere Tendenzen deuten darauf hin, daß die Bereitschaft des Unternehmensmanagements offenbar nachläßt, als nachteilig empfundene Bedingungen am Produktionsstandort Deutschland noch länger hinzunehmen. Mit den Möglichkeiten zur Internationalisierung und zur Globalisierung können jetzt nicht nur die großen Unternehmen auf Standortnachteile reagieren. Die Standortverlagerung wird zu einem geradezu schleichenden Prozeß, von der Öffentlichkeit vielfach unbemerkt. Er zeigt, daß sowohl Beweglichkeit als auch Schnelligkeit der unternehmerischen Entscheidungsprozesse gewachsen sind – ganz im Gegen-

15) *Klodt/ Stehn* et.al. (1994), S. 24.

satz zur Beweglichkeit und zum Tempo wirtschaftspolitischer Entscheidungen staatlicher Instanzen.

Wir müssen heute eine Asymmetrie des Entscheidungstempos zwischen Unternehmen und Politik konstatieren – eine Asymmetrie, die bei vergleichsweise ungünstig bleibenden Standortbedingungen im Inland den Prozeß der Produktionsverlagerung ins Ausland beschleunigt. Daß wir einen solchen Prozeß seit einigen Jahren verstärkt beobachten müssen, und zwar ohne gleichzeitig entsprechende Produktionsverlagerungen aus dem Ausland ins Inland feststellen zu können, das macht deutlich, wie sehr in Deutschland die Verbesserung der produktionsorientierten Standortbedingungen zu einer zentralen Aufgabe der Wirtschaftspolitik geworden ist.

Die zweite Entwicklung ergibt sich als Folge der großen politischen Umwälzungen in Osteuropa zunächst einmal aus der Aufgabe, die Wiedervereinigung in Deutschland wirtschaftlich zu vollenden. Viele unserer Standortbedingungen sind ein Reflex unseres über Jahre hinweg gestiegenen Wohlstandsniveaus und einer verfestigten Anspruchshaltung in Westdeutschland. Jetzt, da unsere Wirtschaftspolitik verstärkt Prioritäten für Wachstum und Investitionen setzen muß, trifft sie auf weitgehend erstarrte sozial- und verteilungspolitische Vorstellungen. Sie werden sich im internationalen Wettbewerb der Märkte und Kulturen nicht uneingeschränkt aufrecht erhalten lassen. Politische Energie darf sich nicht auf Erhaltung, sie muß sich auf erträgliche Anpassung konzentrieren.

Der daraus folgende schwierige Prozeß, den künftigen Kurs der Wirtschaftspolitik zwischen Wachstumsnotwendigkeit und Verteilungsansprüchen zu finden, werden viele Investoren nicht als positiven Standortfaktor in Deutschland empfinden. Es muß vermieden werden, daß dieser Prozeß die politische und soziale, aber auch die monetäre Stabilität nachhaltig beschädigt. Um die Wettbewerbsfähigkeit zu sichern – im weiteren Sinn sehr wohl ein Aspekt auch von Sicherheitspolitik – müssen sich unsere Standortfaktoren künftig stärker an internationalen Trends orientieren. Das zu erreichen ist eine schwierige, eine unausweichliche, aber doch wohl auch erreichbare Aufgabe unserer Politik.

Literatur

Bundesministerium für Forschung und Technologie (1993): Bundesbericht Forschung 1993, Bonn, Vorwort

Deutscher Industrie- und Handelstag (1993): Produktionsverlagerung ins Ausland, Ergebnisse einer Unternehmensbefragung, Bonn.

Deutscher Industrie- und Handelstag (1994a): Außenhandel und Wettbewerbsfähigkeit 1994, *DIHT*-Umfrage bei den deutschen Auslandshandelskammern, Bonn 1994.

Deutscher Industrie- und Handelstag (1994b): Investitionen im Ausland: Investitionsabsichten deutscher Unternehmen im Herbst 1994 für 1995, Bonn.

Donges J.B./ E. Gundlach u.a. (1987): Mehr Strukturwandel für Wachstum und Beschäftigung, Dritter Strukturbericht, Kiel.

Klodt H./ J. Stehn et al. (1994): Standort Deutschland: Strukturelle Herausforderungen im neuen Europa, 5. Hauptgutachten zur Strukturberichterstattung, Kiel.

Sachverständigenrat zur Begutachtung der gesamtwirtschaftlichen Entwicklung (1988/89): Arbeitsplätze im Wettbewerb, Jahresgutachten 1988/89.

Sachverständigenrat zur Begutachtung der gesamtwirtschaftlichen Entwicklung (1992/93): Für Wachstumsorientierung – Gegen lähmenden Verteilungsstreit, Jahresgutachten 1992/93.

VDMA (1992): Statistisches Handbuch für den Maschinenbau, Ausgabe 1992.

Anhang

Tab. 1: Weltmarktanteile ausgewählter Länder 1980–1993 (in %)

1. **Weltmarktanteile auf Exportbasis (traditionelle Berechnung)**

	1980	1985	1986	1987	1988	1989	1990	1991	1992	1993
U S A	11,3	11,3	10,6	10,1	11,3	12,0	11,5	12,1	12,3	12,3
BR Deutschland	9,7	9,5	11,4	11,8	11,4	11,0	11,6	11,2	11,8	10,4
Japan	6,5	9,1	9,8	9,2	9,3	8,9	8,4	9,0	9,4	9,9
Frankreich	5,6	5,1	5,6	5,7	5,7	5,6	6,1	6,1	6,4	5,7
Großbritannien	5,5	5,7	5,0	5,3	5,1	4,9	5,4	5,3	5,2	5,0

2. **Weltmarktanteile auf Importbasis nach DIHT**

U S A	14,4	15,5	14,3	13,5	14,5	14,9	14,1	14,1	14,2	15,4
BR Deutschland	10,7	10,8	12,9	13,5	13,1	12,6	13,1	12,6	12,6	11,4
Japan	6,8	9,8	10,9	10,4	10,4	10,2	9,4	9,8	10,0	10,4
Frankreich	5,9	5,7	6,1	6,3	6,4	6,2	6,6	6,7	6,5	6,0
Großbritannien	4,6	5,7	5,6	5,4	5,3	5,2	5,4	5,4	5,3	5,2

(Quellen: *Institut für Weltwirtschaft*, 5. Hauptbericht zur Strukturberichterstattung, 1994, S. 32 sowie *Deutscher Industrie- und Handelstag*, Außenhandel und Wettbewerbsfähigkeit 1994, S. 46).

Tab. 2: Ausfuhr-Einfuhr-Relationen der zehn wichtigsten Industrieländer 1989 bis 1991 (in %)

Land	Verarbeitende Industrie insgesamt			Spitzentechnik			Höherwertige Technik			NFE-intensive Waren		
	1989	1990	1991	1989	1990	1991	1989	1990	1991	1989	1990	1991
Deutschland	141,5	126,9	113,0	119,7	111,6	101,4	240,9	205,2	163,7	115,4	103,7	96,7
USA	66,5	73,7	80,9	128,3	141,9	141,5	51,8	57,3	61,5	56,4	62,4	71,3
Japan	197,5	181,8	201,2	313,6	273,5	284,9	584,8	503,9	529,2	97,2	92,2	104,2
Frankreich	93,9	92,8	97,3	97,1	98,0	104,5	90,9	89,6	93,8	94,3	92,8	96,7
Italien	108,1	110,0	109,5	69,0	69,5	65,3	98,5	95,3	93,4	120,9	126,1	136,8
Vereinigtes Königreich	77,6	82,4	90,0	109,9	105,2	113,1	69,0	81,7	99,9	72,5	76,3	78,9
Kanada	89,1	95,9	90,0	48,5	56,4	57,9	88,2	96,9	94,6	101,1	106,2	97,3
Spanien	68,2	70,6	69,9	36,7	37,2	37,8	63,2	72,1	79,1	79,6	78,8	74,1
Australien	44,4	64,5	51,5	9,5	11,2	13,6	12,2	16,9	20,5	71,9	104,5	81,1
Niederlande	108,7	112,0	109,5	95,1	100,1	101,4	95,5	94,0	91,5	116,4	120,9	117,8

(Quelle: *Deutscher Bundestag*, Drucksache 12/7476, S. 12).

Tab. 3:

Position Westdeutschlands im internationalen Standortvergleich*)

	D	Durchschnitt von 13 Industrieländern 1)	
		1987	1991
Arbeitskosten	100	73,0	70,1
Personalzusatzkosten	100	56,1	55,1
Produktivitätsniveau 2)	100	87,5	88,2
Lohnstückkosten 2)	100	82,4	78,4
Fehlzeiten 3)	100	71,8	67,6
effektive Jahresarbeitszeit	100	88,9	85,3
Betriebszeiten 4)	100	n.v.	96,0
Unternehmensteuersätze	100	69,0 6)	67,8
Umweltschutzausgaben 5) (Anteile am BSP)	100	82,2	63,0
Strompreise	100	84,4	86,1 7)
Telefonkosten	100	77,2	87,4

*)D = 100. Werte unter 100: ausländische Position besser als die deutsche.

1) Belgien, Dänemark, Frankreich, Großbritannien, Italien, Niederlande, Portugal, Spanien, Österreich, Schweiz, Schweden, USA, Japan; gewichtet mit Anteilen am Weltexport 1990.

2) Ohne Österreich und Schweiz.

3) Ohne Spanien und Portugal.

4) Ohne Dänemark, Schweden, USA und Japan; 1989.

5) Ohne Belgien, Italien, Spanien, Portugal und Schweiz.

6) 1988.

7) Zum Teil 1990, ohne Belgien, Frankreich und Spanien.

(Quelle: *ifo*-Schnelldienst, 31/1993, 5. Nov. 1993, S. 15).

Abb. 1.: Weltmarktanteile der Bundesrepublik, der USA und Japans im Maschinenbau (a) nach ausgewählten Warengruppen (b) 1985 und 1990

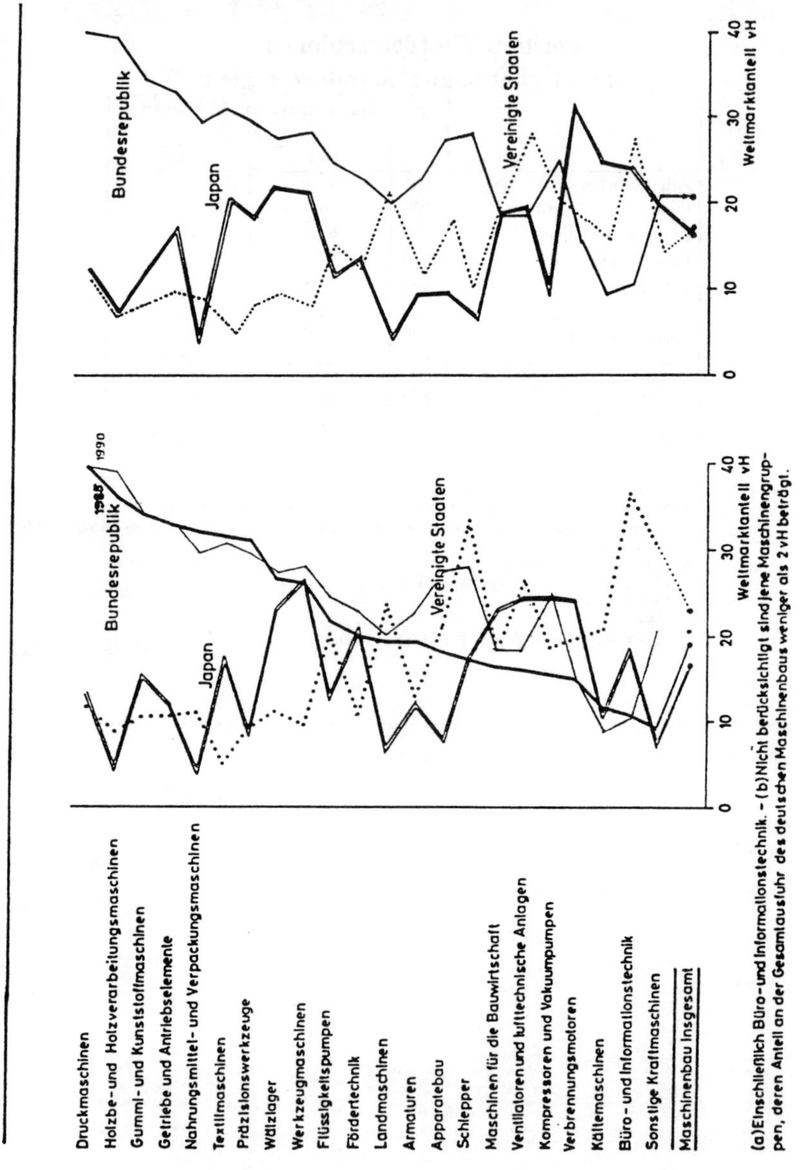

(Quellen: *Institut für Weltwirtschaft*, 3. Strukturbericht, 1987, S. 63 sowie *VDMA*, Statistisches Handbuch für den Maschinenbau, 1992, S. 292ff.)

Die aktuellen sozialpolitischen Aspekte der Sicherheitspolitik in bezug auf die Europäische Union

Bernhard Worms

1. Ein kurzer Rückblick

Im Vordergrund standen in Europa seit Anfang der neunziger Jahre vier immer noch aktuelle Herausforderungen:

- Die Konfliktregionen rund um das Mittelmeer;
- Die Neuordnung der transatlantischen Beziehungen;
- Die Öffnung Mittel- und Osteuropas, speziell die Entwicklung innerhalb der ehemaligen Sowjetunion; sowie
- Die Modernisierung Westeuropas.

→ Konfliktregion Mittelmeer

In der Mittelmeerregion haben sich die Konflikte im letzten Jahr teilweise verschärft, z.B. Algerien, teilweise aber auch entschärft. Einziger – leicht getrübter – Lichtblick ist momentan der Friedensprozeß im Nahen Osten, der nach einer euphorischen Phase nun im alltäglichen Politikgeschäft zu versanden droht. Doch der allgemeine politische und wirtschaftliche Druck zusätzlich zu der Wasserknappheit scheint so groß, so daß es zu einer friedlichen Einigung kommen müßte.

Dennoch bleibt festzuhalten:

- Historisch gewachsene Grenzen werden im süd-östlichen Mittelmeerraum immer mehr infrage gestellt.
- Die demokratische Entwicklungen in den islamischen Nachbarstaaten stagniert.
- Hinzu kommt ein hohes Rüstungsniveau. Und die Bereitschaft, diese Waffen auch für innen- wie außenpolitische Ziele einzusetzen, ist höher als in Europa.

→ Die Neuordnung der transatlantischen Beziehungen

Die veränderte Lage in Europa seit dem Fall der Mauer 1989 und die anschließende Auflösung des Warschauer Paktes war sehr wahrscheinlich die größte Veränderung für das transatlantische Bündnis seit seinem Bestehen. Durch den politischen Wandel in dem ehemaligen östlichen Machtblock hat sich auch die Situation der ehemaligen Warschauer-Pakt-Staaten untereinander als auch gegenüber dritten Staaten grundlegend gewandelt.

Problematisch ist bis heute der mögliche NATO-Beitritt Polens und das Konzept »Partnerschaft für den Frieden«. Entwicklungslinien zeichnen sich zwar ab, doch wesentlich weiter wie vor einem Jahr sind wir nicht.

→ Die Öffnung Mittel- und Osteuropas, speziell die Entwicklung innerhalb der ehemaligen Sowjetunion

Es gilt nicht nur die Beziehungen zwischen den europäischen Staaten neu zu gestalten. Genauso wichtig ist der Umbau der mittel- und osteuropäischen Staaten selbst.

Festzustellen ist, daß es die neuen politischen Führungen – mit Ausnahme von Ungarn und Tschechien – im letzten Jahr nur ansatzweise geschafft haben, den notwendigen wirtschaftlichen und sozialen Wandel neu zu organisieren:

- Der Übergang von der Planwirtschaft zur Marktwirtschaft schleppt sich dahin.
- Die Wirtschaftskriminalität und das Bandenwesen nehmen beängstigende Züge an.
- Die Arbeitslosigkeit haben die Staaten nicht im Griff.
- Die Renten liegen oftmals unter dem Existenzminimum.
- Die medizinische Versorgung hat sich nicht verbessert.

– Die Situation der Familien mit Kindern ist schwierig. Die Zunahme der Anzahl ausgesetzter Kinder ist hierfür Beleg.

→ **Die Modernisierung Westeuropas**

Der EU-Binnenmarkt gilt als vollendet. Allen Bedenken zum Trotz haben sich die verschiedenen Wirtschaftssubjekte schnell auf die neue wirtschaftliche Situation eingestellt. Zukunftmärkte wie z.B. die Informationswirtschaft werden angegangen.

Problematisch bleibt die soziale Komponente. Am deutlichsten wird dies auf dem Arbeitsmarkt, womit zur Thematik des Aufsatzes übergeleitet ist.

2. Der EU-Binnenmarkt sowie seine wirtschaftlichen und sozialen Auswirkungen

Grundlage der Betrachtungen muß sein:

Niemand denkt im Traum daran, die Errungenschaften des grenzenlosen Binnenmarktes in Frage zu stellen.

Freizügigkeit und Mobilität, freier und fairer Standortwettbewerb und grenzüberschreitender Strukturwandel: Dazu gibt es nur ein deutliches *Ja*.

Die exportstarken Deutschen profitieren am meisten von offenen Grenzen. Jeden dritten Arbeitsplatz erwirtschaften wir in der Europäischen Union. Wer mit der Abschottung der nationalen Märkte Beschäftigung sichern wollte, wäre auf dem Holzweg.

Wer auf eine Festung Europa setzt und den Rest der Welt aussperren will, verspielt die Zukunft des Standorts Europa im weltweiten Wettbewerb um Innovation, neue Technologien, um die Informationsmärkte der Zukunft. Nicht mehr, sondern weniger krisenfeste Arbeitsplätze kämen unter dem Strich dabei heraus.

Die erfolgreiche Teilnahme am internationalen Handel bedeutet aber eben auch, daß man sich im internationalen Wettbewerb ein ums andere Mal behaupten muß. Besitzstände kann es dabei nicht geben. Wettbewerbsvorsprünge müssen immer neu erarbeitet werden.

Aber:
Wettbewerbsvorteile können nicht durch einen Abbau von Sozialstandards erkauft werden.

Diesen Weg paralleler wirtschaftlicher und sozialer Entwicklung müssen wir konsequent weitergehen. Hier kann und darf es für uns kein Wenn und Aber geben: **Europa wird sozial sein oder es wird nicht die Akzeptanz der Menschen finden.**

Die soziale-, die arbeits- und die tarifrechtliche Symmetrie in der Europäischen Union muß stimmen. Und das ist ein ganz heikler Punkt, denn die arbeits- und tarifrechtliche Symmetrie funktioniert nur, wenn die Bundesregierung auch die Möglichkeit hat, speziell bei den unterschiedlichen Wanderungsbewegungen innerhalb Europas steuernd einzugreifen.

3. Wanderungsbewegungen innerhalb der EU

Allerdings sollte man nicht die Wanderungsbewegungen von EU-Bürgern im Binnenmarkt und die Wanderungsbewegungen aus Drittländern – wie es oft undifferenziert geschieht - in einen Topf werfen. Wir haben es dabei mit völlig unterschiedlichen rechtlichen Strukturen zu tun. Hier bedarf es einer sorgfältigen Trennung, um auf die jeweils unterschiedlichen Probleme die jeweils angemessenen Antworten geben.

Zunächst stellt sich hierbei die Frage, welche Auswirkungen die europäische Integration auf die nationalen Arbeitsmärkte hat? Die Zuwanderung von Arbeitnehmern aus den südlichen Staaten der Europäischen Union ist bereits in den sechziger Jahren in Deutschland zu einem ersten Abschluß gekommen.

1973, als sich die damalige Arbeitsmarktsituation aufgrund der ersten Ölpreiskrise abrupt zum Negativen wendete, gab es in Deutschland ca. 1,4 Mio. Personen aus den damaligen Anwerbeländern Griechenland, Italien, Portugal und Spanien. Ende 1993 waren es insgesamt 1,2 Mio. Personen, davon 421.398 Beschäftigte (im Vergleich dazu: Beschäftigte aus der Türkei: 619,053; aus dem ehemaligen Jugoslawien: 419.370).

Zwar finden auch innerhalb der Gruppen aus den Mitgliedstaaten starke Pendelbewegungen zwischen den Heimatländern und Deutschland statt, per Saldo sind aber trotz der Freizügigkeit in Europa seit zwei Jahrzehnten keine signifikanten Veränderungen festzustellen.

Auch für die Zukunft sind sie nicht zu erwarten. Dies dürfte in erster Linie auf die Anhebung des Lebensstandards in den südeuropäischen Mitgliedstaaten aber auch die drastische Verschlechterung der Beschäftigungssituation überall in Europa zurückzuführen sein.

4. Entsende-Richtlinie

Es muß ernste Sorgen bereiten, daß in jüngster Zeit in starkem Maße die großen Unterschiede bei den Löhnen und anderen Arbeitsbedingungen zwischen Hochlohnländern und anderen Mitgliedstaaten ausgenutzt werden, was vor Ort zwangsläufig zu Spannungen und allgemein zu großen Wettbewerbsnachteilen für deutsche Bauunternehmen führt.

Die Folge ist, daß trotz des Baubooms in einzelnen Regionen deutsche Bauarbeiter ihren Arbeitsplatz verlieren und kleinere Unternehmen auf dem Markt um das nackte Überleben kämpfen.

Deshalb ist es um so bedauerlicher, daß am 27. März 1995 in Brüssel wieder mal ein gemeinsamer Standpunkt zur europäischen Entsenderichtlinie nicht erzielt werden konnte. Hemmschuh waren die Vertreter der Länder Irland, Portugal, Großbritannien und Italien.

Italien hat zwar mit seiner Ablehnung den Gegnern einer europäischen Entsenderichtlinie die notwendige Sperrminorität gesichert. Aber Italien schwankt, weil Bundesarbeitsminister Blüm auf der Konferenz deutlich gemacht hat, daß er seiner Linie treu bleibt, notfalls **einzelstaatliche Regelungen** durchzusetzen.

Andere Mitgliedstaaten – wie Frankreich und Österreich – haben bereits gehandelt, und auch die Bundesrepublik wird wohl eine nationale Regelung auf den Weg bringen, wenn auf europäischer Ebene kein Fortschritt erzielt wird.

Mit einer derartigen nationalen Lösung soll erreicht werden, daß z.B. inländische Bauunternehmen und die bei ihnen beschäftigten Arbeitnehmer nicht weiter vom Markt verdrängt werden, weil sie mit Billiglohn-Anbietern aus anderen Mitgliedstaaten nicht länger mithalten können.

Weiterhin soll erreicht werden, daß deutsche wie ausländische Arbeitgeber den gleichen zwingenden Arbeitsbedingungen unterworfen sind und daß für sie die gleichen Arbeitsschutzregeln gelten.

Der Freizügigkeit in der EU darf kein Riegel vorgeschoben werden, aber es muß europaweit gelten: **Gleicher Lohn für gleiche Arbeit *am gleichen Ort*.**

5. Tätigkeit von Scheinselbständigen

Große Probleme bereitet aber auch die stetige Zunahme der grenzüberschreitenden Tätigkeit von sogenannten **Scheinselbständigen**. Es handelt sich dabei um Personen, die sich in ihrem Heimatland – zumeist unter minimaler sozialer Absicherung, als Selbständige niederlassen. Quasi als Ein-Mann-Unternehmen arbeiten sie dann in anderen Mitgliedstaaten mit dem wirtschaftlichen Vorteil, daß sie keine Sozialabgaben im Land der Beschäftigung zahlen müßten.

Tatsächlich handelt es sich bei ihnen aber bei Zugrundelegung unseres Rechtes in aller Regel um Arbeitnehmer, die ganz normal abhängig, und damit beitragspflichtig beschäftigt sind.

Bei dem Problem der Scheinselbständigkeit von ausländischen Arbeitnehmern möchte ich davor warnen, nur die negativen Auswirkungen auf die Wettbewerbssituation am Arbeitsmarkt zu sehen. Scheinselbständigkeit ist auch ein Problem der sozialen Sicherheit insgesamt. Sie ist verbunden:

- mit hohen Beitragsverlusten der deutschen Sozialversicherung, die auf eine solidarische Finanzierung dringend angewiesen ist,
- und mit dem Verlust des Versicherungsschutzes, so daß der Betroffene im Krisenfall ohne den Schutz der Gemeinschaft dasteht.

In der Bundesrepublik wird dieser Mißbrauch mit Nachdruck bekämpft, u.a. durch verstärkte Kontrollen mit dem Ziel, solchen Personen eine Arbeitnehmertätigkeit nachzuweisen. Gelingt dieser Nachweis, entsteht nach deutschem Recht die Verpflichtung zur Zahlung der Sozialabgaben und damit entfällt der wettbewerbsverzerrende Anreiz der Scheinselbstständigkeit.

Die Bekämpfung der Scheinselbständigkeit ist aber auch ein gutes Beispiel für das leider häufig anzutreffende Kompetenz-Wirrwarr, wenn Behörden zur Tat schreiten wollen.

Tatsächlich sind die Krankenkassen als Einzugstellen des Gesamtsozialversicherungsbeitrages in der Pflicht, gegen diese Praxis der Scheinselbständigkeit energisch einzuschreiten. Und weil die Bundesländer die Aufsicht über die Krankenkassen innehaben, stehen sie hier besonders in der Verantwortung. Die Allgemeinen Ortskrankenkassen haben Probleme, allein die Last der Durchsetzung der Beitragsansprüche gegen Scheinselbständige zu tragen, weil sich Scheinselbständige der Natur der Sache nach nicht freiwillig bei anderen gesetzlichen Krankenkassen melden. Zur Unterstützung hat der Bundesgesetzgeber in den letzten Jahren die Möglichkeit geschaffen, daß die an der Bekämpfung illegaler Beschäftigung beteiligten Bundesbehörden den Krankenkassen die Verstöße gegen die Sozialversicherungspflicht melden.

Die Länder bleiben aufgefordert, dafür zu sorgen, daß die Meldungen aufgegriffen und bearbeitet werden.

6. Wanderungsbewegungen aus Drittländern

Ganz anders sieht es bei Wanderungsbewegung aus Drittländern in die EU aus. Hier sind zwar die Kompetenzen klarer geregelt, dafür hat man es mit völlig anderen Zahlenkontingenten zu tun.

- Die Öffnung des Eisernen Vorhangs,
- leichtere weltweite Reisemöglichkeiten,
- eine Verschärfung des Wohlstandsgefälles zwischen Nord und Süd,
- die anhaltende Bevölkerungsexplosion,
- größere Verbreitung von Kenntnissen der besseren Lebensverhältnisse in den Industrieländern, sowie
- bewaffnete Konflikte und Unterdrückung von Minderheiten.

haben in den letzten Jahren zu einem Anstieg der Einwanderung nach Europa geführt.

Allein in Deutschland ist die ausländische Wohnbevölkerung in den letzten sechs Jahren um rund 2,4 Mio. angestiegen. Das entspricht einem Anstieg von 53,2%.

Diese anhaltende Zuwanderung trifft in Deutschland auf eine Beschäftigungslücke von derzeit 5 bis 7 Mio., was nicht nur zu einer steigenden Arbeitslosigkeit bei inländischen, sondern auch ausländischen Bürgern führt.

Waren 1990 im Jahresdurchschnitt 203.000 Ausländer arbeitslos, so erhöhte sich ihre Zahl bis 1994 auf 409.000; Tendenz steigend. Anders ausgedrückt: 1993 kamen auf 1000 deutsche Beschäftigte 88 deutsche Arbeitslose, während die Zahl der arbeitslosen Ausländer unter 1000 Beschäftigten mit 151 fast doppelt so hoch war.

Die Arbeitslosenzahlen wären noch höher, wenn Ausländer, die erstmals Zutritt zum Arbeitsmarkt suchen, nicht als Arbeitslose, sondern nur als Arbeitsuchende registriert würden. Angesichts des beschleunigten Wegfalls von Einfacharbeitsplätzen wird sich die »Mismatch-Arbeitslosigkeit« bei unverminderter Zuwanderung beruflich wenig qualifizierter, mit Sprachproblemen versehener Ausländer weiter erhöhen.

Die beschränkte Aufnahmefähigkeit des Arbeitsmarktes zeigt sich auch in der steigenden Zahl ausländischer Sozialhilfeempfänger. Zum Stichtag 01.01.1993 lag der Anteil der Ausländer an allen Empfängen von Hilfe zum Lebensunterhalt bei 32,4% – 34,8% in den alten und 15,5% in den neuen Bundesländern.

Während 1993 auf 1000 Deutsche 62 Sozialhilfeempfänger kamen, betrug der Anteil der Sozialhilfeempfänger unter 1000 Ausländern 184, also fast das Dreifache.

Auch die Aussiedlerarbeitslosigkeit steigt aus den oben genannten Ursachen an. Waren 1989 noch 106.000 Aussiedler arbeitslos, so erhöhte sich die Zahl bis 1993 auf 161.000. Gleichzeitig erhöhte sich der Anteil der arbeitslosen Aussiedler ohne abgeschlossene Berufsausbildung von 49,2% auf 55,6%.

Mit einer anhaltend hohen Zuwanderung ist zu rechnen, da nach Angaben des BMI die Mehrheit der 3,2 Mio. Deutschen in den Staaten des ehemaligen Ostblocks beabsichtigt, nach Deutschland auszuwandern. Bei weiterer Verschlechterung der wirtschaftlichen Situation wird der Anteil noch steigen.

Die Zahlen belegen einen beschäftigungs- und arbeitsmarktpolitisch höchst bedenklichen Wanderungsdruck. Der vermehrte Zustrom von Ausländern bewirkt auf dem Arbeitsmarkt erhebliche Verdrängungseffekte.

Von einer neuen Qualität ist in diesem Zusammenhang die unmittelbare Nachbarschaft zu den Niedriglohngebieten Osteuropas bei mehr oder weniger offenen Grenzen (beim Beitritt der mediteranen Neumitglieder der EG – Griechenland, Spanien, Portugal – gab es einen 8-jährigen »Schutz« des Arbeitsmarktes der Altmitglieder), die sich insbesondere in einem stärkeren Anstieg der illegalen Zuwanderung und Beschäftigung widerspiegelt.

Daher existieren ***zwei grundsätzliche Probleme:***

- Der Zustrom ausländischer Arbeitnehmer; und
- der Wanderungsdruck illegaler Grenzgänger.

Das erste Problem kann man – am besten in Absprache mit den anderen EU-Ländern – nur zusammen mit den Herkunftsländern regeln. Hier sind also entsprechende Speziallösungen anzustreben.

Ganz anders sieht es bei dem illegalen Grenzgängern aus. Hier wird es kaum möglich sein, dem Wanderungsdruck der Illegalen völlig Stand zu halten. Wir müssen also bestrebt sein, diesen Druck zu steuern.

Aus vielfältigen historischen, geographischen und wirtschaftlichen Gründen haben wir in Deutschland eine besondere Verpflichtung gegenüber den Staaten Mittel- und Osteuropas. Es gibt hier eine besondere Verantwortung, diesen Staaten bei den durch die politischen Ereignisse von 1989 eingeleiteten Reformprozessen zu helfen.

Gerade aus deutscher Sicht ist auch die Öffnung der Europäischen Union nach Osten eine existentielle Frage. Wir haben ein ganz natürliches Interesse daran, daß unsere Nachbarn jenseits von Oder und Neiße in wirtschaftlich und politisch stabilen Verhältnissen leben.

Obwohl mit Rücksicht auf die großen Unterschiede bei den Pro-Kopf-Einkommen – in Deutschland sind sie elfmal höher als in Polen – keine weitgehende Öffnung der Arbeitsmärkte vorstellbar ist, können dennoch in begrenztem Umfang Arbeitskräfte aus mittel- und osteuropäischen Staaten auf den Arbeitsmärkten der Europäischen Union zugelassen werden. Z.B. über bilaterale Vereinbarungen können so arbeitsmarktpolitische Brücken zwischen Ost und West errichtet werden. Sie können ein Ventil für den Wanderungsdruck sein.

So hat die Bundesrepublik seit 1988 durch Abkommen mit den mittel- und osteuropäischen Staaten verschiedene Instrumentarien entwickelt, die es einer begrenzten Zahl von ausländischen Arbeitnehmern ermöglicht, trotz des bestehenden Anwerbestops zeitlich befristet hier zu arbeiten. Dazu gehören:

- Werkvertragsarbeitnehmer-Abkommen,
- Gastarbeitnehmer-Vereinbarungen,
- sowie Beschäftigungsmöglichkeiten für Grenzgänger und Saisonarbeitnehmer.

Werkvertragsvereinbarungen gibt es zwischen den Staaten Ost- und Südosteuropas schon seit den 60er Jahren.

Das durch Arbeitsmarktanpassung ab 1. Oktober 1994 gültige Gesamtkontingent umfaßt insgesamt 61.920 Arbeitnehmer. Im Februar 1995 waren insgesamt 44.403 Werkvertragsarbeitnehmer in der Bundesrepublik beschäftigt.

In der Kombination verschiedener Vorteile liegt die Stärke dieses Vertragssystems:

- Ausländische Unternehmen können marktwirtschaftliche Bedingungen in der Praxis erleben, die notwendigen Erfordernisse und neue Technologien kennenlernen und,
- auch dieser Faktor darf nicht unterschätzt werden – durch ihre wirtschaftlichen Tätigkeiten auf hiesigen Märkten notwendige Devisen für spätere Investitionen im eigenen Land erwerben.
- Aber auch die ausländischen Arbeitnehmer haben Vorteile nicht nur beim Verdienst, sondern ebenso durch zusätzlich erworbene Qualifikationen.

Zusätzlich wurden mit verschiedenen mittel- und osteuropäischen Staaten **Gastarbeitnehmer-Abkommen** geschlossen, die einer begrenzten Anzahl von Arbeitnehmern die Möglichkeit einer beruflichen und sprachlichen Qualifikation in Deutschland geben sollen. Das Gesamtkontingent umfaßt 9.800 Arbeitnehmer. Im Jahr 1994 konnten 5.529 Arbeitnehmer von dieser Vereinbarung profitieren. Lernen am Arbeitsplatz, Qualifikation für die spätere Arbeit im Heimatland, dieses Gedankenmodell steht hinter diesen Abkommen.

Eine weitere Beschäftigungsmöglichkeit existiert seit Beginn 1991. Arbeitnehmer aus bestimmten Nicht- EU-Staaten können als **Saisonarbeitnehmer** bis zu 3 Monate innerhalb eines Jahres in der Bundesrepublik Deutschland arbeiten. Voraussetzung dafür ist, daß zwischen den Arbeitsverwaltungen beider Staaten Absprachen über das Verfahren der Vermittlung getroffen wurden. Um Mißbrauchsmöglichkeiten auszuschließen sind seit Oktober 1993 die Saisonbeschäftigung nur noch für die Land- und Forstwirtschaft, das Hotel- und Gaststättengewerbe sowie für die Beschäftigung in der Obst- und Gemüseverarbeitung möglich, dagegen nicht mehr für den Baubereich. Für die Saisonarbeitnehmer liegt der Vorteil zumeist in einer für sie bedeutenden Aufbesserung des Familieneinkommens und damit der Stabilisierung ihrer Existenz im Heimatland.

1994 wurden insgesamt rund 155.000 Arbeitnehmer in Zusammenarbeit mit Arbeitsverwaltungen der Partnerstaaten vermittelt.

Darüber hinaus gibt es noch spezielle **Beschäftigungsmöglichkeiten** für Grenzgänger. Innerhalb einer festgelegten Grenzzone können Arbeitnehmer aus Polen und der Tschechischen Republik in der Bundesrepublik Deutschland eine Beschäftigung aufnehmen, wenn sie täglich an ihren Wohnort zurückkehren bzw. sich am Arbeitsort an nur zwei Tagen in der Woche aufhalten. Die eben angesprochenen Vorteilen der Saisonarbeitnehmer gelten auch für die Grenzgänger. Außerdem leisten sie einen wichtigen Beitrag zur Schaffung normaler und gutnachbarlicher Beziehungen in der Grenzregion, so daß sich die Infrastruktur beiderseits der Grenze positiv entwickeln kann.

7. Europaweiter Kampf gegen illegale Beschäftigung

Trotz dieser Maßnahmen hält der Zuzug illegaler Grenzgänger an und wir werden **dieses Problem auf nationaler Ebene nicht in den Griff bekommen**. Deshalb plädiere ich **für einen europaweiten Kampf** gegen illegale Beschäftigung und Schwarzarbeit. Allein in der Bundesrepublik sind im Jahreszeitraum bis März 1994 durch verstärkte Kontrollen erschlichene Sozialleistungen in Höhe von 1,6 Mrd. DM aufgedeckt worden.

Unterschiedliche nationale Regelungen und ein Geflecht europäischer und zwischenstaatlicher Vereinbarungen über Rechts- und Amtshilfe behindern derzeit die Verfolgung solcher Machenschaften. Ich bin daher froh, daß wir mit den Niederlanden und Luxemburg Gespräche begonnen haben, um Probleme der Verfolgung solcher Aktivitäten durch eine verbesserte internationale Zusammenarbeit möglichst rasch zu lösen. Daher müssen auch mit anderen Ländern entsprechende Gespräche geführt werden mit dem Ziel, nach dem Abbau der Schlagbäume auch rechtliche Schranken, die die Zusammenarbeit der Behörden der Staaten erschweren, abzubauen.

Ebensowenig wie Schwarzarbeit und Scheinselbständigkeit dürfen Formen des grenzüberschreitenden Leistungsmißbrauchs zugelassen werden. Bezieher von Arbeitslosengeld oder anderen Lohnersatzleistungen können sich heute den nationalen Kontrollmöglichkeiten entziehen, wenn sie im Ausland einer bezahlten Tätigkeit nachgehen. Dementsprechend muß also auch verhindert werden, daß durch grenzüberschreitende kriminelle Handlungsweisen unsere Sozialversicherungssysteme und der Wettbewerb von ordnungsgemäß handelnden Unternehmen geschädigt wird. Hinzu kommt, daß die erreichte Dienstleistungsfreiheit und Freizügigkeit für die Arbeitnehmer in der Europäischen Union hierdurch in Mißkredit gebracht wird.

Während man bei grenzüberschreitender Bekämpfung illegaler Beschäftigung über Ansätze noch nicht hinausgekommen ist, besteht in der Frage, wie man generell mit dem Problem der Zuwanderung aus Nicht-EU-Staaten umgehen will, ein weitgehender Konsens:

Auf der Ebene der Europäischen Union gibt es derzeit keine Bestrebungen, Zuwanderungen aus Drittländern zuzulassen oder zu fördern. Vor diesem Hintergrund ist die Initiative der EU-Kommission von Februar 1994 begrüßenswert. In der *»Mitteilung der EU-Kommission zum Thema Einwanderung und zum Asylrecht«*, die von dem für Wanderungs- und Asylfragen zuständigen Kommissar Flynn vorgelegt und am 23. Februar 1994 von der EU-Kommission gebilligt wurde, wird u.a. verlangt:

- eine verstärkte Zusammenarbeit mit den Herkunftsländern von Flüchtlingen und Zuwanderern, und
- ein abgestimmtes Vorgehen zur Kontrolle der Wanderungsströme.

Angesichts der wirtschaftlichen Lage und der Situation auf dem Arbeitsmarkt wird nach Ansicht der EU-Kommission die Aufnahmepraxis auch in nächster Zeit restriktiv sein müssen. Die Festlegung von Quoten ist nach Auffassung der Kommission kurzfristig keine geeignete Maßnahme. Nur wenn feststeht, daß der Nutzen der Zuwanderung überwiegt, sollten Quoten in Erwägung gezogen werden. Die Stellungnahme der Kommission steht insoweit im Einklang mit der Haltung, die beim Gipfel von Maastricht im Dezember 1991 herrschte. Damals bestand Einigkeit darüber, daß derzeit kein Mitgliedstaat eine aktive Zuwanderungspolitik betreibt. Vielmehr haben sämtliche Mitgliedstaaten die Möglichkeiten einer dauerhaften, legalen Einwanderung aus wirtschaftlichen und sozialen Gründen eingeschränkt.

Diese Einschränkung ist die eine Seite der Medaille. Die andere Seite muß auch in Zukunft gekennzeichnet sein durch eine verstärkte entwicklungs-, sozial- und wirtschaftspolitische Zusammenarbeit mit den betroffenen Ländern.

Gewerkschaften in Europa: Ein Beitrag zu Stabiltät und Sicherheit

Ursula Engelen-Kefer

»Welchen Beitrag können Gewerkschaften in Europa zu Stabilität und Sicherheit leisten?«

Einen spezifischen Beitrag. Denn als Gewerkschaften haben wir einen anderen Blick auf diese Frage als ihn andere vermutlich haben. Ich will damit nicht die Unterschiede größer machen als sie sind, denn auch sicherheitspolitisch Interessierte denken nicht nur in Kategorien von Angriff und Verteidigung. Auch bei ihnen spielt der Gedanke der Konfliktvermeidung und der Prävention heutzutage eine große Rolle. Dies ist aber in der öffentlichen Meinung leider noch nicht hinreichend bekannt. Es existieren eine Reihe hartnäckiger Vorurteile, und es ist mühsam, sie aus der Welt zu schaffen.

Die gewerkschaftliche Sicht der Dinge beruht auf einer Reihe von Grundüberlegungen:

Stabilität und Sicherheit sind kein Wert an sich. Es kommt auf das Bezugssystem an. In nicht-demokratischen Gesellschaften beispielsweise sind Stabilität und Sicherheit keine Werte, für die es sich einzutreten lohnt. Sie machen nur Sinn, wenn sie mit den Wertentscheidungen für eine soziale und demokratische gesellschaftliche Ordnung verbunden werden.

Man kann dies am Verhältnis von Stabilität und Konflikt verdeutlichen.

In demokratischen Gesellschaften ist das Austragen von gesellschaftlichen Interessenkonflikten, wie Tarifverhandlungen es sind, kein Gegensatz zur Stabilität der politischen Ordnung. Solche Konflikte stellen keine Bedrohung der Stabilität einer demokratischen Ordnung dar, sondern sie sind vielmehr Ausdruck seiner Stärke, weil das Gemeinwesen mit der Vielfalt der Interessen seiner Mitglieder zivil umzugehen vermag.

Die zweite Überlegung grundsätzlicher Art lautet, daß Stabilität und Sicherheit in einem sozialen und demokratischen Staat nicht kostenlos zu haben sind. Dieses Problem tritt erst vor dem Hintergrund tiefgreifender gesellschaftlicher Umbrüche in ganz Europa in vollem Umfang zutage.

Prozesse der gesellschaftlichen Modernisierung bringen Modernisierungsgewinner und -verlierer hervor. Es gibt große Minderheiten, die ihre Beschäftigung verlieren und auf Jahre hin keine neue Anstellung mehr finden. Junge Menschen schaffen den Sprung ins Erwerbsleben erst gar nicht, weil es an einer angemessenen Bildungspolitik mangelt. Allein in diesem Land fehlen zigtausende von Ausbildungsplätzen. Die Folge ist, daß die Unterschiede in unserer Gesellschaft immer größer werden und das Armutsproblem wächst.

Wen wundert es dann, daß derart benachteiligte Bürgerinnen und Bürger auf Dauer ihren Glauben an die Gerechtigkeit der Gesellschaft verlieren, in der sie leben?

Zwischen sozialer Deklassierung und Nicht-Identifizierung mit einer gesellschaftlichen Ordnung gibt es einen engen Zusammenhang. Wenn nämlich die Modernisierungsverlierer den Eindruck haben, daß sich die Gesellschaft nicht um ihr Schicksal und ihre Lebenslage kümmert, lockert oder löst sich ihre Beziehung. Je nachdem, wie lange der Zustand andauert und wie tief die Enttäuschung ist, stellen sie die Geltung sozialer und demokratischer Werte in Frage.

Insbesondere auf dem amerikanischen Kontinent ist festzustellen, wie der gesellschaftliche Konsens zerfällt und zivile Umgangsweisen an praktischer Bedeutung verlieren.

Der jüngste Jugendbericht unserer Bundesregierung stellt gleichfalls fest, daß arbeitslose Jugendliche

- eine erhöhte Einstellung haben, Gewalt gegen Asylbewerber und Asylbewerberinnen zu akzeptieren und
- eine erhöhte Einstellung haben, Gewalt als legitimes Mittel der Problembewältigung anzusehen.

Hieraus kann allerdings kein direkter Zusammenhang zwischen Arbeitslosigkeit und Gewaltbereitschaft oder Ausländerfeindlichkeit gezogen werden. Arbeitslosigkeit wirkt eher als Verstärker, durch den die Tendenz zu einer eher defensiven und auf Frustration bzw. Aggression beruhenden Gewaltbereitschaft verstärkt und Angst und Unsicherheit gefördert werden kann. Dieser Zusammenhang ist sehr bedeutsam für die Entstehung innergesellschaftlicher Unsicherheit.

Soziale Ungleichheit zersetzt auf Dauer zivile Einstellungen und macht den gesellschaftlichen Zusammenhalt porös. Und wenn es erst einmal soweit ist, daß die Polizei die Sicherheit garantieren muß, hat die Politik versagt.

In vielen Ländern entsteht für die meisten Menschen heute ein Gefühl der Unsicherheit eher aus Sorge über das tägliche Leben als aus der Furcht vor einer Weltkatastrophe. Arbeitsplatzsicherheit, Einkommenssicherheit, Gesundheitssicherung, Umweltschutz, Sicherheit vor Verbrechen – dies sind die Anliegen, die sich überall in der Welt in den Vordergrund stellen.

Das Konzept der Sicherheit wurde bisher weitgehend durch das Konfliktpotential zwischen Staaten bestimmt. Viel zu lange wurde Sicherheit nur unter dem Aspekt der Bedrohung der Grenzen eines Landes gesehen. Viel zu lange rüsteten die Staaten mit Waffen auf, um ihre Sicherheit zu schützen.

Eine dritte Überlegung lautet:

Stabilität und Sicherheit bedürfen einer vorausschauenden Politik. Und das bedeutet zweierlei:

- **Erstens**, daß tatsächlich eine aktive Politik gemacht wird. Politik darf nicht nur die Gesetzmäßigkeiten des Marktes und der wirtschaftlichen Entwicklung nachzeichnen, sondern muß eigene Akzente setzen. Ihre Leitnorm lautet soziale Gerechtigkeit, und diesem politischen Stern folgend muß sie dort korrigierend eingreifen und gegensteuern, wo es erforderlich ist.

- **Zweitens** aber muß diese Politik vorausschauend sein. Das heißt, daß sich Politik nicht darin erschöpfen darf, dem Vier-Jahres-Rhythmus der Wahlen zu folgen, sondern daß sie langfristige Entwicklungen im Auge behalten muß. Das gilt nicht nur dort, wo es offensichtlich ist: in der Rentenpolitik. Dies muß auch dort Gültigkeit erhalten, wo es um die Arbeit von morgen geht.

In vielen Ländern wurden kurzsichtig produktive Standorte aufgegeben. Dabei ist eines deutlich:
Wenn eine Region erst einmal ihre wirtschaftliche und kulturelle Identität verloren hat, weil die Wirtschaft sich zurückzieht und die qualifizierten Arbeitskräfte abwandern, dann ist es unendlich mühsam, diese Regionen wieder zu beleben. Diese Erfahrungen hat man im Süden Italiens und im Norden Frankreichs machen müssen. Es ist zu hoffen, daß wir diese Erfahrung in den neuen Bundesländern nicht in noch größerem Maße machen müssen.

Daß Politik heute vorausschauend sein muß, bedeutet auch, daß man diese Politik der Sicherheit und Stabilität nicht mehr nur im nationalen Rahmen betrachten kann.

Nun sind Stabilität und Sicherheit in Europa ein weites Feld. Daher werden einige Probleme in der EU unter besonderer Berücksichtigung der europäischen Arbeitsmarkt- und Sozialpolitik herausgegriffen.

Der DGB hat die europäische Integration immer unterstützt:

Noch vor Unterzeichnung der römischen Verträge hat ein DGB-Bundeskongreß die ersten Integrationsschritte begrüßt. Trotz aller Schwierigkeiten und Probleme im Integrationsprozeß waren und sind wir Anhänger der europäischen Einigungsbewegung – sowohl aus der internationalistisch-pazifistischen Tradition der Arbeitnehmerbewegung heraus als auch wegen der Erfahrung der beiden Weltkriege dieses Jahrhunderts. Dies darf aber auch aus Solidaritätsgründen innerhalb der Arbeitnehmerschaft und wegen ihres Interesse, nicht von den Arbeitgebern untereinander ausgespielt werden.

Heute hat die Strahlkraft der europäischen Einigungsidee jedoch stark nachgelassen. Vielfach wird das Konzept Europa auf das ökonomische und die bürgerferne Technokratisierung reduziert. Die europäische Idee, die auf die technische Vollendung des Binnenmarktes begrenzt ist, verhindert den Zugang der Bürgerinnen und Bürger zu einem mehr länderübergreifenden Verständnis und Engagement. Die kritischen Einwände vieler Menschen zeigen, wie groß der Abstand zwischen denen werden kann, die Politik entwerfen und denen, die diesen Entwürfen folgen sollen.

Viele fürchten bei uns einen Verlust an Wohlstand und Sicherheit in Europa, während andere Länder sich vor einer deutschen Dominanz in Europa fürchten. Sehr demagogisch hat dies im Europawahlkampf 1979 der damalige Generalsekretär des französischen kommunistischen Gewerkschaftsbundes CGT ausgedrückt:

»Die Deutschen brauchen ihre Panzer nicht mehr aufzufahren – sie haben ja die D-Mark«.

Diese emotionalen Aspekte sind – heute wissen wir es – erheblich unterschätzt worden.

Für die Gewerkschaften ist die Europäisierung viel schwieriger als für die Unternehmen. Zahllose Unternehmen haben angesichts der Globalisierung der Märkte sehr schnell fusioniert und dazugekauft und die Chancen des Binnenmarktes schnell errechnen können. Die Gewerkschaften hingegen müssen die Arbeitnehmerinnen und Arbeitnehmer von der Notwendigkeit von Veränderungen überzeugen und Traditionen überwinden, die für viele Identifikationsmerkmale sind.

Es ist nicht ohne Grund, daß der Einsatz von länderübergreifender Mitwirkung von sogenannten »Eurobetriebsräten« Bewegung in die gewerkschaftliche Europaarbeit gebracht hat. Hier geht es um unmittelbare Anliegen von Menschen und um ihre Interessen in der Arbeit.

Die zunehmende grenzüberschreitende Tätigkeit der Unternehmen verlangt zwangsläufig eine Europäisierung der betrieblichen Interessenvertretungen. Diese Probleme haben die Gewerkschaften schon Ende der 70er Jahre aufgegriffen und über den Europäischen Gewerkschaftsbund (EGB) Vorschlag für ein europäisches Recht auf Mitwirkung in transnationalen Konzernen unterbreitet.

Mehr als zwei Jahrzehnte hat es gedauert, bevor letztes Jahr die Richtlinie über die Einsetzung europäischer Betriebsräte verabschiedet wurde. Es war ein dringendes Gebot, zumindest Informations- und Konsultationsrechte der Arbeitnehmervertreter vorzusehen; Entscheidungen mit schweren Folgen für die Arbeitnehmer eines Betriebes werden of auf viel höherer Unternehmensebene im gleichen oder einem anderen Land getroffen. Selbst den Arbeitgebern auf örtlicher Ebene sind diese Entscheidungen nicht immer bekannt.

Auch wenn diese Richtlinie keine Mitbestimmungsrechte enthält, ist sie ein erster wichtiger Schritt in die richtige Richtung. Von entwickelten sozialen Beziehungen auf EU-Ebene kann derzeit aber noch nicht die Rede sein. Der EG-Vertrag sieht den sozialen Dialog zwar als Instrument solcher Beziehungen vor; das Sozialprotokoll zu Maastricht sieht aber eine Möglichkeit vor, die über vertragliche Beziehungen zwischen den Spitzenverbänden der Arbeitgeber und Arbeitnehmer in der EU die Möglichkeit einräumt, das zu regeln, was sonst über Gesetze geregelt werden müßte.

Dennoch stehen einige Hindernisse einer Verwirklichung funktionierender Vertragsbeziehungen noch im Wege.

Der europäische Tarifvertrag bleibt bis auf weiteres eine Kunstfigur, weil die ganz unterschiedlichen wirtschaftlichen, sozialen, aber auch rechtlichen Rahmenbedingungen in den Mitgliedsländern länderübergreifende Vereinbarungen über Tarife nicht zulassen. Die Voraussetzungen für europäische Tarifverträge sind noch nicht gegeben. Bewegungen in den sozialen Beziehungen muß erst in den Branchen und Sektoren entstehen. Es steht außer Zweifel, daß dies mittelfristig geschehen wird, verordnet werden aber kann dies nicht.

Dennoch kommt dem sozialen Dialog eine nicht zu unterschätzende Bedeutung zu:

Er ist geeignet, den Sachverstand und die Erfahrungen der Sozialpartner in Europa zu nutzen, um den Gesetzentwürfen der Kommission vor allem im sozialen Bereich eine möglichst große Praxisnähe und – wenn möglich – den Konsens der Sozialpartner zu sichern.

Die mit dem Binnenmarkt verbundene soziale Dimension ist – nicht nur – aus gewerkschaftlicher Sicht völlig unzulänglich entwickelt und nicht geeignet, die Zustimmung der Arbeitnehmer zur EU zu fördern. Im Unterschied zum wirtschaftlichen Bereich kommt die Sozialpolitik der Gemeinschaft nur im Schneckentempo voran. Die Gemeinschaftsverträge enthalten nur wenige Vorschriften, die sozialpolitisch bedeutsam sind, aber weit über einhundert Artikel, die sich mit der wirtschaftlichen Seite der europäischen Integration befassen. EU-weite Gesetze sind erforderlich, damit der Binnenmarkt zu einem Wettbewerb der besseren Leistungen und nicht zu einem Wettbewerb der schlechteren Arbeitsbedingungen wird.

Letzteres zeigt eindringlich die gegenwärtig heiß geführte Diskussion um eine Entsenderichtlinie. Es geht darum, einen harten Kern von tariflichen und gesetzlichen Arbeitsbedingungen des Arbeitsortes für alle hier arbeitenden Arbeitnehmer sicherzustellen und für alle Arbeitgeber verbindlich zu machen. Angesichts der völligen Freizügigkeit der Arbeitnehmer in der EU ist es ein Problem von immenser Sprengkraft für Wirtschaft und Arbeitnehmer, wenn unsere Arbeitsbedingungen und unsere besonderen Löhne für entsandte Arbeitnehmer aus anderen Ländern nicht eingehalten werden müssen. Schätzungsweise 400.000 Arbeitnehmer aus EU-Billiglohnländern sind inzwischen auf deutschen Baustellen tätig. Dort verdient z.B. in Berlin ein vorübergehend bei uns tätiger portugiesischer Bauarbeiter 6,50 DM pro Stunde – sein hier ansässiger Berliner Konkurrent durchschnittlich 24 DM. Wen wundert es dann, daß trotz des riesigen Baubooms 140.000 einheimische Bauarbeiter arbeitslos sind.

Hier zeigt sich die Schwerfälligkeit der europäischen Administration:

Obwohl das Problem seit langem bekannt ist, hat die Kommission zwar 1991 nach langer Diskussion einen ersten Entwurf einer Richtlinie vorgelegt, der trotz deutlicher Bemühungen des Bundesarbeitsministers bis heute nicht verabschiedet wurde. Ein Skandal ist allerdings, wenn dann dem Bundesarbeitsminister bei seinem Versuch, dieses Sozialdumping durch eine deutsche nationale Regelung zu unterbinden, von seiten des F.D.P.-Wirtschaftsministers Rexrodt öffentlich ein Bein gestellt wird.

»Es bestünden erhebliche wettbewerbs-, mittelstands- und europapolitische Bedenken und der Entwurf müsse grundlegend überarbeitet werden«, so Rexrodt,

der auch noch eine angemessene Schwellenfrist fordert. Bedenkt man, wie häufig die Beschäftigung auf den Baustellen wechselt und wie schwer Kontrollen möglich sind, wäre die Einführung einer Schwellenfrist das Aus für eine wirksame Regelung.

Überregionale Anzeigen in englischen Tageszeitungen zeigen gleichfalls, wie nationale Sozialstandards indirekt ausgehöhlt zu werden drohen. Findige Geschäftemacher suchen in England »selbständige« britische Bauarbeiter, insbesondere Maurer, die in Deutschland auf Werksvertragsbasis zu niedrigen Preisen arbeiten sollen. Da in England jedermann ohne größere Schwierigkeiten ein Handwerk selbständig ausüben und sehr schnell ein britisches Zertifikat hierzu vorlegen kann, stehen die hiesigen Arbeitsämter bei der Prüfung einer möglichen Scheinselbständigkeit vor kaum zu überwindenden Kontrollproblemen. Diese Scheinselbstständigen arbeiten weit billiger, da sie keine Sozialabgaben abzuführen haben. Gleichzeitig drohen ihnen aber enorme soziale Risiken – erleiden sie beispielsweise auf deutschen Baustellen einen Arbeitsunfall, sind sie nicht versichert.

Eine weitere Gefahr ist darin zu sehen, daß das Zauberwort der Subsidiarität pervertiert und dazu mißbraucht werden könnte, um EG-Gesetze auf sozialem Gebiet zu behindern und aufzuweichen.

Auch die Gewerkschaften lehnen den Grundsatz der Subsidiarität keinesfalls ab, wehren sich jedoch strikt dagegen, daß dies zum Kampfbegriff derjenigen wird, die über die EU einen Abbau sozialer Errungenschaften durchsetzen wollen.

Die Richtlinienvorschläge »atypische Arbeitsverhältnisse« können gleichfalls auf eine mehr als zehnjährige unrühmliche Geschichte zurückblicken, ohne daß ein substantieller Fortschritt erzielt wurde. Dies zeigt, wie schwierig und langatmig der Prozeß der Durchsetzung sozialer Mindeststandards in Europa ist. Noch stehen vielfach nationale Interessen im Vordergrund, die einer schrittweisen Angleichung der Arbeits- und Lebensbedingungen der Menschen in Europa im Wege stehen. Diese Richtlinienentwürfe zielen u.a. auf die arbeitsrechtliche Gleichstellung von Teilzeitkräften und die Ausdehnung des sozialrechtlichen Schutzes auf alle Arbeitsverhältnisse mit einer Arbeitszeit von wenigstens 8 Stunden pro Woche.

Die angestrebte Zurückdrängung der versicherungfreien Arbeitsverhältnisse geht der Bundesregierung jedoch zu weit. Im vereinten Deutschland gibt es wenigstens 4,5 Mio. Arbeitnehmerinnen und Arbeitnehmer, die sozialversicherungsfrei oder »geringfügig« beschäftigt sind. Der Sozialversicherung gehen damit Einnahmen in Höhe von etwa 11 Mrd. DM verloren. Dennoch sperrt sich auch die Bundesregierung entschieden dagegen, die Flucht aus dem Sozialversicherungsrecht durch eine Brüsseler Regelung zumindest einzuschränken. Auch bei der Umsetzung bereits beschlossener EU-Gesetze ist die Bundesregierung teils erheblich in Verzug geraten. So zur Rahmenrichtlinie zum Arbeitsschutz. Dabei belastet nach unseren Schätzungen ein unzureichender Arbeitsschutz das Sozialsystem, die Betriebe und die gesamte Volkswirtschaft jährlich mit weit über 100 Mrd. DM. Deswegen wäre die Umsetzung der EU-Rahmenrichtlinie nicht nur ein entscheidender Beitrag zur menschengerechten Gestaltung der Arbeit, sondern auch zur Senkung der Sozialkosten und zur Stärkung des Wirtschaftsstandorts Deutschland.

Der DGB hat sich für Einleitung eines Vertragsverletzungsverfahrens durch die EU gegen die Bundesrepublik Deutschland eingesetzt. Die nationale Umsetzung dieser Rahmenrichtlinie bringt den deutschen Arbeitnehmern ein höheres Schutzniveau insbesondere bei der Handhabung schwerer Lasten, der Arbeit an Bildschirmgeräten und beim Schutz vor Arbeitsunfällen und Gesundheitsgefahren auf Baustellen. Auch wenn die Kritik schwer wiegt, darf es kein Zurück hinter Maastricht geben. Die Wirtschaftsliberalen, denen eine grenzenlose Freihandelszone vorschwebt, brauchen keine weitergehende Integration.

Die europäische Integration geht aber keinesfalls nur mit sozialen Risiken einher, sondern eröffnet teils auch positive Ansatzpunkte:

So beispielsweise im Arbeitsschutz, zur Frage der Gleichbehandlung von Männern und Frauen sowie der Rechte der sogenannten Wanderarbeitnehmer. Diese Bereiche zeigen, daß von der EU auch positive Elemente für die gemeinschaftliche Sozialpolitik ausgehen können.

Auch dem Europäischen Gerichtshof (EuGH) verdanken wir eine erhebliche Beschleunigung des Abbaus unmittelbarer und mittelbarer Diskriminierung von Frauen im Arbeitsverhältnis. Noch nie in der europäischen Geschichte ist einem europäischen Gericht soviel Verantwortung, soviel juristische Arbeit übertragen und seinen Urteilen eine solche Tragweite und Relevanz verliehen worden.

Dabei gibt es auch aus gewerkschaftlicher Sicht gelegentlich durchaus Kritik an Entscheidungen des EuGH:

Zu nennen ist hier die Entscheidung des EuGH, daß ein nur für Arbeiterinnen geltendes Nachtarbeitsverbot mit der EG-Richtlinie über die Gleichbehandlung von Männern und Frauen unvereinbar ist, solange es nicht zugleich auch ein Verbot der Nachtarbeit für Männer gibt. Die Gewerkschaften teilen die Philosophie der Kommission, daß wir kein »neues« europäisches Sozialmodell einführen können, das an die Stelle der gewachsenen Sozialsysteme der Mitgliedsländer treten kann. Unterschiedliche Traditionen, Wirtschaftsleistungen und Durchsetzungskraft der Gewerkschaften haben völlig verschiedene Sozialsysteme entstehen lassen. Die Organisationsstrukturen differieren ebenso wie die Art der Finanzierung und des Leistungsumfangs. Es gibt daher kein von allen akzeptiertes allgemeingültiges Sozialmodell, an das sich die anderen Länder schrittweise anpassen könnten oder auch wollten.

Welche Schwierigkeiten einer europäischen Harmonisierung im Wege stehen, läßt sich alleine daran erkennen, daß es bei uns nicht einmal gelingt, die unterschiedlichen Alterssicherungssysteme besser aufeinander abzustimmen.

Auf absehbare Zeit werden die Systeme der sozialen Sicherung national ausgerichtet bleiben und vorrangig durch nationale Politik beeinflußt.

Vorrangiges Ziel einer EU-Sozialpolitik muß es daher sein, ausgehend von gemeinsam getragenen Prinzipien im Bereich der Arbeitsmarkt- und Sozialpolitik, Konkurrenzwildwuchs und ein soziales Dumping so weit wie möglich einzuschränken. Ein gemeinschaftsweiter Bezugsrahmen ist erforderlich, der ein Mindestmaß an Einheitlichkeit enthält und über soziale Mindestnormen ein allmähliches Zusammenwachsen fördert.

Soziale Mindestnormen müssen dabei insbesondere in den Bereichen verabschiedet werden, wo

- soziales Dumping und eine Aushöhlung nationaler Sozialstandards droht;
- ein freier Binnenmarkt zu neuen sozialen Risiken führt und
- die »Waffengleichheit« von Arbeit und Kapital durch die Internationalisierung der Märkte gefährdet ist und ein unfairer Wettbewerb auf Kosten des Sozialen droht.

Das Mindestsicherungsniveau sollte zumindest in einem Mitgliedsstaat sozialen Fortschritt bringen und sicherstellen, daß die völkerrechtlichen Sozialnormen der Internationalen Arbeitsorganisation keinesfalls unterschritten werden. Es darf jedoch keine Anpassung nach unten geben. Niedrigere Arbeitsbedingungen und ein Abbau von Sozialleistungen bei uns würden die ärmeren EU-Länder ökonomisch an die Wand drücken ebenso wie eine Anhebung sozialer Standards auf das in der EU höchste Niveau.

Bei einem Sozialabbau würde sich die Wettbewerbsposition der nördlicheren gegenüber den südlicheren Ländern ebenso verbessern wie sie sich bei Anhebung der Sozialstandards über das normalerweise von der Produktivität zu rechtfertigende Niveau hinaus für die südlichen Länder verschlechtern würde.

Die Gewerkschaften wollen keinesfalls die Sozialpolitik über einen einheitlichen Leisten schlagen. Solange es in der EU Länder mit niedrigerem Produktivitätsniveau und solche mit hohem Produktivitätsniveau gibt, werden sich die Arbeitsbedingungen in vielen Bereichen auch noch mittelfristig unterscheiden.

Über soziale Mindestnormen hinaus sind aber gleichfalls soziale Grundrechte erforderlich, die keinesfalls vom wirtschaftlichen Entwicklungsstandard eines Landes abhängig gemacht werden dürfen. In der 1989 in Straßburg verabschiedeten »Sozialcharta« wird ausdrücklich festgestellt, daß »soziale Grundrechte allen Arbeitnehmern, ungeachtet ihres Arbeitsverhältnisses und der Art des Unternehmens einzuräumen sind«.

Solche Grundrechte beziehen sich u.a. auf die Koalitionsfreiheit und das Streikrecht, das Recht auf Chancengleichheit – dabei geht es den Gewerkschaften nicht in jedem Fall um eine detaillierte europäische Gesetzgebung, sondern eher um grundlegende Normen, die die Gleichwertigkeit gewisser sozialer Normen zum Ziele haben. Wir treten dafür ein, soziale Grundrechte in den europäischen Verträgen zu verankern.

1996 muß eine wahrhaft soziale Union geschaffen werden:

Erst die Garantie sozialer Grundrechte, verbunden mit einer Politik sozialer Mindesstandards und damit eine wirkliche soziale Union, wird eine identitätsstiftende Bindungskraft für jeden Unionsbürger entfalten. Zugleich müssen die Rechte des Europäischen Parlaments erweitert werden, das Demokratiedefizit bleibt bestehen, auch wenn es mit Maastricht kleiner geworden ist.

Die internationale Politikfähigkeit muß gleichfalls erhöht werden. Diese ist notwendig für eine friedensbewahrende und neue friedensschaffende Außen- und Sicherheitspolitik. Wo ist das einige Europa angesichts des blutigen Horrors auf dem Balkan? Auch die Gemeinschaftsverträge füllen diese Lücke nicht.

Es kommt jetzt darauf an, verständlich zu machen, daß wir Europa wollen *müssen*. Wenn die europäischen Länder politisch handlungsfähig bleiben wollen, dann führt an der EU kein Weg vorbei. Denn nur in einem gemeinsamen handlungsfähigen Europa besteht die Chance, Spannungen zu mindern und Ungleichgewichte auszubalancieren. Schritte in diese Richtung brauchen wir jetzt. Aber scheinbar könnten eher die Schritte zunehmen, die in die umgekehrte Richtung gehen.

Ohne Zweifel stecken wir in einem verhängnisvollen Dilemma:
Auf der einen Seite verlangen die Probleme nach europäischen Lösungen; vielfach haben wir jedoch keine ausreichend handlungsfähigen Strukturen.

Die anhaltende Massenarbeitslosigkeit sollte gleichfalls den Blick für neue Handlungsmöglichkeiten eröffnen. Wir unterstützen die Kommission, die sich das Ziel gesetzt hat, bis zum Jahre 2000 15 Mio. Arbeitsplätze zu schaffen. Es ist schwer vorstellbar, daß die Bundresregierung sich für die nächsten 5 Jahre ein vergleichbares Beschäftigungsziel setzen könnte. Der Abbau der Arbeitslosigkeit und die Verwirklichung eines möglichst hohen Niveaus sozialer Schutzstandards in Europa sind zwei Seiten einer Medaille. Nur wenn es gelingt, bei der Bekämpfung der Arbeitslosigkeit konkrete Fortschritte zu erzielen, wird es auch möglich sein, die sozialen Errungenschaften in Europa zu erhalten und auszubauen.

Woran es in erster Linie mangelt, ist eine auf gemeinsame Ziele und Maßnahmen ausgerichtete Politik der Mitgliedsstaaten zur Sicherung und Schaffung neuer Beschäftigung.

Zwar hat es Fortschritte gegeben:
So hat sich der Essener Gipfel im Dezember 1994 auf gemeinsame Schwerpunkte in der Beschäftigungspolitik verständigt. Auch wenn wir die dort gemachten Vorschläge nicht in allen Punkten teilen: Notwendig ist jetzt, die beschäftigungspolitischen Entscheidungen des Essener Gipfels durch zielgerichtete nationale Programme umzusetzen. Neben der Förderung eines beschäftigungsintensiven, qualitativen Wachstums müssen dabei Maßnahmen der aktiven Arbeitsmarktpolitik im Vordergrund stehen. Dazu gehören insbesondere:

- Investitionen in die Humanressourcen, das heißt der Ausbau aller Aktivitäten, die auf die Ausbildung, Fortbildung und Umschulung der Beschäftigten im Hinblick auf neue Anforderungen des Strukturwandels gerichtet sind;
- gezielte Maßnahmen zur Wiedereingliederung benachteiligter Gruppen in den Arbeitsmarkt wie z.B. Jugendliche, Frauen, Langzeitarbeitslose und ältere Arbeitnehmerinnen und Arbeitnehmer; und
- die Schaffung von Rahmenbedingungen für eine an den Bedürfnissen der Beschäftigten orientierte flexible Gestaltung der Arbeitszeit einschließlich weiterer genereller Arbeitszeitverkürzungen.

Bisher ist nicht zu erkennen, daß die Mehrheit der Regierungen in der EU den von der Kommission vorgezeichneten Weg bereitwillig mitgeht. Dabei spielen nicht nur politische Meinungsunterschiede eine Rolle:

Verhängnisvoller scheint, daß viele Regierungen noch immer nicht verstanden haben, daß die derzeitigen strukturellen Probleme weitgehend nicht national zu bewältigen sind.

Aber auch eine EU wird nicht eine Insel der Seeligen in einer unsicheren Welt sein können. Aber ohne sie wäre die Bewältigung der Probleme in Europa und in der Welt um vieles schwerer.

IV. Regionen im Fokus sicherheitspolitischer Erwägungen

Die Entwicklung in Russland und die europäische Sicherheit

Heinrich Vogel

1. Einführung

Im Verhältnis zwischen Rußland und dem Westen können eine Tendenz zum Auseinanderdriften und eine Abkühlung des außenpolitischen Klimas nicht mehr übersehen werden. Die Gründe, sind vor allem in einem russischen Verhalten zu suchen, das immer weniger bereit ist, Rücksicht auf die Außenwelt zu nehmen, sich immer weniger als Gleichberechtigter im GUS-Zusammenhang integrieren will, gleichzeitig aber Sonderkonditionen beim Westen einfordert. Die offizielle Politik auf beiden Seiten ist sich der Vereinbarkeit ihrer Ziele nicht mehr sicher. Extrempositionen erhalten Aufwind. Die ernüchternde Analyse kurzfristiger Ressourcen und Optionen der jeweils anderen Seite tritt zurück hinter Spekulationen über strategische Designs mit langfristigem Zeithorizont. Bei näherem Zusehen sind die neuen Mißverständnisse und Verdächtigungen sicher auch Produkt mangelnder Präzision in der Definition des Zeithorizonts konzeptionell-»strategischer« Diskussionen – auf beiden Seiten. Wie auch immer die Projektionen langfristiger Potentiale ausfallen – in kurzer und mittlerer Frist bleibt die Entwicklung in Rußland ein kritischer Faktor für eine europäische Sicherheit, die immer weniger klassisch-militärische und immer mehr durch wirtschaftliche, technologische, soziale und innenpolitische Parameter definiert ist.

Die Entwicklung Rußlands zu neuen staatlichen und wirtschaftlichen Strukturen verläuft chaotischer und sie ist mit mehr Handicaps belastet als in der westlichen Öffentlichkeit nach dem Ende der Sowjetunion angenommen wurde. Machtkämpfe im Innern werden zunehmend durch den Einsatz von Gewalt entschieden. Konstitutionell legitimierte politische Entscheidungen sind nur in begrenztem Maße durchsetzbar. Ökonomische und politische Interessen formieren sich in der Grauzone eines unvollständigen oder widersprüchlichen Rechtsrahmens. Die Krise in Tschetschenien, die auch mit militärischem Vorgehen gegen die Sezessionisten nicht wirklich überwunden wurde, zeigt die ganze Unsicherheit russischer Entscheidungsprozesse selbst in Fragen der inneren Sicherheit. Eine neuerliche Zuspitzung der Lage durch Terror ist jederzeit wieder möglich.

Dreh- und Angelpunkt der besorgniserregenden Entwicklungen ist der Zustand der russischen Wirtschaft. Ihre Talfahrt verlangsamte sich erst in jüngster Zeit; ob sich damit eine Trendwende andeutet, bleibt jedoch umstritten. Der Staat balanciert am Rande der Zahlungsunfähigkeit. Inzwischen verstärken sich die Effekte der Kürzung von Subventionen und der kumulierten Verschuldung der Unternehmen untereinander. Selbst unter der Annahme politischer Konsolidierung jedoch ist mittelfristig von einer Stagnation des Brutto-Inlands-Produkt (BIP) auf einem Niveau von 60% des Standes von 1991 auszugehen. Ein Umschwung wird vor allem durch politische und rechtliche Unsicherheitsfaktoren verhindert, die das Investitionsklima negativ beeinflussen – es lohnt sich weder für russisches, noch für ausländisches Kapital, in Rußland zu investieren. So warnte Anfang Juli 1995 der Präsident der EBRD vor der Entwicklung einer »durch Willkür und Korruption verzerrten Marktwirtschaft unter der Kontrolle einer kleinen Gruppe von Lobbies«.

Bei der Moskauer Suche nach einem Sündenbock für die gegenwärtige Situation werden als Schuldige einerseits westlich inspirierte russische Monetaristen, andererseits naive Berater und gierige Profiteure aus dem Westen präsentiert. Keineswegs nur die Extremisten in der zunehmend mit »patriotischen« Leitbildern argumentierenden politischen Elite unterstellen der Konditionierung der Hilfe durch IWF und westliche Regierungen eine Strategie, mit der Rußland bewußt niedergehalten werden soll. Andererseits aber werden mit großer Selbstverständlichkeit neue Kredite zu Sonderkonditionen, Umschuldungen und politische Statussymbole (Aufnahme in die G7/8) eingefordert.[1)]

Besonderes Augenmerk verdient der Einfluß der Produktions- und Forschungsunternehmen im Bereich der Rüstung. Nicht-konvertierte und unausgelastete Kapazitäten sowie enorme Außenstände bei zahlungsunfähigen staatlichen Auftraggebern werden zu beschäftigungs-, export- und forschungspolitischen Argumenten für eine Lobby, die zB die Diskussion um die NATO-Erweiterung primär unter dem Gesichtspunkt der Erhaltung des traditionellen Waffenmarktes im ehemaligen Warschauer Pakt betrachtet. Strukturkonservierung geht Hand in Hand mit militärischer Großmachtnostalgie.

1) Vgl. *Neue Zürcher Zeitung* vom 3./4. Juni 1995.

Die von diesen Entwicklungen ausgehende außen- und sicherheitspolitische Herausforderung betrifft die westliche Staatengemeinschaft insgesamt und die EU im besonderen. Denn Rußland als Partner in der weiteren Nachbarschaft ist insoweit von herausragender Bedeutung, als es die politische Lage in Ostmittel- und Osteuropa direkt und den Integrationsraum Westeuropas indirekt beeinflußt. Die politische Labilität im Innern Rußlands (Schwäche der neuen politischen Instititionen, Relativierung des Gewaltmonopols des Staates, Korruption und organisierte Kriminalität) verbunden mit einer Außenpolitik, die das eigene Gewicht an geographischer Größe und anderen sicherheitsrelevanten Ressourcen zunehmend selbstbewußt zur Geltung bringt, sorgen für Unruhe im Baltikum, in Ostmitteleuropa und in der GUS.

2. Die Wende in der russischen Außenpolitik

Bereits aus der Grundannahme westlicher Außen- und Sicherheitspolitik, wonach erst eine demokratisch verfaßte Gesellschaft Garantien gegen außenpolitische Abenteuer des Staates bietet, ergibt sich ein Problem für die Nachbarn Rußlands: Seit den Wahlen vom 12. Dezember 1993 stellen Nationalisten und Kommunisten, ergänzt durch ein schwer berechenbares Potential ungebundener Abgeordneter – die stärkste Fraktion in der Duma. Sie haben den Fortgang von Privatisierung und Haushaltskonsolidierung nicht eben erleichtert, den Trend zu einer großmachtorientierten Außenpolitik eher gefördert und sie zwingen den russischen Präsidenten zur Kooperation, wie der Verlauf der Tschetschenienkrise und des Mißtrauensvotums gegen die Regierung Tschernomyrdin zeigten.

Fragen der Außenpolitik werden zunehmend unter dem Gesichtspunkt ihres kurzfristigen Tauschwerts im innenpolitischen Geschäft und immer weniger als eigenständige Politikfelder behandelt. Der Präsident nimmt Rücksicht auf einen sich verstärkenden patriotischen Konsens unter den politischen Eliten – in den Worten Pavel Felgengauers:

»Bei der Elite des Landes hat sich ein außenpolitischer Konsens herausgeschält, gegen den sogar der Präsident wenig auszurichten vermag. Die neue herrschende Klasse entscheidet, daß die Kooperation mit dem Iran wichtig und notwendig ist. Sie entschied ebenso, daß die Osterweiterung der NATO schädlich sei, daß der Widerstand der Tschetschenen gebrochen und daß die Armee gestärkt werden muß. Die Russische Föderation ist nicht mehr länger eine geographische Konzeption; sie wird zunehmend zu einem wirklichen Staat. Aber nicht notwendig zu einem sehr angenehmen.«[2)]

---

2) *Felgengauer*, zitiert in *Moscow News* vom 18.5.1995, S. 5.

Rußland ist kein Staat wie jeder andere, sondern ein Überstaat[3)] mit legitimem Anspruch nicht nur auf Einfluß, sondern auf ökonomische und politische Kontrolle über das gesamte Gebiet der früheren Sowjetunion. An die Stelle des Bekenntnisses aus der Zeit Gorbatschows und Schewardnadzes zu »allgemeinmenschlichen Werten«, zu den Prinzipien ausschließlich friedlicher Konfliktlösung und zur »Integration Rußlands in die zivilisierte Welt« treten Proklamationen einer geopolitisch definierten Sonderrolle Rußlands. De facto argumentiert die russische Außenpolitik bereits seit Ende 1992 von einer Position der Stärke aus und sie betont den Großmachtaspekt in traditioneller Weise.[4)]

Das neue Selbstbewußtsein wird nicht zuletzt im Zusammenhang des Jugoslawien-Konflikts sichtbar. Bekundungen der Verbundenheit mit Serbien und die dabei verwendeten historischen Analogien entstammen einem traditionellen Weltbild nationaler Rivalitäten und Einflußzonen. Selbst die Verweigerung der Zustimmung zu militärischen Aktionen im UN-Auftrag zielt auf russische Weltgeltung. Dies schließt weitere Mitwirkung bei der Entschärfung des Konflikts nicht aus. Die Administration in Moskau belastet die Hoffnungen auf eine ungebrochene Kooperation Rußlands mit dem Westen freilich, wenn sie neben den Anspruch auf »aktive und vollberechtigte Teilnahme als Großmacht an der Gestaltung der Weltordnung«[5)] eine besondere Verantwortung im gesamten postsowjetischen Raum stellt, diese aber nicht mit dem Angebot intensiver Zusammenarbeit verbindet.

3. Russische Politik gegenüber dem Nahen Ausland

An erster Stelle im Prioritätensystem Rußlands steht das »Nahe Ausland«.[6)] Bereits die Begrifflichkeit läßt Vorbehalte gegenüber einer vollen Souveränität der übrigen ehemaligen Sowjetrepubliken erkennen. Gleichwohl kann nicht ohne weiteres von einer neoimperialen Strategie gesprochen werden. Neben politischen Ambitionen stehen unbestreitbare Altlasten des Sowjetimperiums (ethnische Gemengelage und wirtschaftliche Abhängigkeiten), die die Optionen aller Nachfolgestaaten der Sowjetunion erheblich einengen. Rußland dominiert nicht nur ökonomisch, sondern auch historisch in Sprache, Kultur, Technik und Organisation. Andererseits sind Zweifel angebracht, inwieweit angesichts unübersichtlicher Kompetenzstrukturen und Interessen wichtiger Akteure in Moskau eine Strategie, ja eine Strategiefähigkeit Rußlands unterstellt werden kann.

---

3) *Simon* (1994).

4) *Vogel* (1994).

5) Osnovnye polozheniya koncepcii vnezhnei politiki Rossiiskoi Federacii (Konzeptionelle Grundlagen der Russischen Außenpolitik), Moskau, April 1993.

6) *Alexandrova* (1995).

Konflikte sind programmiert durch die Konfrontation der Altlasten des Imperiums mit den nationalen Ambitionen der Nachfolgestaaten der UdSSR, dem für Rußland »neuen Ausland«. Diese müssen ihren neuen Status als Subjekte des Völkerrechts durch Neuorganisation bzw. Stabilisierung innerer Strukturen erst bestätigen. Die meisten GUS-Staaten (außer Kasachstan und Turkmenistan) sind jedoch derzeit nur bedingt zur Selbstbehauptung fähig und stehen am Rande der Selbstaufgabe.[7)] Der in Belarus sich abzeichnende Souveränitätsverzicht könnte zum Präzedenzfall-Modell werden. Die Gemeinschaft der Unabhängigen Staaten erweist sich jedenfalls kaum in der Lage, die Unterschiede des wirtschaftlichen Potentials und der politischen Interessen auszugleichen.[8)]

Im Vordergrund der GUS-internen Auseinandersetzungen stehen jedoch nicht Kategorien des Vergleichs von Erfolg oder Mißerfolg bei der politischen und ökonomischen Systemtransformation, sondern die Frage nach Ausmaß und Stil der Einflußnahme durch Rußland. An die Stelle einer gelassenen Zuversicht der Moskauer Politiker, daß *»sowieso alles an seinen alten Platz zurückkehren wird«*,[9)] treten auftrumpfende Rhetorik und zunehmend offene Drohungen mit *»direkter Anwendung militärischer Gewalt zum Schutz unserer Landsleute im Ausland«*.[10)] Die von solchen Formulierungen ausgelöste Unruhe bei Nachbarn innerhalb und außerhalb der GUS wird verständlich angesichts der unvergessenen offenen Unterstützung Rußlands für russische Nationalisten in Moldava, abchasische Separatisten in Georgien und armenische Autonomisten im Karabach-Konflikt.

Rußland verfügt über die stärkeren Hebel und sicherlich über die stärkeren Bataillone für eine Politik der (Re-)Integration mit unklaren völkerrechtlichen Umrissen:

- die ökonomische Abhängigkeit der Nachbarstaaten, insbesondere von Energie- und Rohstofflieferungen aus Rußland;
- Netzwerke persönlicher Beziehungen zwischen technischen Spezialisten in allen Bereichen (von der Reaktor- und Flugsicherheit bis zu den Sicherheitsdiensten) der GUS-Saaten. Sie sichern Einfluß und garantieren den Informationsvorsprung Moskaus; und
- eine rund 25 Millionen zählende russisch-sprachige Diaspora in den Nachbarstaaten. Auch wenn diese nicht die Rolle einer fünften Kolonne Moskaus

7) Vgl. hierzu *Halbach* (1994).
8) Vgl. u.a. *Pankov* (1995), *Zagorski/ Egorov* (1993) und *Zagorski* (1994).
9) *A. Kosyrew* nach Rossiiskaya Gazeta vom 7.12.1993.
10) *A. Kosyrew* laut *Neuer Zürcher Zeitung* vom 18.4.1995.

spielt, verfügt sie regional und meist durch Wahrnehmung zentraler technischer und organisatorischer Funktionen über eine starke Stellung.

Neuralgischer Punkt für die russische GUS-Politik ist das Verhältnis zur Ukraine. Auch hier liegt das Problem eher in der Gefahr einer Fragmentierung des ukrainischen Staates von innen als in dem ebenfalls nicht zu übersehenden Druck, den Moskau im Streit um die Konditionen der Energielieferungen, um Krim-Autonomie und Schwarzmeerflotte ausübt. Auch in Moskau wird mit Sorge die Gefahr gesehen, selbst in den Sog einer ukrainischen Destabilisierung hineinzugeraten. Wenn freilich andererseits überhaupt ein Aspekt des Zusammenbruchs der UdSSR dem russischen Geschichtsverständnis und dem wieder erwachenden Selbstbewußtsein als Führungsmacht zuwiderläuft, so ist es die ukrainische Souveränität. Die von einem Zusammenbruch der Staatlichkeit der Ukraine ausgehende Versuchung zur Annexion wenigstens der Ostukraine würde vermutlich übermächtig.

Nun wäre das Entstehen eines Systems von Rußland dominierter Staaten mit mehr oder weniger formaler Unabhängigkeit auch dann zu erwarten, wenn Moskau keine aktive Reintegrationspolitik betriebe. Die Akzeptanz der Nachbarn für russische Dominanz bzw. die Chancen friedlicher Integration im Rahmen der GUS hängt letztlich ab von Stil und Zeitmaß russischer Politik. Ein weiteres Forcieren, aber auch nur hegemoniale Arroganz in Moskau müßte die ohnehin komplizierte Situation weiter verschärfen.

4. Rußland und das »Ferne Ausland«

In seiner gegenwärtigen inneren Verfassung ist Rußland nur insoweit berechenbar, als es nicht in die ***alten*** ideologischen Strukturen der Sowjetzeit zurückfallen dürfte. Die politische Klasse Rußlands hat sich jedoch auf die Suche nach einer neuen Ideologie, nach einem Weltbild begeben, das den Traum der Größe zuläßt und fördert. Dabei bleibt sie mehr und mehr in der Vorstellungswelt der Vergangenheit stecken. Die Unfähigkeit zum inneren Konsens in Fragen nationaler Identität oder auch der praktischen Innen- und Wirtschaftspolitik wird durch eine in nationalen Kategorien argumentierende Außenwelt-Anschauung kompensiert. Die von der inneren Krise ausgehenden Versuchungen einer »Ableitung« oder »Projektion« der Schwierigkeiten auf die Außenwelt und der geopolitischen Überhöhung der Rolle Rußlands in einer neuen Ideologie der geborenen Großmacht sind nur zu deutlich sichtbar.

In den Beziehungen Rußlands zu den Staaten Ostmitteleuropas und des Baltikums dominiert reflexhaftes Mißtrauen gegenüber einer perzipierten Tendenz, ja

Strategie des Westens zur Isolierung Rußlands. Diese Perzeption verstärkte sich im Zusammenhang der Bemühungen dieser Staaten um Mitgliedschaft in der NATO. Auch ein im übrigen durchaus ausgewogenes Papier des Rates für Außen- und Verteidigungspolitik des russischen Präsidenten vom Juni 1995[11)] sieht die NATO primär als Instrument der Präsenz der USA in Europa und pikanterweise deutscher Sonderinteressen mit dem Ziel der Errichtung einer deutschen Einflußzone in der Region. Die Beitrittswünsche der Staaten Ostmitteleuropas würden freilich auch durch andere westliche Befürworter der Erweiterung stimuliert. Die Hauptgefahr für Rußland müsse weniger in einer militärischen Bedrohung als in der Entstehung eines Gefühls der militärisch-politischen Isolierung und einer Renaissance antiwestlicher und militaristischer Tendenzen in Rußland gesehen werden. Diese Argumentation, die sich bereits im Jahr 1993 in einem Papier des Aufklärungsdienstes fand, richtet sich freilich vor allem an eine weniger an Osteuropa interessierte westliche Öffentlichkeit: Das neue Papier benennt hier England, Frankreich, Spanien, Portugal und Griechenland als Zielgruppe.

Die nach dramatischen Inszenierungen des russischen Außenministers doch noch erfolgte Paraphierung des *Program for Peace* und das Drängen auf Umsetzung des Partnerschafts- und Kooperationsabkommens mit der EU können nicht darüber hinwegtäuschen, daß der kleinste gemeinsame Nenner der relevanten politischen Kräfte in Rußland heute national-patriotisch definiert ist. So wird erst einmal zu erproben sein, inwieweit die vereinbarten Konsultationsmechanismen nicht einen weiteren Anreiz zum Mißbrauch im Sinne der Forderung nach einem Vetorecht in sicherheitspolitischen Fragen ausüben. In der weniger subtilen Debatte etwa der Duma kommen die alten Versatzstücke des globalpolitischen Paritätsdenkens aus Zeiten des Kalten Krieges immer wieder zum Vorschein. So wird die NATO im Bosnienkonflikt nicht als im Auftrag der UN agierend, sondern auf eigene Faust und Rechnung als Militärblock handelnd dargestellt und eben nicht als politisches Koordinationsinstrument in einem offenen sicherheitspolitischen Prozeß. Ein großer Teil der politischen Klasse in Rußland ist damit beschäftigt, die alten Stereotypen am Leben zu halten, obwohl das Interesse der russischen Bevölkerung an Fragen der »Großen Politik« kaum geringer sein könnte. Dabei ignorieren die aufgesetzten Warnungen vor einer Isolierungsstrategie des Westens die eigene Rolle und verwandeln sich auf dem Weg der Schuldzuweisung an die Nachbarn in das alte Einkreisungssyndrom zurück.

11) *Rossiya* i NATO; in: *Nezavisimaya Gazeta* vom 21. Juni 1995, S. 2.

5. Einige Schlußfolgerungen

Die Möglichkeiten westlicher Einwirkung haben sich in den letzten Monaten sicher nicht verbessert; dagegen hat sich das Spektrum der Optionen verschoben und zugleich verengt. Hoffnungen auf eine grundsätzlich von Kooperation geprägte Zukunft werden von russischen Partnern kaum mehr geteilt. Als Indiz für den Klimawechsel mag die Beobachtung gelten, daß westliche Hilfe heute keine positiv besetzte Kategorie der politischen Diskussion in Rußland mehr darstellt. Dennoch bleibt die Frage des Zugangs zu außen- und sicherheitspolitischen Entscheidungen in Moskau, wo immer sie auch fallen, auf der Tagesordnung. Es kann nicht ausgeschlossen werden, daß die Labilität der innenpolitischen Konstellationen in bestimmten Situationen eine Chance zur Einwirkung beinhaltet. Ungeachtet aller geschilderten Komplikationen und Risiken wäre deshalb eine resignative Haltung gegenüber den Entwicklungen in Rußland verfehlt. Geradezu verhängnisvoll wäre die reflexhafte Rückkehr zur Politik des Containment. Denn es ist unübersehbar, daß damit in Rußland die falschen Kräfte gefördert würden.

Gleiches gilt angesichts der Gefahr, daß westliche Kooperation sich auf den Aspekt der Schadensbegrenzung konzentriert. Ohne gleichzeitige Bekundung eines aktiven Interesses am Erfolg von Systemwechsel und Strukturreformen würde der Eindruck des Defätismus erweckt. Aktives Interesse kann, ja muß begründet werden mit der Dringlichkeit der anstehenden Probleme. Es wäre fahrlässig, das Durchwursteln der offiziellen russischen Politik bereits erleichtert als Erfolg zu werten und nicht auf mehr Konsequenz zu dringen. Jeder Zeitverlust muß sich auf die Dynamik des Systemwechsels negativ auswirken.

Die Überlegungen sollten deshalb eher verstärkt werden, wie der Zeithorizont der Wirksamkeit einzelner bereits laufender Programme verkürzt werden kann. Bessere Koordination im nationalen und internationalen Rahmen kann immer noch Reserven mobilisieren, ohne daß der finanzielle Aufwand signifikant steigt. Andererseits muß ein größerer Beitrag der Partner Deutschlands in der EU nicht nur unter dem Gesichtspunkt des Burden-sharing eingefordert werden. Entscheidend ist dabei, ob es gelingt in der gesamten EU ein gemeinsames Bewußtsein zu entwickeln, daß der Erfolg der Transformation in Rußland zugleich entscheidend für die Sicherheit ganz Europas ist.

Eine anhaltend europäische Orientierung der russischen Politik erfordert zwingend konkrete Zugeständnisse bei der Marktöffnung und eine Verbesserung der übrigen Konditionen der Zusammenarbeit für Rußland. Andererseits sind spätestens seit der Tschetschenienkrise die politischen Konditionen der Kooperation klar definiert: Eine Politik Rußlands der offenen Repression im Innern ist für die

Partner in Europa nicht akzeptabel; eine militärische Einmischung im »Nahen Ausland« würde die Bemühungen um eine neue Sicherheitsarchitektur in eine von niemandem gewünschte Richtung lenken.

Das Verhältnis Rußlands zu seinen Nachbarn in der GUS kann durch die Förderung der Transformation in diesen Staaten positiv beeinflußt werden. Der zugrundeliegende Gedanke – gezielte Konsolidierung ihrer Staatlichkeit – dürfte in Moskau angesichts der Sorgen über ein drohendes eigenes Overcommitment durchaus ein positives Echo finden. Dies setzt freilich die Einbindung aller Beteiligten in ein enges Geflecht multilateraler und bilateraler Konsultationen voraus.

Wie kein anderer Staat setzte sich die deutsche Außenpolitik seit dem Ende des Kalten Krieges für eine aktive politische und wirtschaftliche Unterstützung der Transformationsprozesse in Rußland ein. Sicherheitspolitische Überlegungen spielten dabei eine wichtige Rolle, denn selbst die indirekten Auswirkungen einer Zuspitzung der politischen und wirtschaftlichen Krise Rußlands und der GUS beträfen in Westeuropa an erster Stelle Deutschland. Es ist deshalb nicht nur eine Frage der Glaubwürdigkeit, sondern durchaus auch nationaler deutscher Interessen, einer Isolierung Rußlands entgegenzuarbeiten. Die Versuche müssen weitergehen, die bisherige europäische Orientierung der russischen Politik zu festigen und diese dauerhaft auf die Standards der OSZE zu verpflichten. Diese Aufgabe wird angesichts zunehmender russischer Tendenzen zur Selbstisolierung freilich immer schwieriger.

Literatur

Alexandrova, O. (1995): Rußland und sein »Nahes Ausland«, Berichte des BIOst Nr. 20/1995, Köln.

Eichwede, W., Hrsg, (1994): Der Schirinowski-Effekt – Wohin treibt Rußland?, Hamburg 1994.

Halbach, U. (1994): »Failing States«?, Berichte des BIOst Nr. 20 und 21/1994, Köln.

Pankov, V. (1995): Die GUS als Wirtschaftsraum, Berichte des BIOst Nr. 2/1995.

Simon, G. (1994): Rußland: Hegemon in Eurasien?, Berichte des BIOst Nr. 6/1994, Köln.

Vogel, H. (1994): Großmacht um jeden Preis?; in: W. Eichwede, Hrsg. (1994), S. 171–186.

Zagorski, A./V. Eegorov (1993): Die militärisch-politische Zusammenarbeit der GUS-Staaten, Berichte des BIOst Nr. 18/1993, Köln.

Zagorski, A. (1994): Die Entwicklungstendenzen der GUS, Berichte des BIOst Nr. 24/1994, Köln.

Die Entwicklung der Staatenwelt im Bereich der GUS – Die deutschen Interessen –

York Schuegraf

Gegenstand dieser Betrachtung ist die Frage, ob eine verstärkte Reintegration oder aber die Desintegration der GUS-Staaten im deutschen Interesse liegt. Der Begriff GUS-Staaten wird im folgenden – der politischen Bedeutung der GUS entsprechend – vor allem als rein geographische Größe für das Gebiet der ehemaligen Sowjetunion ohne die baltischen Staaten verwandt.

1. Deutsche Interessen

Definiert man an der Jahrtausendwende deutsche Interessen, ist dies in Hinblick auf die internationale Vernetzung von Strukturen und die globale Interdependenz von Wirkungen sicherlich nicht mehr in rein nationalen oder bilateralen Kategorien à la Wilhelm II möglich. Eigeninteresse muß auch weltgesellschaftlich definiert werden. Die soziale Situation eines Rentners in Moskau berührt als solche deutsche Interessen nicht. Führt aber die Massierung sozialer Verwerfungen zur Implosion eines ganzen Gesellschaftssystems, so werden die Auswirkungen eines solchen Ereignisses wahrscheinlich auch in Deutschland spürbar sein.

Die Definition deutscher Interessen ergibt sich aus zwei Quellen: Egoismus bzw. Selbsterhaltungstrieb einerseits, sowie dem nicht nur – aber auch – altruistisch geprägten Wunsch der Projektion unserer Grundwerte. Bereits ein flüchtiger Blick auf die jüngere Geschichte zeigt, daß in diesem Punkt Deutschland eine besondere moralische Verantwortung zukommt.

Selbsterhaltung und Egoismus gebieten aus deutscher Sicht, nach politischer und damit subsidiär auch nach militärischer Stabilität in Gesamteuropa zu streben, die wirtschaftlichen Kontakte zu intensivieren und Import von Kriminalität aller Art sowie unerwünschte Migration zu mindern.

Deutsche Politik muß darüber hinaus wertebezogen sein. Das Verfolgen von Werten und Interessen schließen einander aber keinesfalls aus, richtigerweise schaffen Werte auch Interessen. Unser Wertesystem ergibt sich einerseits aus den Grundbestimmungen unserer Verfassung, andererseits auch aus internationalen Vereinbarungen wie etwa der Charta von Paris. Sie weisen den Weg in Richtung auf Entfaltung der Menschenwürde, Beachtung der Menschenrechte, rechts- und sozialstaatliche Entwicklung sowie Respekt vor Minderheiten. Zur sozialstaatlichen Entwicklung gehört auch das Streben nach einer einigermaßen gesunden ökologischen Entwicklung. Alle diese Punkte sind keineswegs ausschließlich altruistisch motiviert, da auf die Dauer Inseln von Stabilität und Humanität nicht überleben können, wenn global das Chaos überhand nimmt. Rußland ist zu groß, um es selbst unter rein egoistischer Betrachtungsweise zu vernachlässigen. Deutschland handelt folglich nach dem Selbsterhaltungsprinzip, wenn es versucht, seine gesellschaftlichen Grundideen nach Rußland zu projezieren in der Hoffnung, den Verfall staatlicher Strukturen aufzuhalten und langfristig das verläßliche Management dieses nuklearen Riesenreichs zu ermöglichen.

2. Demokratisierung und Rechtstaatlichkeit

Nicht nur in seiner Verfassung hat sich Deutschland der Beachtung der Menschenrechte verschrieben; dieses Gebot ist auch ins Bewußtsein der Bundesbürger und die politische Praxis eingegangen. Es besteht ein vitales Interesse daran, daß auch im Gebiet der früheren Sowjetunion die Menschenrechte und andere Standards moderner Staatlichkeit Beachtung finden. Damit in untrennbarem Zusammenhang steht der Aufbau funktionsfähiger rechtsstaatlicher Strukturen und das Gedeihen einer freiheitlich ausgerichteten bürgerlichen Infrastruktur.

Es ist schwierig zu prognostizieren, ob dieses Ziel schneller erreicht wird, wenn die GUS-Staaten ein bißchen mehr oder ein bißchen weniger Freiheit von russischem Einfluß genießen. Zunächst ist allenfalls feststellbar, daß aus historischen und kulturellen Gründen die Voraussetzungen für den Aufbau demokratischer Strukturen in den slawischen Republiken – und damit vor allem in der Russischen Föderation – besser sind als zumindest in den südlicheren Republiken der GUS. Ein gewisser zivilisatorischer Vorsprung läßt diese Republiken für demokratische Werte und Beachtung der Menschenrechte aufgeschlossener erscheinen. Auch wenn dies vor dem aktuellen Hintergrund fast wie Hohn klingt, so ist der Aufbau eines funktionierenden Rechtsstaats am ehesten der Russischen Föderation zuzutrauen. Daher erscheint es wünschenswert, daß Rußland einen prägenden Einfluß auf andere GUS-Republiken ausübt und demokratische Strukturen transferiert. Im Kaukasus und in Zentralasien werden ohne Einwirkung von außen befriedigende demokratische und rechtsstaatliche Verhältnisse auf absehbare Zeit kaum einkehren. Ob Kirgisistan eine Ausnahme darstellt, bleibt abzuwarten. Staaten mit mittelalterlich geprägten Machterhaltungsmechanismen lokaler Eliten werden ohne Druck von außen nicht ernstlich geneigt sein, ein Klima zu schaffen, in dem Freiheit, Demokratie und Menschenrechte gedeihen. Bei aller Skepsis bleibt daher zu hoffen, daß dereinst die Russische Föderation demokratische Sogwirkung auf andere GUS-Republiken ausüben wird.

Es soll hier allerdings nicht einem monolithischen, von Moskau pseudodemokratisch gelenktem eurasischen Staatsapparat das Wort geredet werden. Unser Wunsch muß sein, daß das GUS-Staatensystem sich in einer Form entwickelt, in der die staatliche Unabhängigkeit der Nachbarstaaten der Russischen Föderation gewährleistet ist, diese Staaten sich aber dabei positivem russischen und auch westlichem Einfluß nicht entziehen.

3. Stabilität in Europa

Die Verwundbarkeit Deutschlands durch eine Destabilisierung in Europa ist nach dem Wegfall der innerdeutschen Teilung keinesfalls beendet. Aufgrund seiner geographischen Mittellage und der politischen und wirtschaftlichen internationalen Verflechtung bleibt ein besonderes Interesse Deutschlands an Stabilität in Europa bestehen. Die vielen historischen Berührungspunkte mit Rußland, häufig positiv, häufig leidvoll, belegen, daß sicherheitspolitische Zusammenhänge zwischen beiden Ländern kein Hirngespinst sind, sondern auf einer realen Grundlage basieren. Stabile Verhältnisse im Osten Europas sind Voraussetzung für außenpolitische Stabilität in Deutschland und das gesamte Mitteleuropa. Danach zu streben, gebietet nicht nur die Präambel unseres Grundgesetzes, sondern auch der Überlebensinstinkt.

Politische Stabilität in einer Region setzt zumindest drei Elemente voraus: Einen zufriedenstellenden Status quo aus Sicht der Hauptmächte, ein flächendeckendes Puzzle demokratischer Rechtsstaaten und schließlich das Fehlen externer Bedrohungen:

Zunächst müssen alle Staaten, vor allem aber die mächtigen, mit dem bestehenden Verhältnis der Staaten zueinander zufrieden sein. Rußland ist ein mächtiger Staat, wenn nicht sogar Hegemon im osteuropäischen Raum. Wollen wir definieren, wie der Zustand aussehen muß, in dem Rußland mit der außenpolitischen Situation zufrieden ist, kann nicht ausschließlich unser Maßstab angewandt werden. Als Faktum muß auch die russische Befindlichkeit in ihrer Identitätskrise, mit ihren Einkreisungsängsten, dem Geltungsbedürfnis, aber auch dem Bedürfnis nach Freundschaft Rechnung getragen werden. Zieht man die geschichtliche Entwicklung in Betracht, so wird in Rußland ein gesamtgesellschaftlicher Konsens dahingehend, daß die außenpolitische Stellung Rußlands als zufriedenstellend bewertet wird, nur dann möglich sein, wenn zumindest ein enges, freundschaftliches Verhältnis zu allen GUS-Staaten besteht. Dies wird für die russische Perzeption vor dem Hintergrund der möglichen NATO- und EU-Erweiterung von noch größerer Bedeutung sein.

Echte Stabilität wird ferner nur dann möglich sein, wenn flächendeckend demokratische Verhältnisse eingekehrt und an Menschenrechten orientierte durchsetzungsfähige Rechtsstaaten entstanden sein werden. Nur dann ist gewährleistet, daß die politische Willensbildung in den einzelnen Staaten keinen aggressiven Charakter nach außen annimmt. Desweiteren implizieren Rechtsstaat und Demokratie auch Minderheitenschutz und föderalistische Staatsstrukturen im weitesten Sinne. Nur wenn allen Bevölkerungsgruppen adäquate Partizipationsmöglichkeiten im politischen Leben zuerkannt werden, kann die ethnische Langzeitbombe entschärft werden. Insoweit würde rechtsstaatliche Demokratisierung einen doppelten Beitrag zur politischen Stabilität leisten.

Schließlich erfordert Stabilität in Europa und Nordasien, daß destabilisierende Mächte sich in diesen Gebieten nicht externe Einflußgebiete schaffen. Es gilt in erster Linie allzu großen chinesischen und iranischen Einfluß auf südliche GUS-Republiken zu verhindern. Russischer, aber auch westlicher Einfluß sollte dem zuvorkommen. Vor diesem Hintergrund ist ebenfalls eine enge Anbindung der südlichen GUS-Republiken an Rußland zu befürworten. Russische und europäische Einflußnahme schließen sich allerdings nur dann nicht aus, wenn russische Politik nicht exklusiven Hegemonialcharakter annehmen wird.

Es soll hier keineswegs einer russischen Reinkorporation der zerfallenen Sowjetrepubliken das Wort geredet werden. Darin wäre a prori keine stabilisierende Entwicklung zu sehen. **Übersichtlichkeit bedeutet nicht Stabilität**. Die Möglichkeit, politische Kontakte und Hilfeleistungen zu bündeln, mag zwar gewisse praktische Vorteile bieten, sie führt aber nicht per se zu Stabilität. Es wäre ein Rückfall in die alte Dichotomie des kalten Krieges zu befürchten, und konfrontative Erstarrung ist das Gegenteil von Stabilität. Das aufkeimende neue Europäische Sicherheitssystem würde nicht nur in der Sache, sondern auch formal leerlaufen, wenn die Vertragsparteien von OSZE und PfP ihre Unabhängigkeit und damit ihre Fähigkeit, als souveräne Völkerrechtssubjekte zu handeln, verlieren würden. Krisenmanagement durch die OSZE wäre ungleich schwieriger, wenn Rußland eine wie immer geartete Oberhoheit über andere GUS-Republiken beanspruchen würde. Dies wäre um so fataler, als Rußland offenbar mit der Aufgabe überfordert ist, im GUS-Bereich auf rechtsstaatlicher Basis Krisenmanagement oder Krisenlösung zu betreiben.

Falsch ist es aber auch, die Lage auf die Formel »Stabilität durch Unabhängigkeit« zu verkürzen. Würden im Bereich der GUS alle Staaten ohne jede Binnenbindung existieren, wäre eine deutliche innereuropäische Asymmetrie an Sicherheit zu gewärtigen: Einem starken und festen NATO-Block und einer nach wie vor militärischen Supermacht Rußland stünden eine Reihe von – in wirtschaftlich-militärischen Kategorien gemessen – Zwergstaaten gegenüber. Dieses Sicherheitsgefälle würde langfristig erodieren. Eine Anlehnung der GUS-Staaten, allerdings auf der Grundlage von Fairness und Demokratie, an die russische Großmacht ist stabilitätspolitisch daher zu begrüßen.

Die militärstrategische Situation ist heute eine Funktion der politischen Situation. Eine von obigen Überlegungen isolierte militärstrategische Betrachtung der Entwicklung des Verhältnisses der GUS-Staaten zueinander macht schon in Anbetracht des riesigen Schadenspotentials Rußlands kaum Sinn. Stabilität und Vertrauen in Europa schaffen auch eine günstige strategische Situation, da mit einer wie auch immer gearteten Aggression nicht gerechnet werden muß. Eine destabilisierte Lage schafft immer Bedrohung. Für diesen Eventualfall wäre es freilich strategisch relativ günstiger, mit dem Aggressor nicht verbündete Pufferstaaten zwischen sich und dem Aggressor zu wissen. Aber diese Überlegungen greifen nur für den Fall einer konventionellen Auseinandersetzung. Im worst case scenario wäre ein solcher Puffer angesichts einer nach wie vor riesigen Zahl strategischer Waffenträgersysteme fast ohne Bedeutung. Auch nach der Implementierung von START II würden ca. 3000 strategische Nuklearwaffen auf russischem Boden verbleiben. Die Frage kann also vernünftigerweise nicht lauten, wie ein Angriff abgewehrt werden kann, sondern wie Rahmenbedingungen geschaffen werden können, unter denen die nukleare Hinterlassenschaft der ehemaligen Sowjetunion friedlich und zuverlässig verwaltet wird.

Die Empfehlung »divide et impera« geht von eindimensional machtpolitischen Überlegungen aus, und kann durchaus einen Bumerang-Effekt auslösen. Nur ein starker gleichwertiger Partner kann langfristig zu einer fruchtbaren Kooperation beitragen. Die Verfechter eines machtpolitisch motivierten Pluralismus im GUS-Bereich müssen sich sagen lassen, daß eine ernstliche militärische Gefährdung aus den GUS-Staaten ausschließlich von Rußland ausgehen kann, unabhängig davon, ob etwa die Waffenkapazität der demnächst denuklearisierten Ukraine zu einem Militärbündnis hinzuaddiert werden muß oder nicht. Die Analyse auf der

Grundlage eines umfassenden Sicherheitsbegriffs bietet keinen Raum mehr für eine isoliert militärische Betrachtungsweise. Somit ist festzuhalten, daß eine gemäßigte Reintegration der GUS-Republiken auf der Basis der Souveränität der Staaten stabilitätsfördernde Wirkungen mit sich brächte und damit im deutschen Interesse läge.

Echte Stabilität ist nicht ausschließlich im Außenverhältnis der Staaten zueinander zu erreichen. Materielle Stabilität entsteht nur, wenn die Staatsbürger mit der Situation auch im Innern zufrieden sein können; dazu gehört ein Mindestmaß an Wohlstand, aber auch an demokratischer Mitbestimmung. Stabilität in Europa wird langfristig nur mit einem GUS-Nachfolgemodell möglich sein, das – organisch gewachsen – den Interessen aller GUS-Republiken genügend Raum bietet und sich demokratischen Zielen verschreibt. Ob ein solches Staatensystem eine etwas engere Bindung an Rußland verwirklicht oder unter lockerer freundschaftlicher Bindung die Lösung in weitestgehender Unabhängigkeit findet, ist letztlich für die Stabilität in Europa von nachrangiger Bedeutung.

4. Wirtschaftliche Interessen

Fragt man unter ökonomischer Sicht nach deutschen Interessen bei der Entwicklung der GUS-Staaten, so fallen zwangsläufig die Stichworte: Rückzahlung von Transferleistungen, Warenabsatz, Rohstoffimporte und Investition.

Widmen wir uns zunächst unserem schnöden Interesse an der Rückzahlung von Transferleistungen, so müssen wir uns neben einer verläßlichen russischen Regierung vor allem wünschen, daß in allen Staaten der GUS ein Mindestmaß an Prosperität eintritt. Dieses deutsche Interesse an Aufschwung und Wohlstand in Osteuropa verstärkt sich, wenn man den Wunsch, dort deutsche Waren abzusetzen, ins Auge faßt. Zunächst ist zum Thema Warenverkehr festzustellen, daß die GUS – und mit einem Handelsanteil von über 80% insbesondere Rußland – für die deutschen Wirtschaftbeziehungen von hoher Bedeutung ist. Dies ergibt sich weniger aus den Zahlen der Vergangenheit, in der die natürlichen Handelsbewegungen von politischen Vorgaben behindert waren, als vielmehr aus den Perspektiven, die die Zukunft eröffnet. Rechnet man die mittelbaren Auswirkungen, die die Entwicklung im Bereich der GUS auf den übrigen mittel- und osteuropäischen Raum haben kann, hinzu, kann der Einfluß des Fortgangs des Geschehens in der GUS gar nicht hoch genug eingeschätzt werden. Bereits heute ist der Handel Deutschlands mit Osteuropa (8% des deutschen Außenhandels) höher als der mit den Vereinigten Staaten.

Der wirtschaftliche Verfall in der Russischen Föderation ist weit fortgeschritten: Für das Erreichen einer gewissen Prosperität im GUS-Bereich erwies sich der bisherige Prozeß der Pseudoprivatisierung und der Zerschlagung der Arbeitsteilung und wirtschaftlichen Bande zwischen den Republiken als kontraproduktiv. Es war ein Fehler, vielerorts Unabhängigkeit mit Autarkie zu verwechseln; wirtschaftliche Entwicklung braucht Integration. Um für Deutschland und die EU interessante Handelspartner über die Funktion reiner Rohstofflieferanten à la Dritte Welt hinaus zu werden, müssen die GUS-Staaten ihren Binnenhandel zur Steigerung von Produktivität und Prosperität reaktivieren. Realistischerweise bieten sich für den Handel der GUS-Staaten zunächst die Märkte in den Schwesterrepubliken an, hier liegen die natürlichen Absatzmärkte. Dies soll wohlgemerkt nicht die Rückkehr zu alten wirtschaftlichen Beziehungen bedeuten, sondern vielmehr zu einer wirtschaftlich vernünftigen Arbeitsteilung zwischen den GUS-Republiken führen. Eine Südoption der südlichen GUS-Republiken besteht kaum, nicht nur die schwierigen Handelswege verhindern Handelsaustausch im großen Stil mit den südlichen Nachbarn der GUS. Auch das Schielen auf die EU ist so lange kontraproduktiv, als kaum marktfähige Produkte angeboten werden. Es ist nicht etwa so, daß die Lücken, die der Ausfall der ex-sowjetischen Handelsbeziehungen schafft, durch EU-Importe gefüllt würden. Vielmehr führt die Umstrukturierung, die faktisch einer Destrukturierung der örtlichen Volkswirtschaften gleichkommt, dazu, daß ein lukrativer Warenhandel für die westeuropäischen Staaten quasi nicht möglich ist. Speziell für Deutschland besteht unter Exportsteigerungsgesichtspunkten ein besonderes Interesse, daß die Wirtschaft vor Ort selbst in Gang kommt, denn Deutschland exportiert im wesentlichen nicht Konsumgüter, sondern Anlageinvestitionsgüter und Nutzfahrzeuge. Diese werden aber nur benötigt, wenn die ansässige Industrie Boden unter den Füßen gewinnt.

Der Wunsch, Migrationsströme nach Deutschland zu verringern, ist ernsthaft nur zu verwirklichen, wenn in Osteuropa nicht nur kriegerische Auseinandersetzungen unterbleiben, sondern dort auch dauerhafter, sozial ausgeglichen verteilter Wohlstand entsteht. Dies würde auch die Lebensbedingungen der zwei Millionen Rußlanddeutschen beeinflussen. Leider ist derzeit der Wohlstandsverfall rapide: Der private Verbrauch ist gegenüber dem Stand von 1990 auf 30% abgesunken; wenn keine grundsätzliche Änderung eintritt, wird sich dieser Trend noch verstärken, da die Höhe der Investitionen seit 1990 sogar noch drastischer zurückgegangen ist.

Rußland ist mit 40% bei Gas und 20% bei Erdöl unser weltweit wichtigster Lieferant an fossilen Brennstoffen. Aus unserer Sorge um zuverlässige Lieferung dieser und anderer Rohstoffe lassen sich nur begrenzt politische Interessen für die staatliche Entwicklung im Bereich der GUS ableiten, da quasi unter allen politischen Vorzeichen ein Interesse des Rohstoffexporteurs an Deviseneinnahmen besteht. Ob die Öl- und Gasrechnung gesamt in Moskau fakturiert wird oder mit Aserbeidschan abgerechnet werden muß, ist für Deutschland isoliert betrachtet von nachrangiger Bedeutung. Allerdings könnte es von Interesse sein, nicht noch mehr fossile Brennstoffe auf Gebieten gelagert zu wissen, die möglicherweise radikalem islamischen Einfluß unterliegen könnten.

Die Industrie in Deutschland ist einer zunehmend rauhen Konkurrenz am Weltmarkt ausgesetzt. Um die Wettbewerbsfähigkeit aufrechtzuerhalten, führt an der Internationalisierung der Produktion kein Weg mehr vorbei. Die Billiglohnländer vor der östlichen Haustür stellen daher nicht nur eine Bedrohung, sondern vor allem auch eine Chance für die deutsche Industrie dar. So ist Lohnfertigung für die deutsche Industrie beispielsweise in der Ukraine sehr gut vorstellbar. Allerdings sind die Investitionen der deutschen Industrie in Osteuropa bisher gering geblieben. Es ist dort nicht gelungen, ein investitionsfreundliches Klima zu schaffen. Freilich stellt dies besonders hohe Anforderungen an die betroffenen Staaten: Investitionen werden nur getätigt, wenn ein stabiler staatlicher Rahmen vorliegt, der in der Lage ist, einerseits mafiöse Elemente wirksam zu bekämpfen, andererseits aber auch ausufernden bürokratischen Wildwuchs zu beschneiden. Derzeit ist ein zuverlässiger Rahmen nicht einmal für Bartergeschäfte gegeben, obwohl diese meist im hochkartellierten Bereich stattfinden.

Man mag sich trefflich streiten, ob ein investitionsfreundliches Klima besser in völlig unabhängig handelnden Staaten oder besser in Zusammenarbeit der GUS-Republiken mit Rußland erreicht werden kann, da hier wie dort der Staat sich in Sklerose und wachsender Agonie befindet. Es ist allerdings zu befürchten, daß stärkeres russisches Mitspracherecht in anderen GUS-Republiken tendenziell zu noch mehr Bürokratie führen wird und sich daher investitionshemmend auswirkt. Die Gefahr hingegen, daß bei stärkerem russischen Einfluß russische Unternehmen deutsche Investoren aus dem Markt in den GUS-Republiken drängen könnten, ist in Hinblick auf die unterschiedlichen technologischen Standards kaum zu befürchten. Westliches Know-how wird für die wirtschaftliche Modernisierung unverzichtbar bleiben.

Insgesamt liegt dennoch das wohlverstandene deutsche Interesse unter wirtschaftlichen Gesichtspunkten darin, daß im Bereich der GUS ein wirtschaftlicher Zusammenschluß zur Beschleunigung der wirtschaftlichen Gesundung stattfindet. Wirtschaftliche und politische Alleingänge einzelner Republiken führen ins Abseits. Desweiteren wäre ein stabiler staatlicher Rahmen die Basis für eine organische Entwicklung der Wirtschaftsbeziehungen zwischen West-, Mittel- und Osteuropa unabdingbar. Der für Investitionen wichtige Aspekt der inneren Sicherheit soll im nächsten Abschnitt erörtert werden.

5. Innere Sicherheit

Die innere Sicherheit in Deutschland wird aus dem Osten in mehrfacher Hinsicht durch organisierte Kriminalität bedroht. Genannt seien nur die Stichworte Drogenimport, Erpressung, planmäßiger Diebstahl und Plutoniumschmuggel. Es wird deutlich, daß für ein Land wie Deutschland äußere und innere Sicherheit stark ineinander verwoben sind. So wird in den kommenden Jahren die zwischenstaatliche polizeiliche Zusammenarbeit mehr und mehr auf der Agenda der internationalen Politik zu finden sein.

Aus präventiver Sicht ist zu begrüßen, daß Rußland zunehmend die Sicherung der GUS-Außengrenzen übernimmt, weil die meisten GUS-Republiken mit der wirksamen Kontrolle grenzüberschreitender Drogenströme und anderer transstaatlicher illegaler Aktivitäten überfordert sind. Da organisierte Kriminalität im Bereich der GUS nicht selten auch eine westliche Stoßrichtung hat, betreffen uns die Erfolge der Verbrechensbekämpfung vor Ort fast unmittelbar.

Bei der Bekämpfung mafiöser Organisationen ist generell mit größeren Bekämpfungserfolgen zu rechnen, wenn über der regionalen staatlichen Ebene noch ein die Republiken überspannendes Verbrechensbekämpfungsnetz existiert, das lokale Verbrüderungen von korrupten Bürokraten und Verbrechern zumindest teilweise zu neutralisieren vermag. Ferner ist zu bedenken, daß die Effizienz von Ermittlungen generell mit dem Umfang an zugänglicher Information steigt. Für die Verbrechensbekämpfung in der GUS bedeutet dies, daß größere Erfolge zu erwarten wären, wenn eine engere ermittlungspolizeiliche Zusammenarbeit im positiven Sinn mit Moskau stattfinden würde. Selbstverständlich ist hierbei generelle Skepsis angebracht, da bekanntermaßen zunehmende Armut gepaart mit staatlicher Sklerose die Affinität zur Korrumpierbarkeit auch bei russischen Ermittlern nährt.

Auch im Interesse der erfolgreichen Verbrechensbekämpfung in Deutschland wäre eine enge ermittlungstechnische Anbindung der GUS-Republiken an Rußland wünschenswert. Ein funktionierendes polizeiliches Ermittlungssystem, das über die Staatsgrenzen innerhalb des gesamten Raumes der GUS funktionieren würde, wäre für die deutsche polizeiliche Ermittlungsarbeit auch deshalb von Vorteil, weil deutsche Sicherheitsbehörden über Moskau möglicherweise Zugriff auf Informationen aus anderen GUS-Republiken erhielten, der ihnen bisher verwehrt ist. Die formelle und informelle polizeiliche Zusammenarbeit mit Rußland funktioniert derzeit relativ gut; es bestehen durchaus Wege zur schnellen gegenseitigen Information, während der Informationsfluß aus anderen GUS-Staaten eher zäh ist; mit den übrigen GUS-Staaten hat Deutschland nicht einmal Rechtshilfeabkommen geschlossen.

Aus Gründen der inneren Sicherheit wäre somit insgesamt eine verstärkte Zusammenarbeit der GUS-Republiken in der Verbrechensbekämpfung wünschenswert.

6. Umweltbelastung

Nicht nur die störanfälligen Atomkraftwerke und andere technisch mangelhafte Industriegroßanlagen, sondern auch unsachgemäße Handhabung funktionierender Großanlagen können durchaus umweltgefährdende Wirkung für ganz Europa haben.

Die ökologische Entwicklung im nördlichen eurasischen Raum wird vom Verhältnis der GUS-Staaten untereinander nicht direkt berührt. Nirgends sind deutliche Ansätze von Bereitschaft zu ökologisch verträglichem Handeln erkennbar, so daß nur generell gesagt werden kann, Umweltschutz wird erst unter besseren ökonomischen Rahmenbedingungen ins Bewußtsein der Menschen rücken und damit Eingang in die politische Diskussion finden. Fehlt es am Nötigsten, wird eine gesunde Umwelt als Luxus empfunden, ökologische Gesichtspunkte stellen die letzte Stufe in der Perzeption von Wohlstandskategorien dar. Daher werden nur über wirtschaftlichen Aufschwung ökologische Mindeststandarts erreicht werden können. Zum einen sind die Umweltschutzmaßnahmen nur dann finanzierbar, zum anderen werden die Menschen nur dann an Umweltschutz Interesse zeigen, wenn sie die Armutsgrenze nach oben überschritten haben. Wirtschaftlicher Aufschwung wird – wie oben festgestellt – nur in enger Zusammenarbeit der GUS-Staaten erreicht werden können. Selbstverständlich greifen diese Überlegungen in der Realität nur dann, wenn die betroffenen Staaten faktisch in der Lage sein werden, ökologische Standards zu setzen und durchzusetzen.

Ferner findet ökologisches staatliches Handeln nur statt, wenn politische Partizipation der Bürger staatlicherseits ermöglicht und von den Bürgern genutzt wird. Hierfür bedarf es der Demokratisierung und Regionalisierung der Strukturen, denn vor allem vor Ort werden Umweltbelastungen wahrgenommen und können problematisiert werden. Wie bereits zuvor prognostiziert, wird Demokratisierung im gesamten GUS-Bereich eher stattfinden, wenn der Anstoß zu dieser Entwicklung von Rußland ausgehen wird. Es kann daher vermutet werden, daß eine stärkere Anbindung der GUS-Republiken an Rußland langfristig einen, wenn auch geringen, positiven Einfluß auf die ökologische Situation in allen GUS-Republiken haben würde.

7. Bisherige Entwicklung

Das Gesicht der GUS-Staatenwelt wird sicherlich in Moskau konturiert werden. Die Russische Föderation bleibt durch ihre relative Stärke der bestimmende Faktor in der Region. Ein halbes Jahrzehnt nach dem Zusammenbruch des Sowjetimperiums gewinnen in Moskau die Verfechter der Wiederherstellung der alten Weltgeltung des russischen Reichs hinsichtlich überkommener internationaler Prestigekategorien (Größe, Atom, Geschichte) an Boden. Andererseits ist aber nicht zu übersehen, daß moderne Denkschulen durchaus die wirtschaftlichen Gegebenheiten realistisch beurteilen und vor den Folgen einer Reintegration der GUS-Republiken warnen. Den wirtschaftliche Preis für eine Einbindung des »nahen Auslands« ist man kaum bereit oder in der Lage zu zahlen.

Die GUS, die sich bis zum Jahre 1993 als politisch-militärische Abwicklungsgesellschaft präsentierte, zeigt Ansätze zu einer möglichen Entfaltung, wenn auch zunehmend auf bilateraler Basis zu Moskau. Zumindest wurden in den »Unabhängigen Staaten« die Fehler der vorherigen Entwicklung der post-sowjetischen Staatenwelt erkannt und ein Trend zur Wiederbelebung der Kontakte zu Moskau setzte ein. Allerdings werden wichtige GUS-Beschlüsse nur von einem Teil der Mitglieder mitgetragen, so daß von flächendeckender Integration nicht gesprochen werden kann. Die GUS entwickelt sich à douze vitesses und in verschiedene Richtungen. Für die kleineren Staaten gibt es im Grunde keine Alternative zur Zusammenarbeit mit Moskau. Im Handel mit Rußland, der weitgehend auf Brennstoffe reduziert wurde, stellten sich bei etlichen Republiken massive Fakturierungsprobleme ein. Rußland seinerseits ist nicht an Handelsbelebung mit dem nahen, sondern dem fernen Ausland mit Blickrichtung auf Kapitalimport und Technologietransfer interessiert. Für die wirtschaftliche Hilfsbereitschaft auf russischer Seite muß letztlich ein politischer Preis in den Nachbarrepubliken bezahlt werden. Rußland scheint es weniger um militärisches Beherrschen des GUS-Raumes zu gehen, als vielmehr um ein Ausstrahlen seiner Truppen mit dem Ziel, Gefahren aus Drittstaaten abzuwehren. Insbesondere an der Südflanke gilt es für Rußland, Gefahren von Drogenimport, Migrationsströmen und Islamismus abzuwehren. Es nimmt nicht Wunder, daß schon eine Vielzahl bilateraler Militärverträge mit Rußland abgeschlossen sind.

Wirtschaftliche, politische und militärische Kooperation bedeuten nicht notwendig die Aufgabe von Selbständigkeit. Souveränität setzt nicht Autarkie voraus. Dennoch stellt der massive wirtschaftliche Niedergang in einigen GUS-Staaten eine reale Bedrohung für deren Staatlichkeit dar. Allerdings haben die lokalen Eliten ein Interesse an umfassendem Machterhalt, daher werden sie an einer Festigung der Eigenstaatlichkeit arbeiten. Sie können dabei auf ein historisches Fundament zurückgreifen: Trotz zaristisch-sowjetischer Unterdrückung und Nivellierung herrscht vielerorts ein tradiertes und jetzt wiedererwachtes nationales Identitätsbewußtsein. Wirtschaftlich mögen Kontakte zu Drittstaaten teilweise aus dem ökonomischen Dilemma helfen, auch wenn geographische Widrigkeiten die Handelswege nach Süden behindern. Für die wirtschaftliche Anbindung an Moskau kann dies allerdings nur eine Ergänzung sein.

Die politische Linie, die Rußland lanfristig gegenüber den GUS-Staaten einschlagen wird, hängt letztlich vom Ausgang der Erbfolgekriege in Moskau ab. Da von Kontinuität an der Staatsspitze jedenfalls nicht verläßlich ausgegangen werden kann und zunehmend eine Diversifizierung der politischen Machtzentren ohne gegenseitige Abstimmung zu beobachten ist, muß die Unberechenbarkeit der politischen Führung als einzig verläßliche Konstante ins Kalkül gezogen werden. Allerdings setzt ein gewisser patriotischer Konsens hin zu einer starken globalen Rolle Rußlands dem politischen Oszillieren gewisse Grenzen.

Ein positiver russischer Einfluß hinsichtlich einer materiellen Demokratisierung der GUS-Staaten bleibt leider derzeit aus. Auch in der Russischen Föderation verläuft der Prozeß der Stabilisierung der Demokratie nur zögerlich. Trotz positiver Entwicklungen, etwa auf der Oblast-Ebene, ist generell eine Tendenz der Entpolitisierung der Bürger zu erkennen. Es findet eine Entfremdung des Wahlvolkes vom weithin handlungsunfähigen zersplitterten Parteiensystem statt. Der Einfluß der Exekutive steigt, der Staat zeigt Züge eines autoritären Präsidialregimes. Es ist zu erwarten, daß künftig der Einfluß mafiöser Elemente auf die Staatsführung zunehmen wird. Als Gegengewicht ist das Entstehen starker und kompetenter politischer Parteien von entscheidender Bedeutung.

8. Schlußfolgerungen

Insgesamt ergibt sich für Deutschland ein eindeutiges Interessenprofil: Vorrangig ist nicht die Frage des Status der GUS-Staaten als solcher, sondern die Frage, inwieweit das Verhältnis der GUS-Staaten zueinander zu Stabilität nach innen und außen beitragen kann. Hierfür erscheint das Modell eines partnerschaftlichen und engen Zusammenarbeitens der sowjetischen Nachfolgestaaten auf der Basis von Rechtsstaat und Demokratie ein taugliches Modell zu sein. Die GUS in ihrer bisherigen Form birgt dafür allerdings nicht den Keim in sich. Sie ist kaum mehr als ein von Moskau instrumentalisiertes Machtmittel.

Aus militärisch-geostrategischer Sicht mag dies für das Verhältnis Rußlands zur Ukraine und zu Weißrußland nur eingeschränkt gelten. Eine größere Distanz zwischen Moskau und Kiew bzw. Minsk erscheint möglicherweise wünschenswert.

9. Agenda

Die Staaten der GUS können nicht wie eine jahrhundertelang gewachsene Demokratien behandelt werden. Dennoch ist zu hoffen, daß dort ein Raum demokratisch gefestigter und freundschaftlich und eng kooperierender Staaten entsteht. Stabilisierung und Demokratisierung wird aber nicht durch ungeprüfte Stützung der Mächtigen, sondern nur durch selektive Unterstützung demokratischer Hoffnungsträger erreicht werden können.

Auf der Agenda für Deutschland steht, die neue Stufe der Ostpolitik zu intensivieren. Diese sollte sich erst in zweiter Linie auf die völkerrechtliche Ebene beziehen. Wichtiger wird es sein, auf der Mikroebene am Aufbau von Demokratie, Rechtsstaat und politischer Infrastruktur mitzuarbeiten. Ohne Selbstorganisation der Gesellschaft durch Parteien, Verbände etc. wird die Einpflanzung von Stabilität auf grass-root-level dauerhaft nicht möglich sein. Gerade dies ist aber für das Gedeihen politischer Kultur und den Aufbau gesamtstaatlicher Stabilität erforderlich.

Aufgefordert sind neben dem Staat inklusive aller seiner Körperschaften vor allem Parteien, Stiftungen und nichtstaatliche Organisationen, dezentrale Partnerschaften zu vertiefen und auf diese Weise die Staaten auf ihrem Weg zu modernen, pluralistisch orientierten Industriestaaten zu begleiten.

Es besteht die Gefahr, daß die Entwicklung des postsowjetischen Raumes ein ungelöstes Dauerproblem bleibt. Die GUS-Staaten können – wenn überhaupt – nur im Konzert der gesamten westlichen Welt begleitend unterstützt werden.

Osteuropa und die Entwicklungsländer als sicherheitspoltische Herausforderungen für die Europäische Union

Eckhard Lübkemeier

1. Einleitung

Nach dem Ende des Ost-West-Konflikts sind neue sicherheitspolitische Herausforderungen aufgetreten, während alte Herausforderungen sich in neuer Form stellen. Neu ist der doppelte Transformationsprozeß von Diktatur zu Demokratie und von Planwirtschaft zu Marktwirtschaft in den ehemals kommunistischen Ländern Osteuropas. In neuer Form stellt sich die alte Frage nach dem Verhältnis zwischen den reichen Ländern der nördlichen Halbkugel und den armen Ländern im Süden. Denn die Bipolarität, die dieses Verhältnis maßgeblich mitbestimmt hat, existiert nicht mehr.

Was macht das »neue« Osteuropa und das »alte« West-Süd-Verhältnis[1] zu sicherheitspolitischen Herausforderungen für die Europäische Union?

Bevor diese Frage untersucht wird, ist der zugrundeliegende Sicherheitsbegriff offenzulegen. *Sicherheit* wird hier ganz allgemein verstanden als Abwesenheit von bzw. Schutz vor Gefährdungen, die die Existenz und das Wohlergehen der Bürger eines Staates bzw. in diesem Falle der Bürger der Europäischen Union beeinträchtigen können.

Ferner ist darauf hinzuweisen, daß die folgende Analyse aus deutschem Blickwinkel erfolgt. Was die Europäische Union unternimmt oder unterläßt, bestimmen ihre Mitgliedsstaaten auf der Grundlage einer individuellen Lagebeurteilung. Eine solche Einschätzung für jeden Mitgliedsstaat kann hier nicht geleistet werden. Allerdings wird die Politik der Europäischen Union durch die Bundesrepublik Deutschland entscheidend geprägt, und obgleich sicherlich eine unterschiedliche Betroffenheit besteht, kann sich kein EU-Staat den hier untersuchten sicherheitspolitischen Herausforderungen entziehen.

2. Schaden- und Nutzenpotential Osteuropa

Im Zentrum jeder außenpolitischen Interessenanalyse stehen ***zwei Kernfragen:***

- Welche Risiken birgt die Entwicklung in anderen Ländern für die eigene Wohlfahrt und Sicherheit?

- Umgekehrt: Welche Chancen liegen in ihrer Entwicklung, die eigene Wohlfahrt und Sicherheit zu mehren?

Das erste ist das ***Schadenpotential***, das zweite ist das ***Nutzenpotential***, das andere Länder aufweisen. Schaden- und Nutzenpotential sind natürlich zwei Seiten einer Medaille: Das Nicht-Eintreten eines Schadens (Status quo minus) ist immer ein Nutzen. Dennoch ist es hilfreich, zwischen diesen beiden Kategorien der Betroffenheit durch fremde Akteure und Entwicklungen zu unterscheiden.

1) Diese Bezeichnung trifft den Sachverhalt besser als der herkömmliche Begriff »Nord-Süd-Verhältnis«, denn die wohlhabenden und weltwirtschaftlich dominanten Länder im Norden gehören zum OECD-Westen (USA, Westeuropa, Japan).

Wenn Chancen als solche erkannt und ergriffen werden (Status quo plus), mobilisiert dies für eine Strategie der Risikoabwendung, die eigene Opfer erfordern kann.

2.1 Schadenpotential

Welches sind die mit der Entwicklung Osteuropas verbundenen möglichen Risiken für die Mitgliedsstaaten der Europäischen Union? Dazu müssen zwei Szenarien unterschieden werden. Die beiden ersten Risikogruppen unterstellen ein pessimistisches Szenario, d.h. ein Stagnieren der Reformprozesse oder gar ihre krisenhafte Zuspitzung mit entsprechend steigender Intensität der Risiken. Die dritte Risikoart unterstellt umgekehrt ein optimistisches Szenario, d.h. einen zumindest partiellen Erfolg der Reformen (wobei natürlich Mischformen möglich sind).

2.1.1 Stabilitätspolitische Risiken

Damit sind Risiken für die politische, ökonomische und soziale Stabilität in den EU-Ländern gemeint. Dazu sollen gehören:

a) Desintegration im Westen

These: Ein Scheitern der Reformprozesse könne in der Europäischen Union desintegrierend wirken, indem Tendenzen zur Renationalisierung (ausgelöst durch den Wegfall der gemeinsamen kommunistischen Bedrohung) verstärkt würden.

Für diese These werden ***zwei Argumente*** angeführt.

Zum einen wird die Gefahr beschworen, daß ein von der östlichen Transformationskrise genährter »nationalistischer Bazillus« auch Westeuropa infizieren könnte.[2)] Wie dies geschehen könnte, wird zwar in der Regel nicht erläutert; denkbar wäre jedoch vor dem Hintergrund der gewaltsamen Auseinandersetzungen in Ex-Jugoslawien, daß man befürchtet, derartige Konflikte könnten desintegrierend wirken, weil sie unterschiedliche oder gegensätzliche Haltungen der EU-Staaten hervorrufen.

---

2) So hat Bundeskanzler Kohl die Notwendigkeit der EU-Integration wiederholt mit der Warnung vor einem Ausbreiten der *»bösen Geister«* verbunden, *»die jetzt auf dem Gebiet des früheren Jugoslawien wüten.«*

Das zweite Argument hängt mit dem ersten zusammen, bezieht sich jedoch explizit auf Deutschland. Östliche Instabilität berge die Gefahr der *»Rückkehr Deutschlands in die alte Mittellage«*, falls eine Integration der mittelosteuropäischen (MOE)-Länder bei umfassender Partnerschaft mit Rußland nicht gelinge. Dann drohe ein stabilitätsgefährdendes *»Zwischen-Europa«*, und Deutschland könnte *»aufgefordert werden oder aus eigenen Sicherheitszwängen versucht sein, die Stabilisierung des östlichen Europa alleine und in der traditionellen Weise zu bewerkstelligen. Das aber würde seine Kräfte bei weitem überfordern und zugleich zu einer Erosion des Zusammenhalts der Europäischen Union führen (...)«.*[3)]

Bewertung: Das erste Argument hat auf den ersten Blick die Jugoslawien-Erfahrung für sich. Und unabhängig davon liegt in der Frage, wer welchen Anteil an welcher Art der Stabilisierung bzw. Nicht-Stabilisierung Osteuropas trägt, immer ein Streitpotential (Stichworte: EU- und NATO-Osterweiterung, Aufnahme von Migranten).

Dem stehen jedoch ***drei Erwägungen*** gegenüber. ***Erstens*** zeigt zwar die Jugoslawien-Erfahrung das Desintegrationspotential solcher Konflikte; zugleich belegt es aber auch, daß der Westen eines seiner strategischen Hauptziele bisher durchaus erreicht hat, nämlich *»die ruinösen Rivalitäten zu vermeiden, die Europa vor 1914 und vor 1939 entzweit haben.«* (der frühere britische Außenminister Hurd am 10.9.1993). In der Tat: Kriege und Konflikte in Osteuropa können spalten, sie können aber umgekehrt auch integrierend wirken, indem sie veranschaulichen, welches die Folgen der Desintegration sein könnten.

Zweitens fragt sich, wie typisch der Jugoslawien-Fall ist. Wie wahrscheinlich ist es, daß sich Krisen und Konflikte anderenorts ähnlich gewaltsam entladen? Tschetschenien spricht zwar dafür, aber der Westen ist sich in seiner verhaltenen Reaktion einig geblieben.

Drittens ist zu berücksichtigen, daß Desintegration im Westen seinem Interesse an Stabilisierung im Osten zuwiderläuft. Eine koordinierte Unterstützung ist effizienter als einzelstaatliche Programme, und durch Desintegration wird zerstört, was die postkommunistischen Staaten suchen: die Integration in bzw. die Kooperation mit intakten westlichen Gemeinschaften (EU, NATO).

Diese Überlegung gilt erst recht für das zweite Argument. Rationale deutsche Politik wird unter keinen Umständen unsere westliche Verankerung lockern,

3) *CDU/CSU-Fraktion* des Deutschen Bundestages, Überlegungen zur europäischen Politik, 1.9.1994, S. 3. Ähnlich auch *The Economist Intelligence Unit*, Country Forecast Germany, 1st quarter 1995, S. 9.

denn nur im Verbund können wir Osteuropa wirksam helfen und bleiben wir eine unkritische Größe in Europa. Deshalb sollte die vermeintliche Gefahr einer deutschen Wendung nach Osten nicht als integratives Druckmittel benutzt werden.

b) Migration

These: Mißlingt die Transformation im Osten, könnten *»viele in ihren Hoffnungen Enttäuschte sich von ihrer Heimat abwenden und ihr Glück im Westen suchen – nicht nur wie bisher vor allem in Deutschland, sondern auch in anderen Staaten Westeuropas«.*[4] Eine massenhafte, unkontrollierte Zuwanderung könne die innere Stabilität in den widerwilligen Aufnahmestaaten erschüttern und zwischen ihnen desintegrierend wirken.

Bewertung: Das Ost-West-Migrationspotential ist ein Paradebeispiel für den Verlust der früheren »Schutzwirkung« durch den Eisernen Vorhang. Es kann jedoch leicht übertrieben werden. Zunächst reicht die Sogkraft des höheren westlichen Lebensstandards allein nicht aus. Wichtiger sind die Schubkraft der Perspektivlosigkeit im eigenen Land und die Hoffnung, ihr durch Auswanderung eher als durch Binnenwanderung entgehen zu können. Das sind hohe Hürden, die noch dadurch höher würden, daß die Zielländer einem Massensturm nicht tatenlos zusehen würden (vgl. USA-Haiti, Italien-Albanien).

Damit sollen das Migrationspotential und seine konfliktfördernden Konsequenzen nicht verharmlost werden. Vergleiche mit der innerdeutschen Situation nach dem Fall der Mauer gehen jedoch fehl, weil es sich um Binnen- und nicht um Auswanderung handelte. Eine kontrollierte Zuwanderung liegt zudem durchaus in deutschem Interesse. Das impliziert jedoch umgekehrt, daß eine unkontrollierte Zuwanderung stabilitätsgefährdend wäre, und zwar insbesondere dann, wenn sie mit einer wirtschaftlichen Stagnations- oder gar Abschwungphase in der Europäischen Union zusammenträfe.

c) Kriminalität

These: Die östlichen Transformationsprozesse und ihre krisenhaften Begleiterscheinungen (Erosion staatlicher Autorität, Spekulantentum, Korruption, Verarmung und Verlust von Privilegien, Verrohung der Gesellschaft) bilden den Nährboden für organisierte Kriminalität bis hin zum Handel mit Nuklearmaterial.

4) Bundeskanzler Kohl, Bulletin, 25.2.1994, S. 163.

Bewertung: Die Macht östlicher krimineller Organisationen und der von ihnen verursachte Schaden sind schwer abzuschätzen. Offenbar jedoch waren sie vor dem Fall der Mauer nicht nennenswert. Potentiell besonders gefährlich ist der Handel mit nuklearem Bombenmaterial. Hier wäre zu fragen, ob der Westen genug getan hat, um Anreize für potentielle Lieferanten von Material und Knowhow abzubauen und die Sicherheit nukleartechnischer Anlagen zu fördern.

Ansonsten ist dieses Problem wie auch die organisierte Kriminalität insgesamt im wesentlichen eine polizeiliche Aufgabe. Denn man sollte nicht erwarten, daß es sich durch erfolgreiche Entwicklung von selbst löst. Organisierte Kriminalität gibt es auch und gerade im reichen Westen.

2.1.2 Sicherheitspolitische Risiken

In einem engeren Verständnis von Sicherheit, das die physische Unversehrtheit der EU-Bürger meint, könnte das postkommunistische Europa drei Gefahrenherde aufweisen:

a) Eskalation und Intervention

These: Gewaltsame oder gewaltträchtige Konflikte könnten auf einen NATO-Partner überspringen und die Bündnispflicht aktivieren (Eskalationsszenario); Soldaten aus EU-Staaten könnten zum Einsatz kommen, wenn sich ihre Länder an UNO- oder OSZE-Friedenseinsätzen beteiligen (Interventionsszenario).

Bewertung: Die Kriege in Ex-Jugoslawien verleihen dieser These ihren realen Hintergrund. Aber wie wahrscheinlich sind weitere Fälle dieser Art?

Einiges spricht dafür, daß diese Wahrscheinlichkeit gering ist. Wo außerhalb der Gemeinschaft Unabhängiger Staaten (GUS) gibt es brisantes Konfliktpotential, das sich ähnlich gewaltsam entladen könnte? In der GUS schon eher, aber dort hat der Westen bisher schon gezögert, sich zu engagieren – eine Zurückhaltung, die durch den Verlauf der UN-Intervention in Ex-Jugoslawien gewachsen sein dürfte.

Eskalation und Intervention in Osteuropa jenseits von Ex-Jugoslawien erscheinen aus heutiger Sicht nicht als hohe Risiken. Multilaterale Intervention wird sich wahrscheinlich auf »klassisches« Peacekeeping (Konsens der Streitparteien, stabiler Waffenstillstand) beschränken. Die Möglichkeit, daß sich daraus weitergehende Verwicklungen ergeben, kann jedoch nicht ausgeschlossen werden. Allein deshalb dürfen die genannten Risiken nicht ignoriert werden.

b) Konfrontation

These: Ein autoritäres Rußland mit neo-imperialistischen Ansprüchen könnte erneut eine militärische Konfrontation mit dem Westen provozieren. Denkbar wäre auch, daß eine nach Osten ausgeweitete NATO sich neue bilaterale Konfliktlinien (Ungarn-Rumänien) einhandelt.

Bewertung: Was Rußland betrifft, wäre es töricht, die eigene Politik an einem »Rückfall-Szenario« zu orientieren. Rußland ist nicht eine verkleinerte Sowjetunion, und eine entsprechende handlungsleitende Prämisse könnte einer »self-fulfilling prophecy« gleichkommen.

Andererseits ist der Weg noch weit zu einer Situation, in der wie in den westlichen Friedensgemeinschaften auf militärische Rückversicherung gegenüber Rußland verzichtet werden könnte (wie umgekehrt Rußland nicht gegenüber dem Westen und insbesondere den USA). So gesehen bleibt ein unberechenbares, demokratisch nicht gefestigtes Rußland ein Risikofaktor.

Ob eine selektive NATO- bzw. EU-Osterweiterung zum Import neuer Konflikte führt, hängt entscheidend vom Westen selbst ab. Bereits heute ist ein Aufnahmekriterium, daß sich das Beitrittsland um gutnachbarliche Beziehungen aktiv bemüht. Das ist jedoch keine Garantie gegen den »Import« neuer Konflikte, denn wenn trotz besten Willens eines Beitrittslandes solche Beziehungen nicht möglich sind, wird man es deshalb nicht zurückweisen können.

c) Proliferation

These: Rußland hat zwar ebenso wie die anderen Nuklearmächte ein Interesse daran, daß sich der Kreis dieser Mächte nicht vergrößert; dem stehen aber wie bei anderen Nuklearmächten und zivilen Nutzern wirtschaftliche und politische Motive (siehe russisches Iran-Geschäft) entgegen. Hinzu kommt die verglichen mit Sowjetzeiten gewachsene Gefahr der unkontrollierten Proliferation von Material und Know-how, weil die Sicherheitsmechanismen brüchiger geworden sind und Experten auf der Suche nach Beschäftigungsalternativen abwandern könnten.

Bewertung: Rußland als gewollter oder ungewollter Proliferator ist ein häufig übertriebenes Risiko. An Iran will Rußland Reaktoren eines Typs liefern, von dem es mit Bezug auf Nordkorea heißt, daß er wenig bombentauglich sei. Für einen besorgniserregenden Nuklearschmuggel aus Rußland fehlen ebenso Belege wie für einen nuklearen »brain drain«.

Dennoch bleibt das Problem ernst genug. Ihm kann und muß entgegengewirkt werden (Abrüstungshilfe, NPT-Politik, Moskauer-Wissenschaftszentrum). Ebenso wie in anderen Ländern wird es sich jedoch wegen konträrer politischer und wirtschaftlicher Motive wahrscheinlich nie ganz lösen lassen.

d) Ökologische Katastrophen

These: Umweltkatastrophen können Grenzen überschreiten. Eine besondere Gefahr sind unsichere Kernkraftwerke (KKW) russischer Bauart, andere Gefahren sind Luft- und Wasserverschmutzung sowie langfristig klimatische Bedrohungen durch Treibhausgasemissionen.

Bewertung: KKW bildeten schon zu Sowjetzeiten eine ernste Bedrohung (Tschernobyl), die durch fehlende Mittel und Experten zum Betrieb und zur Wartung noch gestiegen sein könnte. Zudem kann heute von außen durch Umrüstungshilfe mehr getan werden als zu Zeiten, in denen man sich nicht helfen lassen wollte. (Letzteres kann allerdings immer noch ein Problem sein, wie die mehrmonatige Weigerung Moskaus gezeigt hat, auf ein Hilfsangebot bei einer Ölkatastrophe in Sibirien einzugehen).

Der Ökostandard der osteuropäischen Industrieproduktion ist sehr niedrig, und als Treibhausemittent ist die Region bisher wenig im Blick, weil die Produktion stark zurückgegangen ist. Es ist eine große Aufgabe des Westen, mitzuhelfen, daß der wünschenswerte Produktionsanstieg mit umweltverträglicheren Technologien und Methoden erfolgt. Dazu gehört auch die »gemeinsame Umsetzung« (»joint implementation«), wenn sie kein Alibi für eigenes Versagen ist.

2.1.3 Ökonomische Risiken

Sie unterscheiden sich von den stabilitäts- und sicherheitspolitischen Risiken, weil sie nicht auf das Mißlingen, sondern umgekehrt auf ein zumindest partielles Gelingen der postkommunistischen Transformation abstellen.

These: Durch »Hongkong vor der Tür« entsteht im Osten eine Niedriglohnkonkurrenz in Form von Billigimporten und als Produktionsstandort für deutsche Firmen. Die Folgen sind höhere Arbeitslosigkeit und eine vertiefte Arm-Reich-Spaltung bei uns.

Bewertung: Der Fall der Mauer verschärft die Notwendigkeit der Anpassung an ohnehin sich vollziehende weltwirtschaftliche Prozesse. Sie muß sozial abgefedert werden, aber EU-Europa kann sich nicht abschotten.

Das sollten die EU-Europäer auch gar nicht versuchen, weil sie von der marktwirtschaftlichen Transformation profitieren können (siehe nächsten Abschnitt »Nutzenpotential«). Zudem dürfen die Auslagerungseffekte nicht übertrieben werden. Niedrige Löhne allein sind nur dann ein entscheidender Investitionsfaktor, wenn der Anteil der Lohnkosten sehr hoch ist. Hier konkurriert Osteuropa mit vielen Entwicklungsländern.

2.2 Nutzenpotential

Welche Chancen bietet eine erfolgreiche Transformation in Osteuropa?

2.2.1 Ökonomische Chancen

These: Von einem wirtschaftlichen Aufschwung kann EU-Europa in mehrfacher Hinsicht profitieren: durch vermehrte Exporte, Investitionsmöglichkeiten und durch preisgünstige Importe.

Bewertung: Für diese These spricht die Tatsache, daß die fortgeschritteneren Industrie- und Dienstleistungsstaaten untereinander die größten Konkurrenten, aber auch die größten Abnehmer sind. Wenn auch vielleicht nicht in gleichem Maße, so profitiert offenbar jeder vom gemeinsamen Fortschritt.

Das gilt freilich nur aufs Ganze bezogen. In den einzelnen EU-Staaten gibt es sektoral tatsächliche oder potentielle Verlierer von freiem Wettbewerb, wie die hartnäckige Subventions- und Protektionspraxis zeigt. Innerhalb der Europäischen Union wird es Länder geben, die mehr als andere von einer erfolgreichen Transformation profitieren würde. Dazu würde Deutschland gehören, daß der größte europäische Handels- und Investitionspartner für Osteuropa ist. Auch müßten einige EU-Altmitglieder fürchten, daß sie durch eine EU-Osterweiterung Einbußen bei Transferleistungen (Agrarmarkt, Struktur- und Kohäsionsfonds) erleiden könnten.

2.2.2 Friedenspolitische Chancen

These: Demokratie, Integration und Prosperität haben im Westen (EU, transatlantische Beziehungen) einen Frieden geschaffen, der mehr ist als das Schweigen der Waffen, weil Konflikte ausschließlich gewaltfrei, also auch ohne Androhung von Gegengewalt, geregelt werden. Diese Friedenszone kann jetzt nach Osten ausgedehnt werden.

Für Deutschland, so eine Variante dieser These, sei dies besonders wichtig. Gelänge eine solche Ausdehnung nämlich nicht, drohe ein Rückfall in unsere unselige Mittellage, mit potentiell desintegrierenden Folgen (vgl. oben Risikofaktor »Desintegration«).

Bewertung: Deutschland und seine EU-Partner haben ein eminentes Interesse nicht nur an einem stabilen, sondern an einem friedensstabilen Osten, d.h. an Verhältnissen in und zwischen Staaten, die gewaltfreie Konfliktaustragung gewährleisten. Dieses Interesse hat im deutschen Fall auch eine moralische Dimension: Es war Deutschland, das den Zweiten Weltkrieg mit seinen Abermillionen Opfern und der kommunistischen Kolonisierung Mittel- und Südosteuropas provoziert hat.

Bedingung für echten Frieden im Osten ist eine erfolgreiche Transformation. Dazu kann der Westen beitragen durch eine Politik der Integration von Staaten in die Europäische Union und die NATO sowie der Kooperation mit jenen Staaten, die nicht integriert werden können oder wollen. Beide Ansätze können und sollten sich ergänzen, sie können aber auch in Konflikt geraten (siehe NATO-Osterweiterung). Dabei kann weder das eine noch das andere absolute Priorität haben: Kooperation vor allem mit Rußland kann ebensowenig alleiniges Ziel sein wie die Ausdehnung der Friedenszone durch Integration (NATO- und EU-Osterweiterung). Letzteres hat, was die möglichen Kosten angeht, nicht nur eine östliche (Konfrontation mit Rußland), sondern besonders aus deutscher Sicht auch eine westliche Schadendimension (vgl. oben Risikofaktor »Desintegration« und die dortige Betonung der Westbindung).

2.3 Fazit

Zusammenfassend ergibt die Analyse folgendes:

- Osteuropa weist ein Schaden- und Nutzenpotential auf, das eine erstrangige Herausforderung darstellt.

- Dieses Potential ist für Deutschland größer als für die meisten seiner westlichen Partner.

- Aus deutscher Sicht ist das Nutzenpotential größer als das Schadenpotential, weil eine erfolgreiche Transformation nicht nur hilft, Schaden abzuwenden (Status quo minus), sondern darüber hinaus auch zu einer Erhöhung unserer Wohlfahrt und Sicherheit führen kann (Status quo plus).

- Dies ist nicht der Fall aus der Sicht einiger EU-Länder, die befürchten, daß eine EU-Osterweiterung durch Kürzungen EU-interner Ausgleichszahlungen zu ihren Lasten gehen könnte.

- Rußland weist das mit Abstand größte Schaden- und Nutzenpotential auf. Da es sich nicht für eine Integrationsstrategie eignet, müssen parallel zur Osterweiterung der EU und der NATO besondere Formen der Kooperation mit Rußland entwickelt werden.

3. Schaden- und Nutzenpotential Entwicklungsländer

Globale Sicherheit, so wird behauptet, sei unteilbar:[5)]
»Die Industrieländer werden auf lange Frist nicht überleben können, wenn die Entwicklungsländer verelenden«.[6)]

Womit wird diese *»Sicherheits- und Verantwortungsgemeinschaft«* zwischen Industrie- und Entwicklungsländern begründet?[7)] Konkreter gefragt: Wie und inwieweit berührt die Entwicklung im Süden das Wohlergehen der EU-Bürger? Analog zum vorstehenden Abschnitt über das postkommunistische Europa wird zwischen Risiken (Schadenpotential) und Chancen (Nutzenpotential) unterschieden.

3.1 Schadenpotential

3.1.1 Stabilitätspolitische Risiken

These: Das Migrationspotential krisenhafter Entwicklungsprozesse im Süden birgt *»in Zukunft die zentrale Bedrohung für die Sicherheit und die gesellschaftliche Stabilität nicht nur in den Entwicklungsländern, sondern auch bei uns«.*[8)] Die Aufnahmefähigkeit (Arbeitsplätze, Wohnungen, soziale Infrastruktur) und die Aufnahmebereitschaft seien begrenzt, so daß eine unkontrollierte Massenzuwanderung den inneren Frieden gefährden würde.

---

5) Von der *»Unteilbarkeit der globalen menschlichen Sicherheit«* spricht das Entwicklungsprogramm der Vereinten Nationen *(UNDP)* in seinem Bericht über die menschliche Entwicklung 1994; vgl UNDP (1994), S. 41 (im folg. UNDP, HDR 1994).

6) Bundesminister *Carl-Dieter Spranger,* Bulletin, 14.4.1993, S. 261.

7) Für den zitierten Begriff vgl. *ders.*, Bulletin, 17.12.1993, S. 1247.

8) *ders.*, Bulletin, 25.2.1994, S. 166.

Aber selbst wenn die Süd-West-Migration in Grenzen gehalten werden kann – über jene, die gleichwohl kommen, und jene, die bereits da sind, könnten ethnische, religiöse oder politische Konflikte aus ihren Herkunftsländern importiert und in ihren Aufnahmeländern ausgetragen werden.

Bewertung: Auch in diesem Fall gilt wie mit Bezug auf die Ost-West-Achse, daß Potential und Wahrscheinlichkeit nicht gleichgesetzt werden dürfen. Das Süd-West-Migrations*potential* ist riesig; niemand kann jedoch verläßlich prognostizieren, unter welchen Umständen es zu einem Massenexodus kommen würde. Selbst darüber, wie hoch die Zahl der Migranten heute ist, schwanken die Angaben erheblich.

Risiko ist jedoch eine Kombination aus Eintrittswahrscheinlichkeit und möglicher Schadenshöhe eines Ereignisses. In diesem Sinne darf die Möglichkeit einer massenhaften Süd-West-Migration nicht auf die leichte Schulter genommen werden: ihre Wahrscheinlichkeit mag gering sein, ihre stabilitäts- und sicherheitspolitischen Folgen würden es nicht sein.

Unbegründet ist auch nicht die Besorgnis, selbst durch begrenzte Zuwanderung zum Ziel und Austragungsort politischer Auseinandersetzungen in Drittländern zu werden. Jüngstes Beispiel dafür sind besonders in Frankreich, aber auch in Deutschland lebende Anhänger und Gegner der algerischen »Islamischen Heilsfront« (FIS).

3.1.2 Sicherheitspolitische Risiken

a) Proliferation und Intervention

These: EU-Länder könnten durch die Proliferation moderner Waffentechnologie in die Reichweite von Flugkörpern gelangen, die mit Massenvernichtungswaffen ausgerüstet wären (Proliferation). Ohne daß eine territoriale Bedrohung vorläge, könnten Streitkräfte von EU-Staaten in Konflikten in oder zwischen Entwicklungsländern zum Einsatz kommen (Intervention).

Bewertung: Eine künftige territoriale Bedrohung von EU-Staaten durch Massenvernichtungswaffen im Besitz von Ländern der Südhemisphäre ist technisch sicher möglich. Auf absehbare Zeit werden es jedoch höchstens sehr wenige Länder sein, die eine solche Fähigkeit entwickeln könnten. Auch muß zwischen Fähigkeiten und Absichten unterschieden werden. Israel z.B. ist ein unerklärter Nuklearwaffenstaat und könnte künftig vielleicht über Flugkörper mit der notwendigen Reichweite verfügen. Darin würden wir aber keine territoriale Bedrohung sehen.

Weiterhin ist vor der Konstruktion einer islamistischen Bedrohung zu warnen, wie es *Samuel Huntington* mit seiner Behauptung eines *»konfuzianisch-islamischen Zusammenspiels«* (»connection«) versucht, das darauf gerichtet sei, den Westen militärisch herauszufordern.[9] Zwar gibt es »fundamentalistische« Ideologien und Bewegungen, die sich anti-westlich definieren und vor Gewalt nicht zurückschrecken; aber die heterogene islamische Welt bildet keine einheitliche, gegen den Westen gerichtete Front.[10] Und der Nährboden muslimischen und anderen Radikalismus sind vielerorts Massenelend, Perspektivlosigkeit und Unterdrückung – nicht religiöse oder ethnische Andersartigkeit an sich.

Da dieser Nährboden jedoch kaum austrocknen dürfte und weil die Verfügbarkeit von Massenvernichtungswaffen jedem Konflikt ein außerordentliches Gefahrenpotential verleiht, stellt die Proliferation ein hohes Risiko dar.

Das gilt für den Fall einer direkten territorialen Bedrohung von EU-Staaten durch südliche Proliferatoren, und es gilt auch für den Fall, daß Streitkräfte von EU-Staaten im Falle einer Intervention einer örtlichen Bedrohung durch Massenvernichtungswaffen ausgesetzt wären. Die Wahrscheinlichkeit multilateraler militärischer Interventionen dürfte allerdings angesichts der Erfahrungen in Somalia und Ex-Jugoslawien abgenommen haben. Dennoch: Auch wenn die UNO angesichts zunehmender Zurückhaltung ihrer Mitgliedsstaaten weit davon entfernt ist, als allzuständiger Weltpolizist aufzutreten – von ihr oder regionalen Organisationen verhängte militärische Sanktionen bleiben möglich.

b) Terrorismus, Kriminalität, Epidemien

These: Terrorismus und die international organisierte Kriminalität (Drogen- und Waffenhandel) bedrohen die Bürger der Europäischen Union ebenso wie infektiöse Krankheiten (z.B. AIDS), die sich in einer durch moderne Massentransportmittel zusammengerückten Welt rasch globalisieren können.

Bewertung: Terrorismus, Kriminalität, Seuchen – sie alle sind eine Gefahr für Leib und Leben von EU-Bürgern. Es ist jedoch falsch, sie durch eine West-Süd-Brille zu betrachten. In erster Linie handelt es sich – aus westlicher Sicht – um selbsterzeugte Probleme. Drogenhandel würde es ohne Nachfrage nicht ge-

---

9) Vgl. seine vielerorts leichtfertig übernommenen Thesen, die er in seinem Aufsatz *»The Clash of Civilizations?«* aufgestellt hat; *Huntington* (1993), insb. S. 45–48.

10) *»The Algerian crisis challenges the West to reassess its perceptions of political Islam. The phenomenon clearly does not present a coherent or monolithic 'threat' (although certain manifestations are indeed threatening), if its diversity is understood and accepted.«*; *IISS* (1994), S. 24.

ben, an der internationalen Kriminalität und seinem Teilbereich Drogenhandel sind von Gewaltdelikten bis zur Geldwäsche westliche Organisationen beteiligt, und für die Verbreitung von Seuchen wie AIDS sorgen auch die Bürger der Industrieländer.

3.1.3 Ökologische Risiken

These: Die EU-Staaten haben ein existenzielles Interesse an der Bewahrung der natürlichen Lebens- und Wohlstandsbedingungen, die durch Klimaveränderungen und Ressourcenraubbau bedroht werden. Mitverantwortlich dafür sind wir zwar selbst; aber gerade deshalb könnte ein an ihrem energieverschwenderischem Produktions- und Konsumtionsmodell orientiertes »Aufholen« der Entwicklungsländer zu einer Überlastung des Ökosystems Erde führen.

Bewertung: Modellrechnungen über ökologische und Klimazusammenhänge können je nach Annahmen zu unterschiedlichen Aussagen führen, so daß Skepsis angebracht ist gegenüber apokalyptischen Visionen. Aber: *»Bereits das abstrakte Besorgnispotential oder Anhaltspunkte dafür, daß die Regenerationsfähigkeit natürlicher Ressourcen oder die Aufnahmefähigkeit von Umweltmedien bedroht ist, müssen und können zum Anlaß von Maßnahmen genommen werden. Dies gilt insbesondere dann, wenn es sich um möglicherweise irreversible Wirkungen handelt«.* [11)]

Von diesen »Anhaltspunkten« gibt es einige, auch auf der globalen Ebene von Klimaveränderungen und Ozonschichtabbau. Welchen ökologischen Entwicklungsweg der Süden nimmt, kann dem Westen deshalb nicht gleichgültig sein. Würde beispielsweise der durchschnittliche Bürger Chinas nicht wie heute ein Zehntel, sondern genausoviel Kohlendioxid verursachen wie der durchschnittliche US-Bürger (nämlich 20 Tonnen pro Jahr), würden die 1,15 Milliarden Chinesen pro Jahr mehr Kohlendioxid emittieren als heute die gesamte Menschheit – mit, so muß nach derzeitigem Erkenntnisstand befürchtet werden, verheerenden Folgen für das Weltklima. [12)]

3.1.4 Ökonomische Risiken

These: Insbesondere wegen ihres niedrigen Lohnniveaus sind die Entwicklungsländer harte Konkurrenten um Arbeitsplätze in einer sich globalisierenden Wirt-

---

11) *Rat von Sachverständigen für Umweltfragen (1994)*, S. 13.
12) Vgl. *Loske* (1994), S. 18.

schaft. Hinzu kommt die Abhängigkeit von strategischen Rohstoffen, vor allem von Ölimporten aus instabilen oder dem Westen feindlich gesinnten Ländern.

Bewertung: Zur Standortkonkurrenz durch aufstrebende südliche Staaten gilt dasselbe wie mit Bezug auf Osteuropa: Innerhalb und zwischen den EU-Staaten gibt es Gewinner und Verlierer. Insgesamt jedoch dürfte es unrealistisch sein, den eigenen hohen Lebensstandard durch Abschottung aufrechterhalten zu wollen. Das wird sich nur durch ein weltwirtschaftlich hohes Produktivitätsniveau erreichen lassen, das kaum hinter protektionistischen Mauern gedeihen dürfte.

Eine Abhängigkeit von Erdöleinfuhren ist gegeben und hat im Golfkrieg gegen den Irak eine Rolle gespielt; umgekehrt sind allerdings besonders die volkreichen OPEC-Staaten auch auf die westlichen Absatzmärkte angewiesen.

3.2 Nutzenpotential

These: Die Entwicklungsländer liefern Rohstoffe und preiswerte Produkte und Dienstleistungen (Software, Datenverarbeitung), und besonders die wirtschaftlich dynamischen Staaten bilden Absatz- und Investitionsmärkte, die künftig noch wichtiger werden.

Bewertung: Diesen ökonomischen Vorteilen stehen Nachteile in Form verschärfter globaler Konkurrenz für einzelne Branchen und Unternehmen und die von beschäftigten Arbeitnehmern gegenüber. Über eine rein ökonomische Betrachtung hinaus sprechen jedoch zwei weitere Punkte dafür, daß die Vorteile überweigen:

- Eine Minimierung der genannten Risiken läßt sich nur durch einen dauerhaften wirtschaftlichen Aufschwung und die damit verbundene Möglichkeit der Entschärfung von Verteilungskämpfen um Ressourcen erreichen.

- Die reichen Industrieländer sind historisch (Kolonialismus, Imperialismus) und angesichts ihrer weltwirtschaftlich dominierenden Stellung mitverantwortlich für Entwicklung bzw. Nicht-Entwicklung im Süden. Zudem erklären sie sich den Idealen universeller Menschenrechte und internationaler Solidarität verpflichtet. Aus Verantwortung und Selbstverpflichtung können sie deshalb Not und Elend in der Welt nicht ignorieren.

3.3 Fazit

Industrie- und Entwicklungsländer sind auf vielfache Weise miteinander verbunden. Diese Interdependenz ist asymmetrisch: der Westen ist in der Position des Stärkeren, was westliche Akteure unternehmen oder unterlassen hat für den Süden größere Bedeutung als umgekehrt.

Allerdings kann es sich der reiche Westen, zu dem die Europäische Union trotz großer innerer Unterschiede zählt, nicht erlauben, die Entwicklung im Süden zu ignorieren. Zwar ist unklar, wo der deskriptive Teil der These von der Unteilbarkeit globaler Sicherheit aufhört und ihr appelativer Teil beginnt; aber trotz angebrachter Relativierung der These bleiben genügend Gründe, sie ernst zu nehmen.

Mit ausbleibender oder fehlgeleiteter Entwicklung im Süden sind für die EU-Staaten stabilitäts-, sicherheitspolitische und ökologische Risiken verbunden. Wie schwerwiegend und akut diese Risiken und Gefahren insgesamt sind oder werden könnten, wird umstritten bleiben; Konsens sollte sich aber darüber erzielen lassen, daß ihre Unterschätzung größeren Eigenschaden anrichten könnte als ihre Überschätzung. Und selbst wenn real die globale Sicherheit teilbar ist – moralisch ist sie es nicht, weil die Würde des Menschen überall unantastbar ist.

4. EU-spezifische Aspekte

Herausforderungen können ***zwei Seiten*** haben: Risiken, die es gilt zu vermeiden (Prävention) bzw. einzudämmen oder abzubauen, und Chancen, die es gilt zu nutzen. Sowohl mit Bezug auf die osteuropäischen Transformationsländer als auch im Hinblick auf die Entwicklungsländer muß beides beachtet werden: Das Schaden- und das Nutzenpotential, das ihre Entwicklung für die EU-Staaten aufweist.

Die Europäische Union hat keine Wahl. Sie kann ihren Mitgliedern keine Festung sein, die es ihnen erlaubte, sich durch Abschottung den Risiken zu entziehen. In einer Welt, die durch wachsende globale Interdependenz zusammenrückt, gibt es nur einen Weg: Bündelung des eigenen Potentials, um Risiken abzuwenden und Chancen zu nutzen.

Dazu werden sich die Europäische Union und ihre Mitgliedsstaaten herkömmlicher politischer, diplomatischer, wirtschaftlicher und militärischer Mittel bedienen, die hier nicht im einzelnen diskutiert werden können. Abschließend sollen deshalb nur einige Aspekte skizziert werden, die auf die spezifische Rolle der

Europäischen Union in der Wahrnehmung der genannten Herausforderungen eingehen.

4.1 Handel

Handel hilft mehr als Hilfe – so lautet eine gängige These. In der Tat kann die Europäische Union für erfolgreiche Entwicklung in Osteuropa und in den Entwicklungsländern am meisten leisten, wenn sie eines tut und etwas anderes unterläßt:

- den Zugang zu ihrem großen Binnenmarkt verbessern und weltweit für den Abbau protektionistischer Barrieren eintreten, und

- darauf verzichten, andere Märkte mit subventionierten Agrarprodukten zu überschwemmen.

4.2 Integration und Kooperation

Mit Blick auf Osteuropa gibt es zwei komplementäre Strategie-Ansätze: Integration durch eine EU-Osterweiterung und Kooperation mit jenen Staaten, die sich nicht oder noch nicht für eine Integration qualifizieren. Dabei ist die Aussicht auf Integration eines der wirksamsten, wenn nicht gar das wirksamste Mittel der Einwirkung auf die Transformationsprozesse. Deshalb darf an zweierlei kein Zweifel aufkommen: an der Bereitschaft zur Osterweiterung ebensowenig wie daran, daß die Europäische Union Verantwortung für Gesamteuropa trägt, d.h. die enge Kooperation mit europäischen Nicht-Mitgliedern sucht.

4.3 Zusammenhalt

Die Europäische Union kann nur das leisten, was ihre Mitgliedsstaaten sie leisten lassen. Dieser Wille zur Gemeinsamkeit erfordert gemeinsame Werte, konvergierende Interessen, Kompromißbereitschaft und Solidarität.

Eine in diesem Sinne intakte Europäische Union ist erweiterungsfähig. Nur dann ist sie aber auch fähig, die östlichen und südlichen Herausforderungen zu bestehen. Denn zweifellos gibt es Unterschiede in der Betroffenheit: Deutschland ist objektiv und in seiner Selbstwahrnehmung von den Transformationsprozessen in Osteuropa besonders betroffen, während südliche EU-Länder ihr Augenmerk stärker auf ihre unmittelbare Nachbarschaft richten.

4.4 Die Europäische Union als globaler Akteur

Einfluß auf andere hängt vom eigenen Gewicht ab. Die Herausforderungen des Umbruchs in Osteuropa und der globalen Interdependenz wird die Europäische Union deshalb um so besser meistern, je mehr ihre Mitgliedsstaaten bereit sind, mit einer Stimme zu sprechen. Diese Bereitschaft kann in Demokratien nicht »verordnet« werden, wie die Erfahrung mit der Reaktion der Bevölkerungen auf den Maastricht-Vertrag und das Projekt einer Wirtschafts- und Währungsunion gezeigt hat. Eine Alternative zu der im Maastricht-Vertrag vorgesehenen »immer engeren Union der Völker Europas« gibt es jedoch nicht. Als einzelne sind die Mitgliedsstaaten der Union der Fremdbestimmung durch andere ausgesetzt, aber gemeinsam können sie mitbestimmen.

Literatur

Huntington, S. (1993): The Clash of Civilizations?; in: *Foreign Affairs*, 72 Jg., Nr. 3 (Sommer 1993), S. 23–49.

IISS (1994): The International Institute for Strategic Studies, Strategic Survey 1993-1994, London.

Loske, R. (1994): Chinas Marsch in die Industrialisierung: Gefahr für das Weltklima?; in: *Frankfurter Rundschau*, 27. Juli 1994, S. 18.

Rat von Sachverständigen für Umweltfragen (1994): Kurzfassung des Umweltgutachtens 1994, Bonn (Bundesumweltministerium).

UNDP (1994): Human Development Report 1994, Bonn 1994.

Afrika: Bestandsaufnahme und sicherheitspolitische Analyse – Chaos oder Aussicht auf Stabilisierung? –

Rainer Tetzlaff

1. Einleitung: Afrika zwischen Wirtschaftskrise, Diktatur und neuer Hoffnung auf Demokratie

Afrika südlich der Sahara ist ein Subkontinent mit 45 Staaten, der zu den ärmsten Regionen der Welt gehört. Von den 42 »am wenigsten entwickelten Ländern« der Welt gehören 28 zu Afrika. Daneben gibt es ressourcenreiche Staaten wie Nigeria (Öl), Algerien (Erdöl, Erdgas), Zaire (Kupfer, Kobalt) oder Guinea (Bauxit), die reich sein könnten, es aber aufgrund von »bad governance« ihrer Regierungen nicht geworden sind.

Die matertielle Armut eines immer größer werdenden Teils der Bevölkerung – schätzungsweise eines Drittels der Gesamtbevölkerung Schwarzafrikas – nimmt Dimensionen der »absoluten Armut« an, also des Zustands der fortgeschrittenen Verelendung, bei dem dauerhafte Leiden als Folge von Hunger und Fehlernährung sowie genetische Schäden (vor allem bei Kindern) auftreten. Außerdem ist Afrika der einzige Subkontinent der Erde, in dem die Nahrungsmittelproduktion pro Kopf mit dem Bevölkerungswachstum (seit den achtiger Jahren) nicht Schritt halten konnte, so daß Nahrungsmittel in zunehmenden Mengen importiert oder als Spenden aus dem Ausland angenommen werden müssen.

Als in erster Linie Rohstoffe exportierender Kontinent hatte Afrika besonders unter den niedrigen Rohstoffpreisen der achtziger Jahre zu leiden, was bei relativ hohen Schuldendienstzahlungen (von ca. 10 Milliarden US-$ jährlich) besonders schmerzlich zu Buche schlug.

Zu allem Überfluß mehren sich in letzter Zeit auch noch Schreckensnachrichten über Flüchtlingsströme, Bürgerkriege und ethnozidförmige Massaker, über endemische Krankheiten und Seuchen, über Angriffe von islamischen Fundamentalisten auf Andersgläubige (im Sudan, in Algerien, in Ägypten oder in Nigeria) – Berichte, die das Bild Afrikas als eines hoffnungslosen Katastrophenkontinents in der Öffentlichkeit zu festigen geeignet sind.

Es ist daher zu vermuten, daß die anhaltenden militanten Turbulenzen in Ruanda und Burundi, am Horn von Afrika, in den Bürgerkriegsstaaten Liberia, Angola und Algerien und vor allem die gescheiterten Rettungsversuche der internationalen Staatengemeinschaft in Somalia, in Ruanda, in Liberia, im Sudan oder in Angola (nur in Mosambik und Südafrika sind diplomatische Erfolge erzielt worden) die resignative Grundstimmung bezüglich der Entwicklungsfähigkeit Afrikas – ganz Afrikas! – auf Jahre hin bestimmen werden.

Aber die gar nicht zu bestreitenden realen Krisenszenarien sind im Kontext eines gleichzeitig stattfinden Umbruchs zu mehr politischer Partizipation und demokratischen und rechtsstaatlichen Werten zu sehen.

Seit dem Ende des Ost-West-Konflikts ist in Afrika ein neuer »wind of change« spürbar geworden, der in sechs Jahren (seit 1989) in mehr oder weniger allen Staaten (vielleicht mit Ausnahme Libyens, über das weniger bekannt ist, aber unter Einschluß der Maghreb-Staaten) politische Veränderungen in Richtung auf pluralistische Demokratie, Presse- und Versammlungsfreiheit und Rechtsstaatlichkeit bewirkt hat.

Zwischen 1989 und 1994 hat es in 29 Staaten pluralistische Wahlen gegeben, die auch in 14 Fällen zu einer neuen Regierung geführt haben, während in 15 Fällen die bisherigen Machthaber im Amt bestätigt wurden. Letzteres kam oftmals deshalb zustande, weil die politische Opposition noch zu schwach oder zerstritten war, um in kurzer Zeit genügend Sympathisanten und Anhänger zu mobilisieren. Zahlreiche Diktatoren sind durch National-Konferenzen mit anschließenden Parlamentswahlen gestürzt worden; zu den bekanntesten Fällen gehört die Entmachtung der Präsidenten von Benin (General Kérékou), von Sambia (Kenneth Kaunda), von Mali (Moussa Traoré) und von Malawi (Dr. H. Kamuzu Banda).

Doch bevor auf einige zentrale Ursachen des Entwicklungsdilemmas mit seinen sicherheitspolitischen Konsequenzen eingegangen werden kann, soll dokumentiert werden, daß Afrika keineswegs nur aus instabilen Staaten besteht, in denen »alles den Bach runtergeht« (wie es im Volksmund heißt), sondern daß mindestens drei Typen von Staaten mit unterschiedlichen Entwicklungspotentialen und Sicherheitsstrukturen zu unterscheiden sind:

- von Bürgerkrieg heimgesuchte und von Staatszerfall bedrohte Staaten;
- Staaten im Prozeß der demokratischen Transition; und
- Staaten im politischen Schwebezustand zwischen krampfhafter Verteidigung des »status quo« und den Reformforderungen oppositioneller Gruppen.

2. Bürgerkriege, politische Repression und militärische Konflikte

Es ist immer schwierig, die militant ausgetragenen Konflikte zwischen diversen Gruppen einer Bevölkerung angemessen zu benennen, zumal in Ländern, in denen auch unklar ist, was eigentlich »Staat« bedeutet. Wo liegen die Grenzen zwischen einem »Bürgerkrieg«, einem »bewaffneten Konflikt«, einer Meuterei, einer Palastrevolte, einem Ethnozid, einem »ethnischen Massaker«, einem »Überfall« von Milizen auf benachbarte Ethnien usw.?

Nach einer Aufstellung der Arbeitsgemeinschaft Kriegsursachenforschung der Universität Hamburg (AKUF) über Kriege und bewaffnete Konflikte (Stand: 31. März 1994) hatte es im Jahr 1994 in Afrika 12 »Kriege« und zehn »bewaffnete Konflikte« gegeben.[1] Ganz überzeugen konnte diese Kriegsliste jedoch nicht, da z.B. der Bürgerkrieg in Burundi (mit 50.000 bis 100.000 Toten) nicht als »Krieg«, sondern nur als bewaffneter Konflikt eingestuft wurde, während aber Südafrika als ein Staat im Kriegszustand definiert wurde (mit dem Hinweis auf 15.000 Tote seit 1976), obwohl gerade hier eine überraschend friedliche Transition zu einem demokratischen Rechtsstaat gelang – trotz der gewaltsam sich entladenden Konflikte zwischen den rivalisierenden Parteien (ANC und Inkatha-Bewegung) in einer Region, was als ein Überbleibsel des Apartheidregimes zu deuten ist.

Ebenso ist nicht plausibel, Äthiopien in die Kriegsliste aufzunehmen, wo seit 1991 der Konflikt zwischen der Regierung und den in die Opposition abgedrängten Oromos mit diplomatischen Mitteln ausgefochten wird, hingegen den bis heute andauernden Anti-Regime-Krieg in Sierra Leone mit 20.000 bis 30.000 Opfern und einer halben Million Flüchtlinge unerwähnt zu lassen.

Nach eigener Einschätzung der Situation im Juni 1995 kann von zur Zeit ***elf Bürgerkriegsstaaten und sechs weiteren repressiven Staaten*** mit besonders prekärer Menschenrechtssituation gesprochen werden. Bei den ***»Bürgerkriegsstaaten«***, definiert als Staaten, in denen zwischen der Regierung und oppositio-

1) *Gantzel* (1994), S. 14.

nellen Bevölkerungsgruppen über einen längeren Zeitraum ein organisierter Machtkampf ausgekämpft wird, handelt es sich um die folgenden ***elf:***

- *Algerien*, seit 1992, mit ca. 20.000 Opfern;
- *Angola*, seit 1961 mit ca. 750.000 Opfern;
- *Burundi*, seit 1993, mit 50.000 bis 100.000 Opfern und 700.000 Flüchtlingen;
- *Djibuti*, seit Oktober 1991 mit mehr als 1000 Opfern;
- *Liberia*, seit 1989, mit mehr als 150.000 Opfern und ca. 1,5 Millionen Flüchtlingen;
- *Ruanda*, seit Oktober 1990, mit ca. 500.000 Opfern;
- *Sierra Leone*, seit 1992, mit 20.000 bis 30.000 Opfern und ca. 500.000 Flüchtlingen;
- *Somalia*, seit Mai 1988, mit ca. 300.000 Opfern;
- *Sudan*, seit September 1983, mit ca. 1,3 Millionen Opfern;
- *Tschad*. seit Juni 1966, mit ca. 20.000 Opfern; sowie
- *Zaire*, seit 1993, »ethnische Säuberungen« in Shaba und Nord-Kivu, mit mehr als 8.000 Opfern und mehr als einer halben Million Flüchtlingen.

Bei den ***repressiven Staaten***, in denen die Menschenrechtssituation besonders prekär ist und »bewaffnete Konflikte« zwischen Ethnien oder zwischen Regierungstruppen und politischen/ethnischen Minderheiten häufiger vorkommen, handelt es sich um folgende sechs Staaten:

- *Kenia* (Machtkonflikt zwischen Regierung und den Kikuyu im Rift Valley, mit 1000 Toten 1994);
- *Libyen* (Ausschaltung jeglicher Opposition; Verbot pluralistischen Wettbewerbs)
- *Mauretanien* (ethnisch-politischer Dauerkonflikt zwischen den herrschenden Mauren und den unterdrückten Schwarz-Afrikanern);
- *Marokko* (Krieg gegen die um nationale Unabhängigkeit kämpfenden Saharuis in der Westsahara);
- *Nigeria* (Unterdrückung der politischen Parteien und Institutionen der »civil society« durch eine Militär-Junta; Krieg der Junta gegen das Volk der Ogoni in der Öl-Region); und
- *Togo* (Diktator Eyadema unterdrückt brutal die Oppositionsparteien; »Säuberungs«aktionen gegen Armeeoffiziere)

Diese Einteilung ist auch nur eine ungefähre Annäherung an eine Wirklichkeit, die raschem Wandel unterworfen ist. Sicherlich ist die Situation in einigen Staaten, die nicht auf der Liste der 17 militanten Staaten verzeichnet sind, alles andere als stabil und demokratisch. So sind in den folgenden ***sechs Staaten ethnische Spannungen*** und politische Machtkämpfe entstanden, die möglicherweise wieder) Anlaß zu kriegerischen Auseinandersetzungen in größerem Maßstab geben:

- *Äthiopien:* Repression der größten Oppositionspartei, der »Oromo Liberation Front« (OLF), durch eine militärisch erfolgreiche Minderheitsregierung, der »Tigray People's Liberation Front« (TPLF);
- *Mali:* militanter Konflikt zwischen Regierung und einem Teil des Volkes der Tuareg;
- *Mosambik:* ungesicherte Integration der RENAMO-Kämpfer in das neue demokratische Mehrparteiensystem;
- *Niger:* militanter Konflikt zwischen Regierung und den auf beiden Seiten der Grenzen lebenden Tuareg;
- *Senegal:* ungelöster Konflikt in der nach Sezession strebenden Casamance-Region; und
- *Uganda:* aktive Rebellenbewegungen im Norden (und neuerdings auch im Süden).

Als explosiv muß die Situation in Uganda eingeschätzt werden – einem Staat, der unter dem Bürgerkrieg zu den Zeiten des besonders brutal herrschenden Diktators Idi Amin sehr gelitten hat (geschätzt wurden 150.000 bis 500.000 Tote). Unter seinem Nachfolger Milton Obote sollen 1981-1985 allein im Luwero-Dreieck weitere 200.000 Bauern umgekommen sein, und der Rebellenkrieg unter dem heutigen Präsidenten Museveni soll im Norden des Landes zwischen 1986 und 1989 weitere 50.000 Tote gefordert haben, so daß insgesamt eine Schätzung von einer halben Million Bürgerkriegstoten nicht als übertrieben erscheint.[2)] Die Regierung Museveni nimmt heute für sich in Anspruch, das Land befriedet zu haben. Dem steht jedoch entgegen, »daß im Norden des Landes noch immer Rebellenbewegungen aktiv sind und im Süden neue Rebellengruppen im Entstehen begriffen sind. Die anhaltende Benachteiligung und Unterdrückung der Opposition läßt befürchten, daß politische Gruppierungen, die keine Chance sehen, mit friedlichen Mitteln an die Macht kommen zu können, dem Beispiel des jetzigen Staatspräsidenten folgen und erneut einen Buschkrieg beginnen«.[3)] Im Februar 1995 hat eine Rebellengruppe im Mpigi-Distrikt, die für Föderalismus eintritt, eine Polizeistation überfallen, um sich Waffen zu besorgen, mit denen sie dann die Zentralregierung bekämpft. In gleicher Weise hatte 14 Jahre früher (1981) die »National Resistance Army« von Museveni ihren Buschkrieg eingeleitet, der dann zum ersten militärisch erfolgreichen Anti-Regimekrieg im postkolialen Afrika führen sollte.

2) *Hofmeier* (1993), S. 213.
3) *Bossert* (1995), S. 95.

An diesem Beispiel kann gezeigt werden, wie labil die politische Situation in Staaten ist, deren relativ junge Geschichte überwiegend von Bürgerkriegsereignissen geprägt ist. Man kann sich vorstellen, welch besonderer Anstrengungen es bedarf, um die Bürgerkriegsparteien von gestern und vorgestern, die sich jeweils um ethnische Kerne gebildet hatten, wieder miteinander zu versöhnen. Auch die Wiedereingliederung von Hunderttausenden von Soldaten, Milizionären und bewaffneten Banden in ein ziviles Leben ist eine schwierige Aufgabe für jede Nachkriegsregierung: sie muß die berechtigten Ansprüche der bisher zu kurz gekommenen, wenn nicht systematisch (als Ethnie oder religiöse Minderheit) diskriminierten Gruppen zu befriedigen versuchen und gleichzeitig der Versuchung widerstehen, die Gegner von einst soweit zu demütigen und auszugrenzen, daß diese darin erneut einen Kriegsgrund erblicken könnten.

In diesem Dilemma befinden sich zur Zeit auch die Regierungen von Äthiopien (wo 300.000 frühere Soldaten, Polizisten und Geheimdienstmänner rehabilitiert und ins Erwerbsleben zurückgeführt werden müssen), von Eritrea, Mosambik, Angola, Uganda und Südafrika.

3. Die neuen Demokratien in Afrika: Silberstreifen am Horizont oder Demokratisierung der Machtlosigkeit?

Während in den 17 bisher behandelten Staaten mit erheblichem Potential für militante Konflikte das »nation-building« offensichtlich versagt hat, gibt es eine kleine Gruppe von ***neun Staaten***, die sich durch relative ***politische Stabilität und Fortschritte*** auf dem Weg zur Demokratisierung auszeichnen:

- *Benin*
- *Botswana*
- *Burkina Faso*
- *Ghana*
- *Kap Verde*
- *Mauritius*
- *Malawi* (seit dem Sturz Bandas)
- *Namibia*
- *Südafrika* (seit den ersten freien Wahlen im Jahr 1994).

Hier sind erfreulicherweise zivile Prozesse in Gang gekommen, die unter Beweis stellen, daß es auch unter schwierigen ökonomischen Bedingungen möglich ist, Fortschritte in Richtung parlamentarische Demokratie und Rechtsstaatlichkeit zu erzielen. In mindestens sechs weiteren Staaten sind in den vergangenen Jahren ebenfalls Fortschritte in diese Richtung zu verzeichnen, selbst wenn es noch nicht gereicht hat, seit langem etablierte Diktaturen (wie z.B. in Togo) und dominante Staatsparteisysteme zur Aufgabe ihres Machtmonopols zu nötigen. Solche Rückschläge sind z.B. in Zaire, Kamerun und Kenia zu beobachten gewesen.

Insgesamt aber läßt sich der Zwischenbilanz zustimmen, die kürzlich die wissenschaftlichen Mitarbeiter des Instituts für Afrika-Kunde Hamburg vorgelegt haben:

»Auch die neuen Eliten unterscheiden sich in Lebensstil und Arroganz gegenüber dem Volk oft nur wenig von den alten. Dennoch wird man den Rückgang von Menschenrechtsverletzungen in den 'neuen Demokratien' als signifikanten Erfolg bewerten müssen. Widerspruch ist möglich geworden, und die Konfliktbereitschaft bisher marginalisierter Bevölkerungsschichten, wie der Kleinbauern, ist gewachsen. Geschärft wurde auch das Bewußtsein darüber, daß Politiker über freie Wahlen abgewählt und damit zur Rechenschaft gezogen werden können«.[4)]

Dieser richtig bewertete Trend zu »good governance« in Afrika, der dem zuerst annalysierten Trend zu bürgerkriegsähnlichen Macht- und Identitätskämpfen als ebenso afrikatypisch an die Seite zu stellen ist, beweist, daß Afrika nicht völlig vom weltgeschichtlichen »mainstream« abgekoppelt ist. Die revolutionären Ereignisse in der UdSSR und in Osteuropa in den achtziger Jahren haben in Afrika verunsichernd und letztlich heilsam gewirkt, besonders die Hinrichtung des rumänischen Herrschaftspaares (man spricht in der Fachliteratur sogar vom »Ceausescu«-Faktor).

Was in den sozialistischen Staaten Europas möglich war, warum sollte das nicht auch für die sozialistischen Staaten Afrikas gelten: die Rebellion der Bevölkerung gegen Staat und Parteidiktatur?

Nicht zu unterschätzen ist ein zweiter internationaler Faktor, der in Richtung auf Systemveränderung in Afrika gewirkt hat: der Druck seitens der westlichen Gläubigerstaaten und der internationalen Kreditinstitutionen, allen voran Weltbank und Währungsfonds, auf die Regierungen hochverschuldeter Staaten, Reformen in Staat und Verwaltung durchzuführen.

Im Jahr 1989 hatte die Weltbank in einer Studie über die Zukunft Afrikas deutlicher als je zuvor ihrer Überzeugung Ausdruck verliehen, daß »bad governance« eine zentrale Ursache der afrikanischen Wirtschaftsmisere sei. In Zukunft sollten Kredite der Weltbankgruppe und der westlichen Gläubigerstaaten an Regie-

4) *Engel/Hofmeier/Mehler/Kohnert* (1994), S. 289.

rungen nur noch dann gewährt werden, wenn genau ausgehandelte Spar- und Reformmaßnahmen im Rahmen einer Strukturanpassungspolitik (SAP) durchgeführt würden.

Ein solches Abkommen zwischen Kreditinstitution und Regierung ist ein komplexes Regelwerk mit bis zu 100 Einzelposten, das in der Theorie umfassende Eingriffe in die Gesetzgebung und die Verwaltungspraxis der Ministerien vorsieht. Die außer-ökonomische, politische Seite dieses Konzepts ist unter dem Etikett »Politische Konditionalität« bekannt geworden. Damit sind Maßnahmen gemeint, die geeignet erscheinen, die Ursachen für »bad governance« zu überwinden, z.B. Korruption, Mittelverschwendung, »unnötige« Ausgaben für Prestigeobjekte und Waffensysteme und Repression oppositioneller Gruppen und von Minderheiten.[5)]

Zweifelsohne stellt diese Politik der politisierten Kredithilfe einen Angriff auf die nationale Souveränität der kreditnehmenden Staaten dar. Es verwundert daher nicht, daß sie ebensoviele Kritiker, hauptsächlich unter afrikanischen Politikern und Intellektuellen, gefunden hat wie prinzipielle Befürworter, hauptsächlich in den westlichen Industriestaaten. Zentrale Ziele von SAP-Programmen mit »politischen Konditionalität« sind die Deregulierung der Wirtschaft, die Privatisierung von Staatsbetrieben und die Aufrechterhaltung des Schuldendienstes, um die internationale Kreditwürdigkeit zu sichern oder wiederherzustellen. Weil mit diesem Konzept drastische Sparmaßnahmen verbunden sind (vor allem im Bildungs- und Gesundheitswesen sowie bei den staatlichen Ausgaben für Regierungspersonal), sind sie höchst unpopulär.

Über die Auswirkungen dieser Politik gibt es bislang wenig gesicherte Erkenntnisse. Es hat den Anschein, daß die SAP-Programme in Afrika in der Regel weit hinter den Erwartungen zurückgeblieben sind. Es hat sich gezeigt, daß Wirtschafts- und Sozialreformen letztlich nicht gegen den (erklärten oder versteckten) Willen der Staatsklassen durchgesetzt werden können. Daher ist die Überlegung zwingend, daß nur solche Strukturanpassungsmaßnahmen greifen werden, die von einer hinreichend großen und einflußreichen sozialen Schicht – von wichtigen sozialen Trägergruppen – akzeptiert und realisiert werden, weil sie sich davon ökonomische Vorteile verschaffen. Nur auf diese partizipatorische Weise ist es möglich, die entscheidende »ownership«-Frage positiv zu beantworten: die strategischen Gruppen an der Macht und ihre Herausforderer, die konfliktfähigen organisierten Gruppen der Gesellschaft, müssen darin übereinstimmen, daß sie nur gemeinsam die schwere finanzielle und wirtschaftliche Last der Vergangenheit werden schultern können. Insofern zwingt der wirt-

5) Siehe auch *Tetzlaff* (1995).

schaftliche und finanzielle Staatsnotstand die politischen Eliten zu einer schrittweisen Liberalisierung des politischen Systems.

Ein aufmerksamer Beobachter Afrikas – Heribert Weiland vom Arnold-Bergstraesser-Institut Freiburg – hat eine Veränderung des öffentlichen Diskurses in eben diese Richtung festgestellt: *»Auch wenn tiefgreifende Umwälzungen nicht stattfinden, wird die politische Struktur Afrikas in Zukunft anders aussehen. Denn selbst dort, wo die Opposition nicht an die Macht gekommen ist, hat es fast überall Änderungen hin zu mehr Demokratie und zu einer Stärkung der Zivilgesellschaft gegeben: Die Presse kann viel freier agieren als früher, die Gerichte sind unabhängiger geworden, und in fast allen Staaten gibt es heute oppositionelle Parteien und Gruppierungen, die sich nicht scheuen, die politischen Fehler oder die korrupten Machenschaften der Regierungen anzuprangern. Da auch die internationale Öffentlichkeit verstärkt auf 'good governance' achtet, sind die Regierungen mit der Anwendung repressiver Gewalt deutlich zurückhaltender geworden. Oft gegen den Willen der politisch Mächtigen hat ein Liberalisierungsprozeß begonnen, der die politische Kultur verändert hat«.*[6)]

So positiv auch diese erste Bilanz der neuen Ära nach dem Ende des Ost-West-Konflikts in Afrika ausfällt, die Chancen auf Konsolidierung der demokratischen Anfangserfolge können nicht als sehr aussichtsreich eingeschätzt werden.

Zwar werden die internationalen Akteure der Entwicklungspolitik (Weltbank, IWF, Europäische Union etc.) eher zu weiteren Reformschritten ermutigen, gleichzeitig aber scheint sich bei politischen Entscheidungsträgern (vor allem in den Außenministerien) Westeuropas eine Angst vor weiteren Liberias oder Somalias oder Ruandas einzunisten, die eine weitere Destabilisierung afrikanischer Staaten für das größte denkbare Unheil ansehen.

Vor allem die Afrikapolitik Frankreichs weist in die Richtung einer neuen »realistischen« Machtpolitik: im Interessenkonflikt zwischen den Idealen der Demokratie und der Menschenrechte und den befürchteten Kosten weiterer Bürgerkriege und Staatsimplosionen für Frankreich (und Westeuropa) präferiert Paris eine Politik der Stabilisierung des politischen Status quo.

Schockierend deutlich ist diese Haltung Frankreichs gegenüber den drei Horrorregimen in Togo, Zaire und Sudan geworden, wobei man sich jedesmals über die Tatsache hinwegsetzte, daß die Staatschefs der drei genannten Staaten jegliche Demokratisierung von Staat und Gesellschaft aktiv boykottieren.

---

6) *Weiland* (1994), S. 29.

Langfristige Interessen an einer Gesundung dieser Gesellschaften werden von kurzfristigen Interessen (wie z.B. Frankreichs Interesse an der Auslieferung des Terroristen Carlos durch die sudanesische Regierung im Jahr 1995, wofür Paris logistische Unterstützung im Bürgerkrieg gegen die SPLA-Rebellen geliefert haben soll) beiseite geschoben, so daß der Westen in eine vertrakte Glaubwürdigkeitskrise geraten ist.

Die oppositionellen Kräfte in Afrika, die sich für Demokratie und mehr Rechtsstaatlichkeit in ihren Ländern eingesetzt haben, können kaum verstehen, daß das Bekenntnis der Europäer zu den Menschenrechten im konkreten Ernstfall so wenig zählt: die Präsidenten Eyadema von Togo, Mobutu von Zaire und Beshir von Sudan – um bei den drei oben genannten Beispielen zu bleiben – werden von Paris durch die französische Kooperation in einzelnen Fragen aufgewertet. Diese Tatsache vor Augen, hat der nigerianische Politologe Claude Aké von der »Demokratisierung der Machtlosigkeit« gesprochen,[7] womit er auf das Paradox hinweisen wollte, daß formale Demokratisierung (Mehrparteienwahlen) solange wenig bewirken werden, solange die Wähler nur die Auswahl zwischen rivalisierenden Politikern haben, die weder ein Programm noch die Fähigkeit haben, den alltäglichen Bedürfnissen der Bevölkerungsmehrheit Rechnung zu tragen.

Es sind die selbstsüchtigen, unfähigen, korrupten, dem Volk entfremdeten politischen Eliten – egal welcher Partei –, die das politische Problem der kontinuierlichen Unterentwicklung bilden. Diese These stimmt durchaus mit dem »bad governace«-Argument der Weltbank überein, – eine unbequeme These übrigens, die Franz Fanon schon vor dreißig Jahren in seinem Klassiker »Die Verdammten dieser Erde« formuliert hatte.

4. Politische Demokratie versagt, wenn der Kitt der Gesellschaft noch fehlt!

Nur eins ist schlimmer als Diktatur und »bad governance«, und das ist ein zerbröckelnder Konsens über die Spielregeln des politischen Zusammenlebens zwischen unterschiedlichen Segmenten einer Bevölkerung. Nur wenn Menschen eine politische Willensgemeinschaft darstellen und sein und bleiben wollen, kann Staat funktionieren und können Regierungen von ihren Bürgern Gehorsam erwarten. Ob dieser Zusammenhalt besteht oder herstellbar ist, hängt von der Frage nach dem »Kitt« der Gesellschaft ab: was hält eine solche Gesellschaft im Innersten zusammen?

7) *Aké* (1994).

Für afrikanische Regierungen gibt es theoretisch mehrere Optionen für politische Integration der Bevölkerung (von der Gewalt über Ideologien, Programme bis hin zu freien Wahlen).

Im Sudan z.B. wurde der Weg der gewaltsamen Unterdrückung von Minderheiten, die Zwangsintegration, gewählt – mit fraglichem Ausgang.[8] Im Zuge der jüngsten Welle politischer Demokratisierung sind jedoch erhöhte Ansprüche seitens der Bevölkerung an die Legitimationsmuster für Herrschaft entstanden. Eine Strategie der Integration der Gesellschaft durch Berufung auf Abstammung (Monarchie) oder auf das Charisma eines Führers (wie zur Zeit des Unabhängigkeitskampfes) oder auf eine Parteiideologie (z.B. afrikanischen Sozialismus) sind heute kaum noch erfolgversprechend; solche Muster gelten als anachronistisch oder haben sich politisch als untauglich herausgestellt.

Was übrigbleibt, sind eigentlich nur die bekannten Muster der Vergesellschaftung, die die Moderne hervorgebracht hat und die in Europa erstmalig zur Anwendung kamen:

Vergesellschaftung über den Markt, über ein säkulares Rechtssystem (gleiches Recht für alle) und über entwicklungspolitische Steuerungsleistungen einer staatlichen Bürokratie.

Sind solche Prinzipien und Institutionen lange genug wirksam, steigt die Hoffnung, daß auf einer solchen rationalen Grundlage auch ethnisch und kulturell heterogene Teile der Bevölkerung zu einer politischen Willensgemeinschaft (einem »Staat«) zusammenwachsen. Staatswerdung wird in Afrika zum heiklen (weil gewaltträchtigen) Dauerthema des 21. Jahrhunderts werden. Die Heranreifung von staatstragenden Eliten braucht Zeit, viel Zeit. Menschen und Gruppen sind erst dann zur Unterwerfung unter friedliche Konfliktregelung bereit, wenn sie glauben können, daß alle mehr von der Zugehörigkeit zu einem bestimmten Gemeinwesen gewinnen als sie durch Sezession zu gewinnen hoffen könnten und wenn auch emotionale Bindungen an ein Herrschaftszentrum gewachsen sind.

Der »Kitt« der Gesellschaft fällt eben nicht vom Himmel!

Solange dieser gesellschaftliche Zement nicht fest genug ist, werden Regierungen dazu tendieren (müssen), politischen Konsens durch staatliche Gewaltmaßnahmen zu ersetzen, um Anarchie und »warlordism« (wie in Liberia und Somalia) zu vermeiden. Das ist eine unangemehme Realität, die auch die westliche Diplomatie ins Kalkül ziehen muß.[9]

---

8) *Tetzlaff* (1993a).
9) *Tetzlaff* (1995).

Das politische Hauptdilemma in Afrika besteht darin, daß die meisten Gesellschaften noch nicht fest genug integriert sind, um einen demokratischen Staat hervorbringen oder ertragen zu können. Katastrophal ist die Staatsimplosion mit ihren wahrscheinlichen Folgen Bürgerkrieg, »ethnische Säuberungen« und Perpetuierung von Unterentwicklung und Abhängigkeit auf Generationen. Ganz deutlich wurde z.B. das pragmatisch-opportunistische Verhalten der Westeuropäer gegenüber der Regierung in Äthiopien, die sich nach dem Sturz der Militärjunta unter Haile Mariam Mengistu im Juni 1991 als Minderheitsregime etabliert hatte und seitdem ihren militärisch erworbenen Machtanspruch mit allen legalen und vielen illegalen Mitteln verteidigt. Die zahlenmäßig größte Ethnie des Landes (die Oromo, die allerdings politisch nur schwach organisiert sind) hatte zunächst in einer provisorischen parlamentarischen Versammlung, die eine neue Verfassung ausarbeiten sollte, mitgearbeitet, bis ihre Vertreter das nationale Beratungsgremium unter Protest wegen Behinderung im Wahlkampf durch die provisorische Regierung verließen. Seitdem ist die potentiell stärkste politische Partei praktisch nicht mehr in Äthiopien präsent. Die regionalen Parlamentswahlen 1993 wurden von der Regierung in einer Weise manipuliert, daß in der Tat von »freien und fairen« Wahlen nicht gesprochen werden kann. Der Westen (USA und die EU) unterstützen trotz aller Verletzungen der Prinzipien der Rechtsstaatlichkeit durch die Regierung Meles Zenawi (dem Chef der Tigray People's Liberation Party) eben diese Regierung, die ihre Legitimation zum Herrschen aus der Tatsache des erfolgreichen Befreiungskampfes gegen die Militärdiktatur bezieht.

In den Augen von Freiheitskämpfern, die als ethnische Minderheit siebzehn Jahre für die Freiheit der »äthiopischen Nation« gekämpft und gelitten haben, hat das demokratische Mehrheitsprinzip keine letztgültige Bedeutung wie in reifen Demokratien. Es würde nicht von der Fähigkeit zu einem realistischen Urteil zeugen anzunehmen, die TPLF würde freiwillig in einem freien und fairen Wahlkampf die oppositionellen Oromos an die Spitze des Staates gelangen lassen – ein Volk, das relativ wenig zum Sturz der Militärdiktatur beigetragen hatte.

Daß die Diplomaten des Westens unter diesen Umständen ihre demokratischen Prinzipien beiseitelegen und alles tun, um einer »Somalialisierung« des Staates vorzubeugen, in dem die stärkste politische Kraft – Mehrheit hin oder her – unterstützt wird, ist politisch nachvollziehbar. Es ist wenig hilfreich und politisch töricht, wenn Repräsentanten kirchlicher, humanitärer und wissenschaftlicher Organisationen den Boykott oder die politische Bestrafung (durch die Keule der politischen Konditionalität) der Minderheitsregierung fordern: es gilt einzusehen, daß demokratische Prinzipien erst dann funktional nützlich sein können, wenn zuvor ein prinzipieller Konsens über verfassungsrelevante Spielregeln des politischen Zusammenlebens unter den Eliten der verschiedenen Ethnien, Minderheiten und Interessengruppen gefunden worden ist.

Aus dieser Perspektive betrachtet, ist das pragmatische Verhalten der internationalen Diplomatie gegenüber der Regierung in Addis Abeba zumindest verständlich, wenn ihr auch der Vorwurf nicht erspart bleiben kann, nicht genug auf die Regierung eingewirkt zu haben, um die Opposition wieder an den Verhandlungstisch zu bringen. Die Erzwingung einer »verfrühten Demokratisierung« jedenfalls könnte den Vielvölkerstaat zur Implosion treiben.[10] Eine europäische Politik des »cordon sanitaire« gegen die »Flut« aus Afrika – einem Kontinent von Flüchtlingen?

Abschließend soll auf einen ***Aspekt der afrikanisch-europäischen Beziehungen*** eingegangen werden, der wohl in Zukunft besonderer Aufmerksamkeit bedarf: ***der Migration*** von verzweifelten Menschen nach Europa, die es in ihrer Heimat aus den verschiedensten Gründen nicht mehr aushalten können.

Neben der Demokratisierung als dem riskanten, aber letztlich positiven Trend in der afrikanischen Entwicklung der neunziger Jahre ist in diesem Beitrag der Trend zum Staatszerfall, zur Erosion staatlicher Autorität bis zur Implosion, als der gefährliche negative Trend thematisiert worden. Vor allem in den Staaten, in denen der Vergesellschaftungsprozeß noch in den Kinderschuhen steckt oder (durch Bürgerkriege, »bad governance«, Naturkatastrophen etc.) gestört wurde, so daß ein belastbarer Kitt der Gesellschaft nicht entstehen konnte, ist mit Staatszerfall und langfristig wohl auch mit territorialer Neuordnung zu rechnen.

Wenn z.B. die Strukturanpassungspolitik von Weltbank und IWF den Regierungen in Afrika soviel an Einsparungen und Entlassungen von Personal im öffentlichen Sektor abverlangt, daß die Bürger den verarmten Staat als unnützen Peiniger perzipieren müssen, ist staatliche Herrschaft als System bedroht: es kann nicht mehr funktionieren, weil nicht einmal mehr die eigene Klientel politischen Gehorsam praktizieren wird.

Wenn in Notzeiten ein Polizist oder ein Soldat sich und seine Familie eher durchbringen kann, wenn er sich einer Soldateska, einer Stammesmiliz oder einem regionalen »warlord« anschließt, als weiterhin für 200 Dollar-Jahresgehalt dem Staat zu dienen, bricht das wechselseitig nützliche Patron-Klientel-System zusammen, auf dem das postkoloniale System u.a. auch beruhte.[11]

Dies ist die Logik des unaufhaltsamen Staatszerfalls in Ländern wie Liberia, Sierra Leone, Somalia, Zaire, Nigeria, Südsudan etc.. In Benin (und sicherlich nicht nur dort) gehören die Zollbeamten zu den reichsten Berufsständen des Lan-

10) *Tetzlaff* (1994), S. 5.
11) Vgl. dazu die Länderbeispiele in *Koch* (1994).

des, weil auf legale Weise nirgends genug verdient werden kann. So heißt es in einem aktuellen Lagebericht über das Land: *»Die beninische Verwaltung leidet unter einem starken Zentralismus, vor allem aber darunter, daß die Staatsbeamten den Begriff des Gemeinwohls noch nicht verstanden haben, und daß es keinerlei Institutionen gibt, die das staatliche Haushalts- und Verwaltungsgebaren kontrollieren. Die Korruption seitens des Staates bzw. gerichtet an den Staat hat in den ersten vier Jahren der Demokratie in Benin nach übereinstimmendem Urteil aller Beobachter zugenommen. Gerade bei dem wichtigen Wirtschaftsfaktor Hafen zeigt sich dies deutlich... So sind nach wie vor die lukrativsten Posten in Benin jene der Zöllner und Gendarmen, welche die Bevölkerung und vor allem die Händler und Produzenten mit unerträglichen Abgabenforderungen auf den Straßen sowie bei der Durchführung von normalen Dienstleistungen drangsalieren. Für den Erhalt eines Postens in diesen Metiers werden daher auch sehr hohe Summen gezahlt«.* [12)]

Wer in diesen lukrativen »Metiers« bei Vater Staat nicht unterkommen kann, – und das dürfte eine auf viele Jahre hin noch steigende Zahl von Universitätsabsolventen und sonstigen »professionals« sein – wird im wohlhabenderen Ausland – vor allem in Europa – sein Heil suchen müssen.

Französische Demographen rechnen mit mehreren Millionen Afrikaner, die in den nächsten beiden Jahrzehnten, nach Europa drängen werden: *»Solche Prognosen lösen vor allem in Frankreich Ängste aus, wo die Immigration aus Nordafrika schon heute ein brisantes innenpolitisches Problem darstellt. Die mehrheitlich islamischen Migranten gelten vielen als Transporteure von Drogen und Kriminalität, Fundamentalismus und Terrorismus, die den inneren Frieden, die eigene Rechts- und Werteordnung, bedrohen«.* [13)]

Bis heute kamen erst fünf Prozent der weltweit registrierten Flüchtlinge, die in Afrika ihre Heimat verlassen mußten, nach Europa. Neun Zehntel der afrikanischen Flüchtlinge blieben in ihrer Herkunftsregion und warten die Chance ab, in ihre Heimat zurückkehren zu können. Auch klassische Auswanderungsländer wie Italien, Griechenland, Spanien und Portugal sind zu unfreiwilligen Einwanderungsländern geworden, und dieser Tatbestand akzentuiert angesichts der Öffnung der Grenzen innerhalb der Europäischen Union nach dem Schengener Abkommen, das 1995 in Kraft getreten ist, die Besorgnisse über einen schwer kontrollierbaren Migrationsschub aus dem Süden.

---

12) *Mönikes* (1995), S. 12.
13) *Nuscheler* (1992), S. 83.

Vereinzelt sind bereits Stimmen von Politikern zu hören, die über eine wirksame Politik des »containment« nachdenken: wie läßt sich »der große Marsch« (so der Titel des berühmt gewordenen BBC-Films über die Süd-Nord-Wanderung aus Afrika nach Europa), die steigende Flut von Migranten und Asyslbewerbern »eindämmen«?

»Containment« war bekanntlich in der Hochphase des Kalten Krieges der Begriff für die NATO-Politik zur Eindämmung des expansiven Kommunismus – in Vietnam folgte dem politischen Ziel des »containment« die militärische Strategie des »roll-back«!

Man kann nur hoffen, daß sich verängstigte Politiker nicht wieder zu falschen Kriegsstrategien verleiten lassen, wie etwa der US-amerikanische Verteidigungsminister Robert McNamara. Aber was soll, was kann getan werden angesichts des epochalen Problems der wachsenden Armut in einem rasch größer werdenden Teil der Weltbevölkerung? Gehört dieses Problem nicht zu jener Kategorie von heiklen Themen, die nicht mehr »managable« scheinen – vor dem die unsichtbare Hand des Marktes und die sichtbare Hand des Staates versagen?

Theoretisch sind drei Optionen denkbar:

A. Die reichen Staaten (in der Europäischen Union, in Nordamerika und Japan) werden sich in ***Wohlstandsfestungen*** verwandeln, sich gegen unerwünschte Eindringlinge mit allen legalen Mitteln verbarrikadieren und im Ernstfall schießen.

B. Die reichen Staaten werden – anders als bisher – bereit sein, ihren ***Reichtum*** (da schon nicht ihr Land) mit den Habenichts-Staaten zu ***teilen***, und zwar mit dem Ziel, die Ursachen von Flucht, Verelendung und Krieg an Ort und Stelle zu bekämpfen.

C. Die reichen Staaten werden politisch selektiv einzelnen Personengruppen und bestimmten Minderheiten aus ausgewählten Staaten bzw. Krisenregionen ***vorübergehend Asyl und Aufenthaltsrecht*** gewähren, in der Hoffnung, damit das Nord-Süd-Problem zwar nicht lösen, aber ihm seine politische Schärfe nehmen zu können.

Die heutige Stimmungslage in den von Arbeitslosigkeit, Sozialstaatsabbau und organisierter internationaler Kriminalität bedrohten Gesellschaften der Europäischen Union legt die Hypothese nahe, daß Option 2 die geringste Chance hat, realisiert zu werden: eine wirksame Politik der Fluchtursachenbekämpfung würde jährlich Milliarden Dollar für eine Politik der erweiterten Sicherheit, die Invesitionen in den Bildungs- und Gesundheitsbereich einschließen müßte, erfordern. Diese Mittel könnten zwar aufgebracht werden – allein Spanien, um ein Beispiel zu nennen, hat im Juni 1995 für ca. 2 Milliarden DM 308 Leopard-II-Panzer bestellt, deren sicherheitspolitische Dringlichkeit für einen Laien schwer verständlich ist (gegen welchen Gegner könnten sie je eingesetzt werden?) –; aber aus der Tatsache etwa, daß die Weltbank vor zwanzig Jahren schon Pläne zur Reinigung des Trinkwassers weltweit vorgelegt hatte (was etwa fünf Milliarden Dollar kosten sollte), ohne das viel auf diesem Gebiet geschaffen worden wäre (Sicherheit in Bezug auf sauberes Trinkwasser hätte enorm große Rückwirkungen auf das generative Verhalten von Eltern, weil sie die Erfahrung machen würden, daß die wenigen, aber gesunden Kinder auch überleben), ist eher Skepsis angebracht.

Die ***größte Wahrscheinlichkeit*** kann wohl das dritte Szenario für sich beanspruchen, das Szenario des »cordon sanitaire« gegen unerwünschte Einflüsse aus dem »chaotischen Süden« (eine Haltung, wie sie im 18. Jahrhundert vom Westen gegen für schädlich gehaltene Einflüsse aus dem Osten praktiziert wurde). Demnach würden die europäischen Staaten de facto zu Einwanderungsländern, die aber versuchen werden, die unerwünschte Migration aus Afrika unter Kontrolle zu bekommen.

Dabei ist keineswegs auszuschließen, daß es chauvinistische Politiker in Europa geben wird, die, auf einer populären Welle aggressiver Ausländerfeindlichkeit reitend, drakonische Maßnahmen zur »Sicherung« der europäischen oder wieder nationalstaatlichen Grenzen fordern werden.[14)]

Die Forderung von Leuten im Umkreis des »Club of Rome«, anstelle engstirniger nationaler Staatsräson eine »raison d‹humanit« zur Leitlinie von Weltinnenpolitik zu machen und damit die ethische Dimension von Politik zu stärken, klingt sympatisch, dürfte aber zur Zeit nicht mehrheitsfähig sein.

Damit ist das generelle Problem der Regierbarkeit unseres Planetens angeklungen – ein hoch aktuelles und wichtiges Thema, das hier nicht weiter verfolgt werden kann. Es soll hier genügen, auf die Lebenserfahrung des 67-jährigen Politologen Yehezkel Dror zu verweisen, der in seinem jüngsten Buch »Ist die Erde noch regierbar? Ein Bericht an den Club of Rome« das Bekenntnis ablegte: *»Nachdem ich ein Leben lang die Persönlichkeiten beobachtet habe, die an oberster Stelle die Entscheidungen treffen, und zwar aus der Sicht des Historikers und im Vergleich miteinander, als Außenstehender ebenso wie als Mitglied der Regierung, komme ich zu dem Schluß, daß es in der Art, wie sie zu kritischen*

14) *Tetzlaff* (1993b), S. 145–146.

Entscheidungen gekommen sind..., keinen Fortschritt gegeben hat«.[15] Und dennoch sieht auch dieser skeptische Zeitbeobachter keine andere Möglichkeit, als sich unermüdlich wie Sisyphos dafür einzusetzen, in Zukunft Politik aus dem beschränkten Rahmen nationalstaatlicher Bezüge zu lösen und die »global commons« – die gemeinsamen Güter der Erde – zur Sicherung der Überlebensinteressen aller Erdbewohner in die alltägliche Politik miteinzubeziehen.

In jedem Fall würde das für eine zukünftige Afrikapolitik die Entwicklung von viel politischer Phantasie und die Mobilisierung umfangreicher Ressourcen bedeuten, damit der afrikanische Kontinent nicht weiter in labile Zonen des relativen Friedens und in staatsfreie Zonen der sich auflösenden Zivilisiertheit, von »zones of peace« und »zones of turmoil«, desintegriert.

Literatur

Aké, Cl. (1994): Die Demokratisierung der Machtlosigkeit in Afrika, in: Hippler, J., Hrsg. (1994): Demokratisierung der Machtlosigkeit. Politische Herrschaft in der Dritten Welt, hrsg. für das Transnational Institute (TNI) Amsterdam, Hamburg, S. 59–82.

Bossert, A. (1995): Uganda, in: Konrad-Adenauer-Stiftung, Hrsg. (1995): Demokratie und Rechtsentwicklung – die Wirklichkeit in Afrika-Subsahara. Arbeitspapiere der Auslandsmitarbeiter. Themenkonferenz vom 5. Mai – 10. Mai 1995 in Cotonou, St. Augustin, S. 91–101.

Dror, Y. (1995): Ist die Erde noch regierbar?. Ein Bericht an den Club of Rome, München.

Engel, U./R. Hofmeier/D. Kohnert/A. Mehler, Hrsg. (1994): Wahlbeobachtung in Afrika: Erfahrungen deutscher Wahlbeobachter, Analysen und Lehren für die Zukunft. Institut für Afrika-Kunde, Hamburg.

Hofmeier, R. (1993): Uganda, Länderbeitrag in: Nohlen, D./F. Nuscheler, Hrsg. (1993): Handbuch der Dritten Welt, Band 5: Ostafrika und Südafrika, Bonn, S. 201–227.

Hofmeier, R./V. Matthies, Hrsg. (1992): Vergessene Kriege in Afrika, Göttingen 1992.

Gantzel, J. (1995): Die Kriegsherde der Welt, in: *Der Bürger im Staat,* 45. Jg., Heft 1 (Februar 1995): Sicherheitspolitik unter geänderten weltpolitischen Rahmenbedingungen, hrsg. von der Landeszentrale für politische Bildung Baden-Würtemberg, Stuttgart, S. 3–7.

15) *Dror* (1995), S. 19.

Koch, W. A. S. (1994): Ökonomische Aspekte der Demokratisierung in Afrika, ifo-Institut für Wirtschaftsforschung München.

Mönikes, V. (1995): Benin, in: Konrad Adenauer-Stiftung, Hrsg. (1995): Demokratie und Rechtsentwicklung – die Wirklichkeit in Afrika-Subsahara. Arbeitspapiere der Arbeitsmitarbeiter. Themenkonferenz vom 5.–10. Mai 1995 in Cotonou, St. Augustin, S. 3–20.

Nuscheler, F. (1992): Arbeitsmigranten und Flüchtlinge, »Neue Heloten« und »Treibgut der Weltpolitik«, in: *Gewerkschaftliche Monatshefte* 1992, Heft 2, S. 81–90.

Tetzlaff, R. (1993a): Staatswerdung im Sudan. Ein Bürgerkriegsstaat zwischen Demokratie, ethnischen Konflikten und Islamisierung. Band 9 der Reihe Demokratie und Entwicklung, hrsg. von Rainer Tetzlaff. Institut für Politische Wissenschaft. Universität Hamburg, Münster und Hamburg.

Tetzlaff, R. (1993b): Sicherheitspolitik in Afrika zwischen Bürgerkriegen, Staatszerfall und Demokratisierungsbemühungen, in: Daase, Chr./S. Feske/
B. Moltmann/C. Schmid, Hrsg. (1993): Regionalisierung der Sicherheitspolitik. Tendenzen in den internationalen Bezeihungen nach dem Ost-West-Konflikt, Baden-Baden, S. 127–150.

Tetzlaff, R. (1994): Demokratisierung unter Bedingungen von Armut und Unterentwicklung: Probleme und Perspektiven der demokratischen Transition in Afrika. Das Beispiel Äthiopien – das erzwungene Experiment einer verfrühten Demokratie; in: Schubert, G./R. Tetzlaff/W. Vennewald, Hrsg. (1994): Demokratisierung und politischen Wandel. Theorie und Anwendung des Konzeptes der strategischen und konfliktfähigen Gruppen (SKOG), Münster und Hamburg, S. 351–408.

Tetzlaff, R. (1995): Neue deutsche Außenpolitik zwischen überholter Selbstbeschränkung und unerprobter Interventionspolitik: Erste Gehversuche mit »politischer Konditionalität«; in: Bahr, E./ D. S. Lutz, Hrsg. (1995): Unsere gemeinsame Zukunft – Die Europäische Sicherheitsgemeinschaft (ESG), Baden-Baden, Band 2, S.233–252.

Weiland, H. (1994): Der schwierige Weg zur Demokratie in Afrika: Voraussetzungen, Chancen und Rückschläge; in: Oberreuter, H./H. Weiland, Hrsg. (1994): Demokratie und Partizipation in Entwicklungsländern. Politische Hintergrundanalysen zur Entwicklungszusammenarbeit, Paderborn etc., S. 11–34.

Die Beziehungen des Landes Berlin zu den Staaten Ostmittel- und Osteuropas

Hans Kremendahl

Die hier vorgestellten Ausführungen zu den »Beziehungen des Landes Berlin zu Mittel- und Osteuropa« betreffen ein Essential unserer Politik. Berlin hat ein vitales Interesse an stabilen Beziehungen zu den östlichen Nachbarstaaten. Wir beobachten mit Genugtuung die Anstrengungen zur Schaffung einer Sicherheitspartnerschaft mit den östlichen Staaten.

Doch es geht nicht nur um gute Beziehungen auf militärischem Gebiet. Auch die Politik hat Ihren Beitrag zu leisten. Dabei wissen wir, daß nicht nur die »Politik der großen Konferenzen« allein Erfolg verspricht. Auch praktische kleine Schritte tragen dazu bei, die wiedergewonnene Normalität im »Gemeinsamen Haus Europa« auszubauen. Ein Schritt ist – um ein Beispiel zu nennen – die Schaffung einer Armenküche im Winter für ein Krankenhaus in Puschkin, die im Rahmen einer Partnerschaft zwischen Puschkin und dem Berliner Bezirk Neukölln errichtet wurde.

Wie sehen wir nun die Entwicklungsperspektiven Ostmittel- und Osteuropas und mit welchen wirtschaftspolitischen Maßnahmen greifen wir in die ökonomischen Prozesse ein?

Die Länder Ostmittel- und Osteuropas befinden sich in einer Phase des wirtschaftlichen Umbruchs. Die politischen und wirtschaftlichen Reformen sind in den einzelnen MOE-Staaten unterschiedlich weit fortgeschritten. Am weitesten vorangekommen auf dem Weg der Transformation von Plan- zu Marktwirtschaft sind die vier Višegrad-Staaten: Polen, Ungarn sowie die Tschechische Republik und die Slowakische Republik.

Berlin setzt sich dafür ein, durch den Abbau von Handelsschranken zwischen der Europäischen Union und den Ländern Ostmittel- und Osteuropas den Reformprozeß zu unterstützen. In diesem Zusammenhang fordern wir, auch für sogenannte sensible Güter wie Kohle, Stahl, Textilien und Agrarprodukte die Einfuhrbeschränkungen der EU abzubauen.

Die Entwicklung in Ostmittel- und Osteuropa ist für Berlin von großer Bedeutung, und wir haben ein starkes Eigeninteresse an einer vollen Integration der MOE-Staaten in die EU:

- Berlin wird aus seiner Randlage in Europa in eine wirtschaftliche Zentrallage hineinwachsen. Diese veränderte geostrategische Lage wird eine Reihe von wirtschaftlichen Impulsen für die Region induzieren;
- Mit der Meisterung der Transformationsprozesse Osteuropas ergeben sich positive Perspektiven für einen Ausbau der Ost-West-Wirtschaftskooperationen. Berlin, das zugleich ein altes und neues Bundesland ist, muß diese »Transformationskompetenz« gezielt entwickeln, so daß diese Erfahrungen auch in anderen Transformationsökonomien angewendet werden können;
- Auch die gesamteuropäischen Entwicklungstendenzen werden die Bedeutung Berlins als eines der großen Ost-West-Handelszentren begünstigen. Dazu trägt sicherlich bei, daß Berlin an dem Schnittpunkt der Ost-West- und Nord-Süd-Verkehrsachsen liegt;
- Stabile demokratische Verhältnisse in unseren Nachbarländern sind für die wirtschaftliche Entwicklung und politische Stabilität Europas, insbesondere Berlins als direktem Nachbarn, unerläßlich.

Eine Mitgliedschaft der MOE-Staaten in der EU kann dazu beitragen, das Entstehen einer neuen Armutsgrenze an der Oder – mit allen ihren negativen Folgen für Berlin als der größten Stadt an der östlichen EU-Grenze (Stichworte sind hier: Migration, Schwarzarbeit) – zu verhindern. Der Prozeß der Osterweiterung der EU hat schon große Fortschritte gemacht:

- Bereits am 01. Februar 1994 traten die Europaabkommen mit Polen und Ungarn in Kraft;
- Seit dem 01. Januar 1995 sind die Freihandelsabkommen zwischen der EU und den drei Baltischen Staaten Estland, Lettland und Litauen in Kraft;
- Am 01. Februar 1995 traten die Europaabkommen mit Bulgarien, Rumänien, der Tschechischen und der Slowakischen Republik in Kraft.
- Im Dezember 1994 wurde auf dem EU-Gipfel in Essen beschlossen, regelmäßige Treffen der EU-Ministerinnen und –Minister mit ihren MOE-Amtskolleginnen bzw. -kollegen durchzuführen (»strukturierter Dialog«). Darüber hinaus wurden Schwerpunktbereiche der Zusammenarbeit festgelegt, wie z.B. eine Angleichung an die Rechtsregeln und -normen der EU sowie eine Verbesserung und eventuelle Aufstockung der EU-Osthilfeprogramme PHARE.

Diese Handelserleichterungen werden sich positiv auf die Exporte der Länder Mittelosteuropas auswirken. Auch schon ohne diese Vergünstigungen konnte Polen 1993 ein Exportvolumen mit Berlin erreichen, das mehr als doppelt so groß war, wie die Importe aus Berlin.

Aber es geht nicht nur darum, daß sich die MOE-Länder durch steigende Exporte in den Europäischen Markt die für einen wirtschaftlichen Aufbau notwendigen

Devisen beschaffen. Wirtschaftliches Wachstum in unseren Nachbarstaaten kann sich auch positiv auf unsere Wirtschaft auswirken. Gerade Deutschland kann mit seinem Know-how im Bereich des Maschinenausbaus und der Infrastruktur Exportchancen nutzen.

Die Voraussetzungen Berlins zu einem Zentrum für die Ost-West-Wirtschaftskooperation zu werden, sind günstig:

- Zum einen ist da die geographische Nähe zu den MOE-Staaten zu nennen;
- wir verfügen über ein breites Industrie- und Dienstleistungsangebot;
- wir haben ein hervorragendes Wissenschaftspotential;
- die größte Stadt zwischen Paris und Moskau bildet einen großen Absatzmarkt;
- wir haben eine breite Erfahrungspalette im Osthandel aufgebaut;
- und die angesprochene Transformationskompetenz werden wir auch nutzen.

Die Ausgangsposition ist also positiv einzuschätzen. Allerdings ist die Vision, daß Berlin zum Zentrum der Ost-West-Kooperation wird, kein Selbstläufer. Eine wirtschaftspolitische Unterstützung ist notwendig. Das betrifft insbesondere den Ausbau einer Berliner Infrastruktur für Ost-West-Kooperation.

Die Wahrnehmung der Chancen der Berliner Wirtschaft im Bereich Ost-West-Wirtschaftskooperation muß sich an den künftigen Bedürfnissen der MOE-Staaten orientieren. In der Übergangsphase benötigen diese Länder insbesondere:

- Know-how-Transfer bei der betrieblichen und ordnungspolitischen Anpassung an die Rahmenbedingungen in der EU;
- Hilfen bei der Entwicklung und Vermarktung internationaler wettbewerbsfähiger Güter (einzelbetriebliche Exportförderung, Öffnung der Märkte der EU für die Exportprodukte der MOE-Staaten); und sie brauchen
- Finanzhilfe für den Ausbau einer leistungsfähigen Infrastruktur.

Es besteht ein äußerst großes Interesse bei den Berliner Unternehmen an der Weiterentwicklung des Austausches und der Kooperation mit den Ländern Mittel- und Osteuropas. Eine Befragung technologieorientierter Unternehmen, die vom DIW in unserem Auftrag durchgeführt wurde, hat gezeigt, daß bereits die Basis für eine enge Technologiekooperation besteht.

- Die Untersuchung gibt einen Überblick über die Vielzahl der Kontakte, die sowohl von Unternehmen als auch von wissenschaftlichen Einrichtungen im Rahmen der technologischen Zusammenarbeit bestehen.

- So ist z.B. der Anteil kleiner und mittlerer Unternehmen an den Geschäftsbeziehungen deutlich höher als angenommen. Der Anteil von 2% am Gesamtumsatz der Unternehmen im Handel mit den Reformstaaten Mittel- und Osteuropas zeigt das Ausbaupotential.
- Insgesamt unterhält rund ein Viertel der Industrieunternehmen und der produktionsnahen Dienstleister der Region Berlin-Brandenburg Geschäftsbeziehungen mit den Staaten Mittel- und Osteuropas. Rund ein Drittel der Industrieunternehmen und knapp zwei Fünftel der Dienstleister beabsichtigen den Aus- bzw. Aufbau dieser Beziehungen.

Vielleicht mögen diese Zahlen zu gering erscheinen. Für Deutschland, das seine auswärtigen Wirtschaftsbeziehungen vor allem innerhalb der EU pflegt, sind die genannten Anteile der Geschäftsbeziehungen zu einer bestimmten, außerhalb der EU liegenden Region aber erstaunlich hoch.

Die von mir angesprochene Notwendigkeit zum Aufbau einer osthandelsfördernden Infrastruktur, setzt an einer breiten Kulisse entsprechender Einrichtungen an. So gibt es in Berlin mehr als 100 private und öffentliche Einrichtungen in den Bereichen Beratung, Consulting, Aus- und Weiterbildung sowie Informationen, die ihren eigenen regionalen Schwerpunkt in den mittel- und osteuropäischen Ländern haben. Solche Einrichtungen sind:

- Die ***Ost-West-Wirtschafts-Akademie***. Ihre Aufgabe besteht in der Aus- und Weiterbildung von Fach- und Führungskräften aus den mittel- und osteuropäischen Staaten. Betriebliches Management, Technologie- und Verwaltungsmanagement zählen zu ihren Schwerpunktbereichen;
- das ***Kooperationsbüro der Deutschen Wirtschaft*** trägt dazu bei, die Außenhandelsschwäche der Berliner Wirtschaft abzubauen und die Ausfuhr Berliner Produkte in die Länder Mittel- und Osteuropas zu stärken;
- das ***geplante Ost-West-Kooperationszentrum***, das jetzt seine Förderphase im Innovations- und Gründerzentrum Adlershof gestartet hat. Dieses Zentrum soll Unternehmen aus mittel- und osteuropäischen Ländern den Zugang zu den hiesigen Märkten erleichtern, indem es ein umfangreiches Dienstleistungsangebot für die Unternehmen zur Verfügung stellt. 1996 und 1997 soll das Ost-West-Kooperationszentrum seinen vollen Betrieb aufnehmen.
- die ***deutsch-polnische Wirtschaftsfördergesellschaft***. Die Intensivierung der Beziehungen zu unserem Nachbarland Polen ist von besonderer politischer und wirtschaftlicher Bedeutung. Das Land Berlin beteiligt sich deshalb maßgeblich an der deutsch-polnischen Wirtschaftsförderungsgesellschaft, die im März 1994 ihre Arbeit aufnahm. Aufgabe der Gesellschaft mit Sitz in Gorsow/Landsberg ist vor allem die Förderung der grenzüberschreitenden Zusammenarbeit;

- und wir freuen uns auch über die vielen ***privaten Anstrengungen zur Intensivierung*** der Kontakte. Hier ist nur beispielhaft der Verein »Polnische Kaufleute und Industriellen e.V., Berliner Verein zur Förderung der Wirtschaftsbeziehungen mit der Republik Polen e.V.« (»BERPOL«) genannt. Das ist eine Organisation, die sich schon seit vielen Jahren um die Verständigung und den Ausgleich und die wirtschaftliche Kooperation zwischen Berlin und Polen bemüht;
- Als weitere wichtige Veranstaltung für die Anknüpfung von Kontakten haben sich in den zurückliegenden Jahren die von der Senatsverwaltung für Wirtschaft und Technologie durchgeführten ***Ost-West-Foren und Round-Table-Gespräche*** erwiesen, die wir kürzlich veranstaltet haben und die auch 1995 weiterhin veranstaltet werden.

Die sich herausbildenden Prozesse werden mit wirtschaftlichen Maßnahmen des Senats unterstützt. Auf Probleme und Herausforderungen der dargelegten Entwicklung ist das derzeitige Angebot unseres Hauses abgestellt. Es ist insofern bedarfsorientiert und breit gefächert. Unsere Wirtschaftspolitik zielt insbesondere darauf ab,

- die genannten Einrichtungen zur Förderung des Know-how-Transfers und für die Exportförderung der MOE-Staaten zu schaffen und zu unterstützen;
- den Ausbau der bilateralen Zusammenarbeit zu fördern; sowie
- die MOE-Interessen an einer substantiellen Marktöffnung und raschen Integration in die EU sowie an Finanzhilfen für den Ausbau infrastrukturpolitisch zu unterstützen.

Bereits jetzt verfügt Berlin über das genannte Angebot, welches es aber in den kommenden Jahren weiter auszubauen gilt. Zu den wichtigsten Projekten und Aktivitäten der nächsten Jahre zählen:

- der ***Aufbau des Ost-West-Kooperationszentrums*** in Adlershof;
- die ***Kooperationsförderung*** durch die deutsch-polnische Wirtschaftsförderungsgesellschaft und durch das Kooperationsbüro der Deutschen Wirtschaft mit Sitz in Berlin;
- der ***Einsatz neuer Außenwirtschaftsförderinstrumente*** mit Schwerpunkt MOE, wie Firmenvertreterpool, Messebegleitung (Konzept im Rahmen der Gemeinschaftsinitiative kleiner und mittlerer Unternehmen (kmU) ist in Vorbereitung);
- die ***Fortsetzung der Berlin-Präsentation*** (gemeinsam mit der BAO) und der Ost-West-Foren;
- die verstärkte Nutzung der OWWA für die Belange der Berliner Wirtschaft; sowie

– eine ***spezielle Kooperationsförderung*** vor allem in den Bereichen Umwelttechnologie sowie Forschung und Entwicklung.

Wir sind bereits jetzt dabei, die angesprochenen Potentiale für den Aufbau der Zusammenarbeit auszuschöpfen.

Dies alles wird nur dann Erfolg haben, wenn den Višegrad-Ländern die Perspektive des Beitritts zur EU geboten wird. Ich sage dies absichtlich in einer Zeit, in der die Rechner mit den spitzen Bleistiften uns vorrechnen, daß dies alles nicht finanzierbar ist. Das haben sie übrigens auch vor der deutschen Wiedervereinigung getan. Wir tun jedenfalls alles, um die Beitrittsperspektiven zu erhalten; wir haben die Vision einer um die Reformländer Mittel- und Osteuropa erweiterten Europäischen Union.

Autorenverzeichnis

Dr. Günter Albrecht
geboren 1935 in Saarbrücken,
seit 1977 Leiter der Abteilung Volkswirtschaft im Deutschen Industrie- und Handelstag (DIHT), Bonn.

Prof. Dr. Klaus-Achim Boesler
geboren 1931 in Leipzig,
seit 1973 Universitätsprofessor (Ordinarius) für Geographie an der Universität Bonn und Direktor des Instituts für Wirtschaftsgeographie.

Dr. Boutros Boutros-Ghali
geboren 1922 in Kairo,
seit 1992 Generalsekretär der Vereinten Nationen.

Iris Eberle
geboren 1965 in Bonn,
Assessorin jur., seit 1994 Studienreferentin für Staats- und Völkerrecht an der Bundesakademie für Sicherheitspolitik.

Dr. Ursula Engelen-Kefer
geboren 1943 in Prag,
seit 1990 stellvertretende Vorsitzende des Deutschen Gewerkschaftsbundes (DGB).

Dr. Sebastian Heilmann
geboren 1965 in Frankfurt a.M.,
seit 1993 wissenschaftlicher Referent für die Innenpolitik der Volksrepublik China am Institut für Asienkunde, Hamburg.

Kai Hirschmann
geboren 1965 in Duisburg,
Diplom-Ökonom, seit 1993 Studienreferent für Wirtschafts- und Sozialpolitik an der Bundesakademie für Sicherheitspolitik.

Dr. Wolf-Ulrich Jorke
geboren 1944 in Sondershausen.
Oberst i.G., seit 1993 Leiter des Akademiestabes der Bundesakademie für Sicherheitspolitik.

Prof. Dr. Eckart Klein
geboren 1943 in Oppeln/Oberschlesien,
seit 1994 Universitätsprofessor an der Universität Potsdam, seit 1995 Mitglied des Menschenrechtsausschusses der Vereinten Nation, und Mitglied des Bremer Strafgerichtshofes.

Dr. Hans Kremendahl
geboren 1948 in Wuppertal,
Staatssekretär in der Senatsverwaltung für Wirtschaft und Technologie des Landes Berlin.

Dr. Eckhard Lübkemeier
geboren 1951 in Bünde (Westfalen),
seit 1991 Leiter der Abteilung »Außenpolitikforschung« der Friedrich-Ebert-Stiftung, Bonn,
Mitglied des Beirates der Bundesakademie für Sicherheitspolitik.

Klaus Naumann
geboren 1939 in München,
General, seit 1991 Generalinspekteur der Bundeswehr.

Prof. Dr. Peter J. Opitz
geboren 1937 in Brieg/Schlesien,
seit 1977 Professor für politische Wissenschaft am Geschwister-Scholl-Institut der Universität München,
seit 1984 Mitglied der wissenschaftlichen Beiräte des Auswärtigen Amtes und des BMZ.

Dr. Martin Potthoff
geboren 1961 in Kamen,
Diplom-Volkswirt, seit 1993 Studienreferent für Finanz- und Währungspolitik an der Bundesakademie für Sicherheitspolitik.

Prof. Dr. Lothar Rühl
geboren 1927 in Köln,
Staatssekretär a.D., seit 1993 Professor an der Wirtschafts- und Sozialwissenschaftlichen Fakultät der Universität zu Köln.

York Schuegraf
geboren 1962 in Nürnberg
Assessor jur., Legationssekretär, bis Juni 1995 Studienreferent für Außenpolitik an der Bundesakademie für Sicherheitspolitik.

Prof. Dr. Rainer Tetzlaff
geboren 1940 in Bad Salzbrunn/Schlesien
seit 1974 Lehrstuhl für Politische Wissenschaft unter besonderer Berücksichtigung von internationaler Politik am Institut für Politische Wissenschaft der Universität Hamburg.

Dr. Bernhard Worms
geboren 1930 in Stommeln/ Kreis Köln,
bis März 1995 Staatssekretär im Bundesministerium für Arbeit und Sozialordnung.

Prof. Dr. Heinrich Vogel
geboren 1937 in Lindenberg,
seit 1976 Direktor des Bundesinstituts für ostwissenschaftliche und internationale Studien (BIOst), Köln.

Bundesakademie für Sicherheitspolitik (BAkS)

Zielsetzungen

Die Bundesakademie für Sicherheitspolitik (BAkS) ist die oberste Fortbildungsstätte des Bundes sowie nationales und internationales Diskussionsforum auf dem Gebiet der Sicherheitspolitik. Zielgruppen ihrer Seminarveranstaltungen, Kolloquien und Publikationen sind gegenwärtige und künftige Führungskräfte in Politik, Regierung, Wirtschaft, Wissenschaft, den Medien und anderen wichtigen gesellschaftlichen Organisationen wie Kirchen oder Gewerkschaften. Ihnen soll ein umfassendes Verständnis der sicherheitspolitischen Interessen der Bundesrepublik Deutschland als Teil der demokratischen Staatengemeinschaft vermittelt werden.

Das Ende der Ost-West-Konfrontation hat Europa die Möglichkeit eröffnet, seine jahrzehntelange Spaltung zu überwinden. Gleichzeitig sind jedoch neue Herausforderungen und Bedrohungen für Frieden und Stabilität in den Vordergrund gerückt: ethnische und religiöse Auseinandersetzungen, Bürgerkriege, die Verbreitung von Massenvernichtungswaffen und ihrer Trägersysteme, wirtschaftliche und soziale Diskrepanzen, Wanderungsbewegungen großen Stils, ein dramatischer Anstieg der internationalen Kriminalität und des Drogenhandels oder Bedrohungen der Umwelt über die Grenzen hinweg.

Die zunehmend komplexer sich darstellenden Risikoszenarien verlangen eine umfassendere Analyse von Sicherheitspolitik und einen breiteren Ansatz bei der Erarbeitung von Strategien als bisher (erweiterter Sicherheitsbegriff).

Die Bundesakademie für Sicherheitspolitik versteht sich als Katalysator für ein engagiertes und zukunftsorientiertes Nachdenken und Erörtern der sicherheits- und außenpolitischen Möglichkeiten und Erfordernisse Deutschlands.

Programme und Aktivitäten

Die Konzeption der Veranstaltungen:

– Verbesserung der Urteilsfähigkeit in Fragen der Sicherheitspolitik durch die Vermittlung von Sachkenntnissen,

– Verdeutlichung der komplexen nationalen und internationalen Zusammenhänge in Fragen der Sicherheit,

– Intensivierung der Zusammenarbeit zwischen den am sicherheitspolitischen Dialog Beteiligten und Förderung der persönlichen Beziehungen, sowie

– Einbringen der deutschen Gesichtspunkte in die Zusammenarbeit mit ausländischen Partnern und Institutionen auf dem Gebiet der Sicherheitspolitik.

Curricula:

– Das jährliche »**Seminar für Sicherheitspolitik**« (Dauer 2 Monate) ist das Kernstück des Studienprogramms, zu dem der Chef des Bundeskanzleramts derzeitige und künftige Führungskräfte aus Regierung und Verwaltung aus Bund, Ländern und Gemeinden sowie aus der Wirtschaft und anderen wichtigen gesellschaftlichen Gruppierungen Deutschlands einlädt. Die Teilnehmer dieses Seminars erörtern mit den Spitzen der Bundesregierung sowie mit namhaften Persönlichkeiten aus den Bereichen Politik, Wissenschaft, Publizistik, Industrie, Gewerkschaften und Kirchen Ziele und Rahmenbedingungen deutscher Sicherheitspolitik im erweiterten Sinne (die neben außenpolitischen und militärischen insbesondere auch die ökonomischen und innenpolitischen Aspekte miteinbezieht).
Auch die Rolle Deutschlands in der internationalen Politik mit ihren neuen Herausforderungen (regionale, ethnische oder transnationale Konflikte, Krisenmanagement und -prävention, internationaler Wettbewerb etc.) werden während des Seminars, das eine Inlands- und zwei Auslandsreisen zu Feldstudien miteinschließt, erörtert mit dem Ziel, Denkanstöße für die Zukunft zu vermitteln.

Die Ergebnisse des Seminars und seiner Arbeitsgruppen werden von der Bundesakademie für Sicherheitspolitik publiziert.

Das »Seminar für Sicherheitspolitik« 1995 konzentriert sich auf die »Stellung der Europäischen Union in der Welt« und damit verbunden die Einbringung deutscher sicherheitspolitischer Interessen, um die sicherheitspolitischen Chancen, Handlungsalternativen, Herausforderungen und Risiken zu betrachten, die sich aus einer fortschreitenden Integration und Interaktion global und regional auf allen Ebenen ergeben. Hinzu kommen Fachdiskussionen im Rahmen von Feldstudien in Deutschland: mit den Spitzen der Landesregierungen von Baden-Württemberg, Thüringen und Berlin, führenden Industrie- und Medienvertretern und hochrangigen Offizieren. Die Feldstudien im Ausland sollen nach Brüssel, London und Paris (NATO, EU, WEU, OECD) führen sowie nach Budapest und Sofia, wo die Thematik der Sicherheit und Zusammenarbeit im VISEGRAD- und südosteuropäischen Raum auf dem Programm stehen.

– **Kurzseminare** zu aktuellen sicherheitspolitischen Themen (z.B. Medien und Sicherheitspolitik; Weltwirtschaftliche Entwicklungen und Sicherheit; Völkerrechtliche Fragen und Sicherheit; Sicherheit im Mittelmeerraum, im Nahen Osten und anderen Regionen; Minderheiten als Konfliktpotential nach dem Ende des Kalten Krieges; Fragen der Rüstungs- und Verteidigungspolitik; Innere Sicherheit sowie Umwelt und Sicherheit).

– **Seminare für Multiplikatoren in die Öffentlichkeit:** Chefredakteure und Ressortleiter Außenpolitik, Direktoren von Akademien oder Lehrerfortbildungs-Institutionen.

– Ein jährliches »**Internationales Seminar**« »Sicherheit für das ganze Europa«, bei dem Sicherheits- und Wirtschaftsexperten, hochrangige Regierungsvertreter und Journalisten aus Deutschland mit ihren entsprechenden Partnern aus einer großen Zahl von KSZE-Staaten in Bonn und Bad Honnef konferieren).

– **Internationale »Workshops«** zu Sicherheitsfragen (Deutschland-USA, Deutschland-Frankreich, Deutschland-Polen).

– **Regionalseminare**, insbesondere für Regierungs-, Wirtschafts-, und Medienvertreter aus den Bundesländern hinsichtlich der föderal strukturierten Verantwortlichkeiten bei Katastrophenvorsorge und der Hilfe durch die Streitkräfte.

– **»Rosenburggespräche«** (nachmittägliche und abendliche Hintergrundkolloquien am runden Tisch zu Fragen der Sicherheitspolitik. Teilnehmer: Politiker, Regierungsvertreter, Professoren, Führungskräfte aus der Wirtschaft, Journalisten sowie Repräsentanten der Gewerkschaften, Kirchen und weiterer gesellschaftlicher Organisationen). Um einen freien und offenen Dialog – auch mit konträren Auffassungen – möglich zu machen, erfolgen die Gespräche nach der »Rosenburg-Regel«, d. h. die gemachten Äußerungen dürfen außerhalb der Bundesakademie den Teilnehmern nicht namentlich zugeordnet werden.

Weitere Aktivitäten der BAkS:

– Programme und Seminare für Mitglieder des **Freundeskreises der BAkS** (ehemalige Teilnehmer und Vortragende).

– **Publikationen**: Die BAkS gibt die Serie »Neue Sicherheitspolitik« heraus.

– **Zusammensetzung der Teilnehmer** an den BAkS-Programmen: 40% Beamte, 20% Offiziere, 15% Wissenschaftler, 15% Journalisten, 4% Politiker, 4% Wirtschaftsvertreter.

Organisation

Die Bundesakademie für Sicherheitspolitik wurde von der Bundesregierung am 1. Februar 1992 als einzige und zentrale Fortbildungsstätte auf dem Gebiet der Sicherheitspolitik ins Leben gerufen.

Ein **Kuratorium** beschließt über alle grundsätzlichen Fragen, die zum Aufgabenbereich der Bundesakademie für Sicherheitspolitik gehören. Den Vorsitz im Kuratorium führt der Bundeskanzler. Die Mitglieder des Kuratoriums sind identisch mit den Mitgliedern des Bundessicherheitsrates (Bundesminister des Äußeren, des Inneren, der Justiz, der Finanzen, für Wirtschaft und der Verteidigung). Durch das Kuratorium wird deutlich, daß es sich bei der Bundesakademie für Sicherheitspolitik um eine Institution mit ressortübergreifendem Ansatz handelt.

Der **Beirat** für die Bundesakademie für Sicherheitspolitik hat die Aufgabe, das Kuratorium in allen Fragen der sicherheitspolitischen Fortbildung zu beraten. Er gibt Empfehlungen vor allem zu Inhalt und Gestaltung der Lehre und ihrer Fortentwicklung. Im Beirat sind Persönlichkeiten der Wissenschaft, der Wirtschaft, der Medien, der Kirchen und der politischen Stiftungen vertreten.

Die Bundesregierung hat Admiral a.D. Dieter Wellershoff zum Präsidenten der Bundesakademie für Sicherheitspolitik berufen. Die Bundesakademie untersteht hinsichtlich der ressortübergreifenden Fachaufgaben dem Kuratorium, dienstrechtlich dem Bundesminister der Verteidigung. Der Präsident leitet die Aktivitäten der Akademie, berichtet dem Kuratorium und nimmt zu den Empfehlungen des Beirats Stellung. Ihm stehen bei seinen Aufgaben der Vizepräsident (Auswärtiges Amt) und ein Team von Diplomaten, Offizieren und Experten für Außen- und Sicherheitspolitik, Staats- und Völkerrecht, Wirtschafts- und Finanzfragen sowie Innere Sicherheit zur Seite. Der Bundesminister der Verteidigung stellt den Leiter des Akademiestabes und das Personal im administrativen Bereich.

Als Referenten für ihre Veranstaltungen verpflichtet die Akademie führende Persönlichkeiten aus Politik und Regierung, Wirtschaft und Wissenschaft, Medien und anderen Organisationen aus dem In- und Ausland.